航天科工出版基金资助出版

对标世界一流军工企业

北京航天情报与信息研究所　编著

中国宇航出版社
·北京·

图书在版编目（CIP）数据

对标世界一流军工企业 / 北京航天情报与信息研究所编著. -- 北京 : 中国宇航出版社, 2024.9

ISBN 978-7-5159-2379-6

Ⅰ.①对… Ⅱ.①北… Ⅲ.①军工企业－工业企业管理－研究－中国 Ⅳ.①F426.48

中国国家版本馆 CIP 数据核字(2024)第 084111 号

责任编辑 朱琳琳　　**封面设计** 王晓武

出版发行	中国宇航出版社		
社　址	北京市阜成路 8 号　**邮　编** 100830 (010)68768548	**版　次**	2024 年 9 月第 1 版 2024 年 9 月第 1 次印刷
网　址	www.caphbook.com	**规　格**	787 × 1092
经　销	新华书店	**开　本**	1/16
发行部	(010)68767386　(010)68371900 (010)68767382　(010)88100613 (传真)	**印　张**	13.25
		字　数	322 千字
零售店	读者服务部　(010)68371105	**书　号**	ISBN 978-7-5159-2379-6
承　印	北京中科印刷有限公司	**定　价**	68.00 元

本书如有印装质量问题，可与发行部联系调换

《对标世界一流军工企业》

编审委员会

主　任　李啸龙

副主任　吴运秋　辜　璐　高　宁　吴　勤　王国龙

　　　　　郭　有　张海峰　吴　锋　李晓红　施　荣

委　员　马　晴　杨剑政　宋晓阳　杜延斌　刘树文

　　　　　赵　屹　赵莎莎　马　芳　彭建军　王鑫馨

　　　　　谭吉伟　周　嘉　张　晶　董潇潇　李　兴

编写组

主　编　丁　洁

成　员　臧雪静　杨天怡　谭立忠　徐卫卫　任璐英

　　　　　杨荔瑶　付渝翔　姜开波　彭欣然　王庆国

　　　　　王梓兆　孙　雯

前 言

当前，我国军工企业面临着复杂的内外部环境，存在着许多不足及发展瓶颈：国家安全、军队转型和政策调整对军工企业发展提出新要求，来自原军工体制内的科研院所之间的竞争日趋加剧，日趋复杂的国内外经济形势和事业单位改革也对军工企业提出了新的挑战。党的十九大报告明确指出：“要完善各类国有资产管理体制，改革国有资本授权经营体制，加快国有经济布局优化、结构调整、战略性重组，……。深化国有企业改革，发展混合所有制经济，培育具有全球竞争力的世界一流企业。”作为国有企业的主力军，军工企业同样肩负着培育世界一流军工企业的重担，而世界一流军工企业的培育不仅仅是关于规模的问题，还需要企业的战略影响力、价值创造力、持续创新能力、市场竞争力、综合管理能力等各方面竞争力的提升。

开展对标提升行动是贯彻落实习近平总书记重要指示批示精神的重要举措，是增强企业核心竞争力、加快培育世界一流企业的重要支撑，是有效应对新形势新挑战、实现提质增效稳增长的重要抓手。军工企业为了达到成为世界一流军工企业的总体目标与实施自身发展规划，亟须认清当前军工行业与军工企业的发展趋势，解读世界一流军工企业发展的外部环境，应用对标分析的方法与流程进行对标分析，从而得到本企业与世界一流军工企业的差距。军工企业通过科学的对标分析方法进行针对性的标杆比较，理清自身所面临的形势及所处地位，找出与主要竞争对手的差距，从而制定对策并加以实施。对标分析是一个系统的、持续性的评估过程，需要不断地将企业自身的流程、绩效、管理水平与国内外居领先地位的企业相比较，以帮助企业获得改善经营绩效的信息。特别是在外部环境日益复杂多变、竞争日益激烈的情况下，及时、准确、全面地了解标杆企业的经营管理、经济运行情况，找出与标杆企业的差距尤为重要。因此，非常有必要持续关注标杆企业发展的最新动态，长线积累标杆企业的相关信息。

本书主要内容包括军工企业面临的环境分析、世界一流军工企业的内涵与特征、国际与国内对于世界一流企业的权威第三方评价研究、对标分析的关键要素、世界一流典型企业案例分析等内容。本书定位为军工企业行业内咨询业务理论兼应用类书籍，目标是快速令读者对军工企业的发展形势、军工企业的综合发展评价、对标方法的应用有系统性了解，帮助从事军工企业与行业研究的相关人员迅速掌握相关内涵与研究方法，帮助企业管理人员了解其所在军工企业未来的发展潜力，从而制定相关发展策略与规划。本书主要面向军工企业高层管理人员、管理咨询业务研究人员等，目的是普及当前军工行业与军工企业的国内外发展环境、世界一流军工企业的基本概念、对标分析要素以及应用价值。

本书由北京航天情报与信息研究所组织编写，是集体劳动的结晶。王庆国承担了本书的组织工作；丁洁承担了第7～9章的编写以及全书的统稿工作；臧雪静负责编写第1章、第4章、第13章；徐卫卫负责编写第2章；王梓兆、孙雯负责编写第3章；杨天怡负责编写第5章、第11章；谭立忠负责编写第6章、第14章、第18章；任璐英负责编写第10章；杨荔瑶负责编写第12章；付渝翔负责编写第15章；姜开波负责编写第16章；彭欣然负责编写第17章。在本书编写过程中，相关研究得到了航天科工软科学研究计划的支持。北京航天情报与信息研究所相关领导与专家为本书编写提供了充分的支持和帮助，航天科工出版基金为本书出版提供了资助，中国宇航出版社为本书的出版提供了大力支持，在此一并表示感谢。此外，本书参考和引用的相关论文、专著等，列于最后的参考文献中，但未在文中一一标注，在此谨向相关作者表示衷心的感谢。

尽管在本书编写过程中，编写人员查阅了大量的文献资料，并进行了认真整理、分析和研究，但由于时间和能力限制，难免存在疏漏之处，敬请广大读者批评指正。

作　者

2023年11月

目　录

第1篇　“世界一流”理论与形势篇

第2篇 “世界一流”关键要素篇

第 1 篇

“世界一流”理论与形势篇

第1章　世界一流的表述

1.1　关于世界一流的相关表述

1.1.1　国内外关于世界一流的表述

1.1.1.1　国外关于世界一流的表述

"世界一流"是一个具有综合性、模糊性的概念，它是对竞争力的综合评价。从这个意义上而言，"世界一流"企业是指在世界范围内具有一流竞争力的企业。

目前，国内外关于竞争力的研究还处于发展阶段，不仅理论体系不完善，而且竞争力的概念也有待明晰。关于竞争力的研究，具有一定影响和较有代表性的观点主要来自以下机构和学者：世界经济论坛（WEF）、联合国贸易和发展会议、瑞士洛桑的国际管理发展学院（IMD）以及哈佛商学院的迈克尔·波特等，这些机构和学者在竞争力、企业竞争力、核心竞争力理论和资源基础理论方面产生了大量研究成果。

世界经济论坛认为，竞争力是企业和企业家设计、生产和销售产品或劳务的能力，表现为其产品和劳务的价格及非价格的质量等特性比竞争对手具有更大的市场吸引力；联合国贸易和发展会议认为，竞争力是一个复杂的概念，企业竞争力可以从几个角度来考察：它可以被定义为单个企业在可持续基础上保持或提高其市场份额的能力，或者是企业降低成本或提供物美价廉产品的能力；按照迈克尔·波特的观点，竞争力是一个企业对其效益有所贡献的各项活动。

美国《商业词典》认为"世界一流企业"位于顶尖企业的前列，能够成为其他企业的标准和标杆。世界三大"质量奖"将领导力、战略规划、客户与市场等作为衡量一流企业的关键指标。

上述定义尽管有简有繁，但含义基本相同。概括起来，企业竞争力就是作为独立经济实体的企业，在资源稀缺的情况下，为满足市场的需求，通过不断优化配置各种资源，及时适应外部环境，并与现实的或潜在的竞争对手较量的能力。根据企业竞争力的内涵，世界一流企业应该具备世界一流的企业竞争力，具有世界一流的配置资源能力，能够及时适应外部环境，并在竞争中取得优势。

1.1.1.2　习近平总书记关于世界一流的表述

加快建设世界一流企业，是以习近平同志为核心的党中央统筹中华民族伟大复兴战略全局和世界百年未有之大变局，着眼于党和国家事业发展需要而作出的重大战略决策。习近平总书记在党的十九大报告中首次提出培育具有全球竞争力的世界一流企业，在党的十九届五中全会上进一步强调加快建设世界一流企业，在 2022 年 2 月 28 日主持召开中央全面深化改革委员会第二十四次会议时发表重要讲话。这次会议审议通过了《关于加快建设世界一流企业的指导意见》，为加快建设产品卓越、品牌卓著、创新领先、治理现代的世界一流企业提供了行动纲领。

技术创新是企业的命根子。拥有自主知识产权和核心技术，才能生产具有核心竞争力的产品，才能在激烈的竞争中立于不败之地……要紧紧扭住技术创新这个战略基点，掌握更多关键核心技术，抢占行业发展制高点。

——2019 年 5 月 20 日，习近平在江西考察时的讲话

企业家要立足中国，放眼世界，提高把握国际市场动向和需求特点的能力，提高把握国际规则能力，提高国际市场开拓能力，提高防范国际市场风险能力，带动企业在更高水平的对外开放中实现更好发展，促进国内国际双循环。

——2020 年 7 月 21 日，习近平在企业家座谈会上的讲话

自主创新是增强企业核心竞争力、实现企业高质量发展的必由之路。希望你们聚焦国内短板产品，在自主研发上加倍努力，掌握更多核心技术、前沿技术，增强企业竞争和发展能力。面对世界百年未有之大变局，面对国内外发展环境发生的深刻复杂变化，我们要走一条更高水平的自力更生之路，实施更高水平的改革开放，加快构建以国内大循环为主体、国内国际双循环相互促进的新发展格局。

——2020 年 10 月 12 日，习近平在广东考察时的讲话

要坚持党的全面领导，发展更高水平的社会主义市场经济，毫不动摇巩固和发展公有制经济，毫不动摇鼓励、支持和引导非公有制经济发展，加快建设一批产品卓越、品牌卓著、创新领先、治理现代的世界一流企业，在全面建设社会主义现代化国家、实现第二个百年奋斗目标进程中实现更大发展、发挥更大作用。

——2022 年 2 月 28 日，习近平主持召开中央全面深化改革委员会第二十四次会议时的讲话

要坚持自力更生，把国家和民族发展放在自己力量的基点上，牢牢掌握发展主动权。全面建设社会主义现代化强国，实现第二个百年奋斗目标，必须走自主创新之路。要时不我待推进科技自立自强，只争朝夕突破“卡脖子”问题，努力把关键核心技术和装备制造业掌握在我们自己手里。

——2022 年 8 月 17 日，习近平在辽宁考察时的讲话

1.1.2　世界一流企业内涵

关于世界一流企业的概念，目前尚没有统一的、公认的标准或说法，可谓是仁者见仁、智者见智，这也充分体现了世界一流企业是理论内涵丰富、实践特色鲜明的研究课题。整体来看，具有全球竞争力的世界一流企业应当具备四项基本能力，即全球范围内的综合竞争实力、科学技术领域的创新能力、经营管理的可持续发展能力以及履行社会责任

的能力，具体内容如下：

一是全球范围内的综合竞争实力。世界一流企业首先必须有强大的资源掌控力以及行业话语权，能够充分利用国内国际两个市场，实现全球范围内的资源最优配置；具有世界范围内的话语权和影响力，能够参与甚至主导行业规则和技术标准的制定。

二是科学技术领域的创新能力。世界一流企业，一方面，要能够掌握该行业的关键技术、核心技术或共性技术，具备不可复制、难以替代、独占性的核心竞争力；另一方面，要能够突破瓶颈制约，在战略性、前瞻性领域取得关键核心技术突破，引领和带动行业不断发展。

三是经营管理的可持续发展能力。世界一流企业必须具备适应时代要求、引领时代进步和与时代同行的自我改革与革新的能力。在战略规划上，能及时发现潜在价值和机会，提前布局，占得先机；在企业管理上，能够持续改进制度、流程和文化，提高效率，卓越运营；在业务布局上，具备国际化的视野和开拓能力，能够驾驭市场，配置资源。

四是履行社会责任的能力。世界经济一体化是不可抗拒的历史潮流，在中国特色社会主义进入新时代的背景下，在国有企业向世界一流企业迈进的过程中，应在鲜明的价值观和实现“中国梦”情怀的引领下，围绕“打造责任共同体”、建设“人类命运共同体”的价值理念，不断培育和构建以“协作共赢”“共建共享”为特点的新商业模式。

1.1.3　关于“世界一流”第三方评价

1.1.3.1　国际评价标准

以国际上及行业内公认的第三方评价标准作为标准，详述如下：

（1）《财富》发布的世界企业 500 强

《财富》世界 500 强排行榜一直是衡量全球大型公司的最著名、最权威的榜单，由《财富》杂志每年发布一次。排行榜包含航天与防务行业板块，以企业年营业收入作为入围标准，按照全年营业收入从高到低进行排名。

（2）美国防务新闻网“世界军工企业 100 强”

由美国防务新闻网站每年公布，是军工企业排行榜中具有权威性的榜单。它以防务收入为标准进行排名，上榜企业属于防务收入名列前茅的企业。

（3）科睿唯安“全球百强创新机构”

科睿唯安（原汤森路透知识产权与科技事业部）的“全球百强创新机构”榜单评选始于 2011 年，每年发布一次。针对各个机构的专利数量、专利授权成功率、专利组合国际化程度以及根据文献引用数据（不包括自我引用）判断发明的影响力进行全面分析，从中遴选出全球百强创新机构。

（4）世界知识产权组织发布的全球 PCT 专利申请排行榜

世界知识产权组织（World Intellectual Property Organization，WIPO）是致力于利用知识产权（专利、版权、商标、外观设计等）作为激励创新与创造手段的联合国机构。PCT（Patent Cooperation Treaty，专利合作条约）主要涉及专利申请提交、检索及审查以及其中包括的技术信息传播的合作性和合理性的一个条约。该榜单以企业年专利申请数量作为评判标准，并考察专利申请数量的年增加量。

（5）世界品牌实验室发布的“世界品牌 500 强”

国际上对于品牌的评价有世界品牌实验室发布的“世界品牌 500 强”以及世界品牌实验室面向中国企业发布的“中国品牌 500 强”。其评判依据是品牌的世界影响力。所谓品牌影响力是品牌开拓市场、占领市场并获得利润的能力。世界品牌实验室按照品牌影响力的三项关键指标，即市场占有率、品牌忠诚度、全球领导力，对世界级品牌进行评分。

1.1.3.2 国内评价标准

（1）中国企业 500 强

由中国企业联合会、中国企业家协会组织评选发布。它以营业收入为标准进行排名，上榜企业属于营业总收入名列前茅的企业。同时，还涉及企业的利润、资产、所有者权益、从业人数、授权专利、发明专利等信息。

（2）国资委国有企业经济运行动态 1～12 月中央企业财务状况

国资委官方公布的中央企业财务状况，例如军工行业各企业的营业总收入、利润总额、应交税费、资产负债率等财务指标数据。

1.2 国资委出台的有关世界一流企业的文件

近年来，国资委关于世界一流企业的论述不断深化，为国资国企建设世界一流企业提供了理论依据。本部分剖析从 2013 年至今国资委关于“世界一流”的政策演化过程，对于深刻理解国资委关于世界一流企业的建设重点内容和政策导向具有参考意义。

1.2.1 阶段一：系统提出

2010 年，国资委明确提出：“做强做优中央企业、培育具有国际竞争力的世界一流企业。”并指导中央企业做到“四强四优”，即自主创新能力强、资源配置能力强、风险管控能力强、人才队伍强；经营业绩优、公司治理优、布局结构优、企业形象优。

2013 年，国资委印发的《中央企业做强做优、培育具有国际竞争力的世界一流企业要素指引》（国资发改革〔2013〕17 号）进一步明确了世界一流企业需具备的 13 项要素，包括建立规范健全的法人治理结构；主业突出，具有较强核心竞争力；自主创新能力强，拥有自主知识产权的核心技术；发展战略性新兴产业具有明显优势；国际化经营与运作能力较强，跨国指数较高；拥有国际知名品牌；具有合理的经济规模与较强的盈利能力；内部改革适应国际竞争需要、激励约束机制健全；集中有效的集团管控模式；风险管理体系完善，拥有较强的风险管控能力；管理信息化处于较高水平；重视领导力建设、建立起学习型组织；具有先进独特的企业文化和较强的社会责任。

1.2.2 阶段二：加快深化

2019年4月，国务院国资委印发《中央企业实现高质量发展有关意见》，提出了中央企业高质量发展应当具备的“八种能力”，包括资本获利能力、科技创新能力、有效供给能力、跨国经营能力、企业运营能力、风险防控能力、绿色发展能力和社会贡献能力，并在此基础上形成了中央企业高质量发展指标。同时，国资委实施中央企业“世界一流示范企业”试点工作，着力打造具备“三个领军”“三个领先”“三个典范”标准的“世界一流企业”，即在国际资源配置中占主导地位、引领全球行业技术发展、在全球产业发展中具有话语权和影响力的领军企业，在效率指标、效益指标、产品服务品质等方面的领先企业，成为践行绿色发展理念、履行社会责任、全球知名品牌形象的典范。

1.2.2.1 首次提出世界一流示范企业

(1)“世界一流示范企业”提出背景

党的十九大提出“培育具有全球竞争力的世界一流企业”，明确了新时代国有企业改革发展的目标方向。经过多年发展，我国部分中央企业已具备一定的规模和实力，迈进或接近世界一流企业的阵营。一批大企业不仅规模达到了世界级水平，而且在技术、管理、国际化水平等方面也在努力走向世界前列，具备了培育成为具有全球竞争力的世界一流企业的基础和条件。在2018年世界500强排行榜中，由国务院国资委监管的48个中央企业上榜，占央企总数的一半。

但是，“世界一流”并不单指“体量大”，更重要的是拥有较高的企业内部管理和质量水平，在人均产出、净利润等指标上实现“世界一流”。与世界一流企业相比，央企仍有明显不足：企业资源对外依赖度还比较高，核心产品、关键零部件还需要大量依赖进口，国际化拓展步伐相对较慢，海外市场收入份额较低，产品附加值、品牌价值与世界一流企业还有比较明显的差距，无论在管理、技术、核心竞争力上，都还需要做出更大的努力。

从国资监管部门角度来看，只有遵循企业发展的普遍规律，认清与世界一流企业的差距，才知道往哪儿努力、如何努力。因此，国资委研究部署中央企业“世界一流示范企业”示范试点，目的是选择部分中央企业开展先行先试，在未来3年左右的时间有针对性地铺开多领域综合性改革举措，通过创造更好的市场环境，推进改革举措落地，推动企业的内生发展，探索培育具有全球竞争力的世界一流企业的有效途径，未来也将带动和促进更多中国企业高质量发展，迈向世界一流。

(2)“世界一流示范企业”选择标准

2019年1月25日，国资委召开了中央企业创建世界一流示范企业座谈会，会上明确选择航天科技、中国石油、国家电网、中国三峡集团、国家能源集团、中国移动、中航集团、中国建筑、中国中车集团、中广核10家央企作为首批创建世界一流示范企业。上述企业除中航集团外，均入围了2018年的《财富》世界500强，其中国家电网、中国石油分别位于第二、第四位。

国资委在选择示范企业时，除了考虑企业在世界500强中的排名外，更多考虑了三个方面的因素：一是示范企业应具备“三个领军”“三个领先”“三个典范”的基本条件；二是与国有资本投资运营公司互有侧重，创建世界一流示范企业重点选择主营业务突出、竞争优势比较明显的产业集团公司；三是创建世界一流示范企业要在公司治理、国际资源配置、引领行业发展、人才队伍等方面优势比较突出，具备成为世界一流企业的基础条件。

1.2.2.2 提出“两个三年”的对标世界一流的改革行动

在此期间，国资委先后提出“两个三年”的对标世界一流的改革行动。一是基于十家示范企业的三年改革示范期，二是基于国企改革三年行动以及“三个标杆创建行动”，对于引导企业对标先进找差距，加快一流企业建设具有重要作用。2020 年 6 月，国资委发布了《关于开展对标世界一流管理提升行动的通知》，明确要求对照世界一流企业、行业先进企业找差距，有针对性地采取务实管用的工作措施，持续强化“战略管理”“组织管理”“运营管理”“财务管理”“科技管理”“风险管理”“人力资源管理”“信息化管理”八个方面管理能力，促进企业管理水平在现有基础上明显提升。

大国竞争很大程度上是大企业之间的竞争。当前，国有企业建设世界一流企业虽然取得了显著成效，但大而不强、大而不优的问题仍需加快解决。新时代新征程，国有企业必须加快巩固提升国企改革三年行动成果，以集中开展世界一流创建示范行动、管理提升行动、价值创造行动和品牌引领行动四个专项行动为抓手，在着力解决突出问题中加快提升能力水平，力争用五年左右时间建设一批在规模效益上居于全球领先地位的一流企业，建设一批在细分行业领域专精特新的科技领先企业，努力形成中央企业勇当建设世界一流企业主力军、各类国有企业对标一流创优争先的良好格局。

1.2.3 阶段三：精准升级

2022 年是对标世界一流管理提升行动的收官年。2022 年 2 月 28 日，中央全面深化改革委员会第二十四次会议审议通过的《关于加快建设世界一流企业的指导意见》提出：“加快建设一批产品卓越、品牌卓著、创新领先、治理现代的世界一流企业。”将建设世界一流企业作为行动纲领提出来，为加快建设世界一流企业指明了方向，也进一步明确了世界一流企业的评判标准。

1.2.3.1 世界一流企业内涵进一步丰富

围绕“产品卓越、品牌卓著、创新领先、治理现代”16 字，对“世界一流”的基本框架进行细化拆解，将世界一流的整体目标变成企业战略组织和运营流程的各项工作。

（1）产品卓越

产品卓越，是企业的硬实力，也是发展的硬道理。建设世界一流企业不能脱离企业的存在根基。企业存在的基本意义是为市场提供产品和服务，满足市场需求，促进社会经济发展。因此，为市场提供产品价值是建设世界一流企业的基本要求和出发点。

世界一流企业必须有卓越的产品。所谓卓越，就是杰出的，超出一般的，能够比同类产品高出一头、强出一截、好出一块，能够给消费者带来更丰富的获得感、更厚重的幸福感、更精彩的升华感。企业要努力打造高附加值、高科技含量、有核心竞争力的产品，不能凭着直觉、凭借政策空间和机会主义来经营企业。卓越的产品源于卓越的科技和工艺，卓越的科技让产品成为时代引领者，卓越的工艺让产品成为质量标杆。

产品和服务是企业的立本之基，世界一流企业必须能够为市场提供高质量的产品和服务。企业所提供的产品和服务不仅能够满足大多数人的需求，而且还要具有差异化。差异化体现在企业的产品和服务具有其他同类产品都不具有的功能与特性，或是功能与特性比同类产品更优异。要坚持壮大实体经济，推进产业基础高级化、产业链现代化，打造具有全球竞争力的产品与服务，以各个领域的卓越产品作基础，以产品卓越作为高质量发展的起点。

（2）品牌卓著

品牌卓著，是发展的软功夫，也是企业的软实力。品牌是企业乃至国家竞争力的重要体现，也是赢得世界市场的重要资源。品牌，是企业重要的无形资产，是企业走向世界的通行证，是体现国家核心竞争力的有力名片。

世界一流的企业必须有卓著的品牌。所谓卓著，优异而显著的意思。优异说的是内涵，品牌的内涵应该蕴含优秀的文化内容、思想内容、精神内容、质量内容；卓著说的是品牌的声誉，好品牌应该家喻户晓，应该世界闻名，应该成为世界市场的一面高高飘扬的旗帜。产品卓越是品牌卓著的基础，品牌卓著是产品卓越的助力。

企业品牌形象是国家形象的重要组成部分。国有企业品牌形象与国家形象密切相关。国企品牌的国际化过程，也是向世界输出中国文化魅力、价值观和话语权的过程。所有的世界一流企业都投入了极其丰厚的精力与资源，用以提升品牌形象与企业声誉。追求卓著品牌，必然以树立最为优良的企业品牌声誉作为努力方向。近年来，国有企业距离品牌卓著的目标仍有差距，集中体现在品牌形象与企业规模不匹配、品牌战略引领力发挥不充分、品牌管理专业化水平待提高、品牌建设工作机制未成体系、品牌国际化步伐有待加快。

（3）创新领先

创新领先，是发展的动力，也是企业高质量发展的发动机。无论是产品卓越还是品牌卓著，都需要创新领先，不断催化、蝶变、升华。创新是企业发展的第一生产力。作为企业，必须以创新为灵魂。创新来源于科技、来源于人才，创新领先就必须让自己的科技研发、人才力量成为高地。

成为世界一流企业，成为最先进的产品技术和最为优良的品牌声誉拥有者，企业必须拥有可持续的创新创造能力，以保持自身的动态领先优势。要支持引导行业领军企业和掌握关键核心技术的专精特新企业深化改革、强化创新，加大培育力度。要强化企业创新主体地位，促进各类创新要素向企业集聚，推动企业在技术创新、管理创新、商业模式创新等方面领先一步。在 2021 年国家重点研发计划立项的 860 多个项目中，企业牵头或参与的有 680 余项，约占 79%。要通过“揭榜挂帅”等方式，引导企业加入基础研究、技术创新、成果转化、产业化等科技创新活动中，成为引领者、领先者。

（4）治理现代

治理现代化，是发展的保障，也是加快建设世界一流企业的强力支持。世界一流企业要在行业内具有全球领先的产品竞争力、行业领导力和社会影响力，获得广泛的认可，一定是长期并持续性的，管理是世界一流企业的重要保障。

一流的管理实践来源于一流的管理思想。企业应当是一个相当理性的系统，企业应该有自己的使命、长远战略、规章制度和功能，明确的企业绩效评估愿景是企业对自身社会价值的基本界定，对自身未来的基本设想。立足于社会价值的愿景不仅提醒企业要时刻奉献社会，而且对于吸引优秀人才、激发员工的工作热情具有重大作用。要建设世界一流企业，企业愿景要被世界各地的消费者所认同，并且经得住时间的考验。对于世界一流企业而言，治理现代要求世界一流企业从实际出发，探索构建适合自身发展需要的、最具现代化的公司治理体系，实现自我完善、提升、转型与发展。

1.2.3.2 世界一流企业建设更加聚焦价值创造

面对蓬勃兴起的新一轮科技革命和产业变革，国有企业在效率效益、战略性新兴产业布局、科技创新能力支撑等方面仍存在差距。2022 年 12 月，国资委办公厅印发《关于开展对标世界一流企业价值创造行动的通知》，文件明确了聚焦效率效益核心指标、聚焦创新驱动发展、聚焦国家战略落实、聚焦治理效能提升、聚焦可持续发展、聚焦共建共享、聚焦体系能力建设 7 大价值创造领域、接近 30 项跨度更大、综合性更强的工作内容。2023 年 3 月，国资委以《关于开展对标世界一流企业价值创造行动的通知》为纲，对国有企业对标开展世界一流企业价值创造行动进行动员部署，要求国资央企要进一步提高政治站位，抓紧抓细企业价值创造行动。

对标世界一流企业价值创造行动作为国务院国资委世界一流系列最新行动，具有长期取向、问题导向、价值方向等特点，核心内容包括以下五个要素：

1）坚持 1 个根本目标：做强做优做大国有资本和国有企业作为根本目标；

2）强化 2 个推进途径：提升核心竞争力和增强核心功能；

3）实现 3 个维度转变：效率价值、整体价值、长期价值；

4）聚焦 7 大价值领域：聚焦效率效益、聚焦创新驱动、聚焦国家战略落实、聚焦治理效能提升、聚焦可持续发展、聚焦共享共建、聚焦体系能力建设 7 大价值创造领域；

5）完善 5 个能力体系：完善诊断体系、责任体系、执行体系、评价体系、保障体系。

国资央企要把价值创造理念贯穿于企业经营决策全过程，强化改革攻坚，着力构建有利于企业价值创造的良好生态，进一步完善中国特色现代企业治理，加强董事会建设，在准确判断市场、准确预见产业长远发展的基础上科学决策、理性决策。

一是把价值创造融入企业管理运营诸环节，以对标促达标、以达标促创标，增强集团化管控、集约化运作能力，加强成本管控、管理创新能力，进一步强化精益运营。对标世界一流企业价值创造行动系列部署，打破了以往单一股东价值视角，扩展了企业价值范畴，最重要的是创新了国有企业建设世界一流的评价和估值方向，是从“管理提升”到“价值创造”的转变。

二是把价值创造导向体现到有效激励约束各方面，加快建立科学评价体系，更大力度实施以价值创造为导向的中长期激励，营造人人想价值、人人创价值的良好氛围。

1.2.3.3 创建世界一流示范企业提质扩围

2023 年 4 月，为加快建设世界一流企业，国资委在现有 11 家示范企业基础上，决定将中国电科、中国石化、中国海油、中国华能、中国一汽、中国远洋海运、中粮集团、招商局集团、华润集团、中国建材 10 家中央企业和上海汽车、安徽海螺、深圳投控、潍柴控股、京东方、万华化学、宁波舟山港 7 家地方国有企业纳入创建世界一流示范企业范围。当前，国资委正在分行业制定对标世界一流评价指标体系，各示范企业也要按照“一企一策”原则，尽快研究制定自身的指标体系。

创建世界一流专精特新示范企业是国务院国资委贯彻党中央、国务院关于加快建设世界一流企业决策部署，深化创建示范、管理提升、价值创造、品牌引领“四个专项行动”的重要内容，目的在于加快建设一批、培育一批“专精特新”“小巨人”和单项冠军企业，在不同领域形成百家以上不同层级的典型示范企业。

对于创建世界一流示范企业，国资委提出了以下新要求：鼓励薪酬分配向科研骨干人员倾斜；全方位提升价值创造能力，在效益重点指标上率先提升，不断提高资产回报水平，真正实现有质量、有效率、有效益的价值驱动型增长；加快推进内部同质化业务整合，围绕关键技术、核心资源、知名品牌、市场渠道等实施高价值的对外并购；大力弘扬企业家精神，鼓励敢为人先、敢闯敢试的改革精神。

1.3 世界一流示范企业的典型做法

世界一流示范企业具备“三个领军”“三个领先”“三个典范”的基本条件，具有清晰的战略定位，保持主业优势，加快布局新兴产业，在国际资源配置中占主导地位。通过加大自主创新力度，引领行业技术发展，在全球产业发展中具有话语权和影响力。在体制改革方面推陈出新，加大海外业务并购。重视人才培养和品牌建设，具有全球知名的品牌形象。

1.3.1 自主创新能力强，掌握关键核心技术

世界一流示范企业在具有自主知识产权或发明专利的核心技术上有重要突破，在国际标准的制定上有一定话语权。科研开发成果转化率较高，建立产学研或官产学研一体化的创新体系。

作为军工领域唯一入选央企，航天科技实施载人航天与月球探测、北斗导航、高分辨率对地观测系统等国家重大科技专项，启动实施重型运载火箭、火星探测等一批重大工程，实现从航天制造向航天智造与运营服务转变。

自主创新提升发射密度，实现组批生产。2018 年，长征运载火箭共完成 37 次航天发

射，位居世界第一。为适应高密度的发射需要，航天科技优化科研生产链条，坚持零缺陷质量管理，将发射场周期缩短了 30%，产品交付周期缩短了 40%，确保产品质量可靠性不断提升。致力于火箭去型号化、去任务化，实现从“定制”到“通用”的转变，实现产品的批量化生产与不同型号间产品的通用互换，提高火箭对不同任务的适应能力。

对标世界一流，关注重点领域和关键技术。以长征六号为例，航天科技在立项之初对标世界一流企业，一共整理出以 12 项重大关键技术为代表的 90 项关键技术攻关方向。长征六号甲、长征七号甲、长征八号等新一代中型运载火箭正在按计划开展研制工作且进展顺利；重型运载重大工程实施方案论证全面开展，预计于 2030 年左右首飞。

中国石油持续推进科技创新体系建设，围绕制约主营业务发展的关键瓶颈技术组织重大科技项目攻关，贯彻科技创新战略，全面推进“优势领域持续领先、赶超领域实现跨越、超前储备领域抢占制高点”的三大科技创新工程。中国建筑始终坚持“科技支撑发展，创新引领未来”的科技工作指导思想，大力发展绿色建筑、智慧建造、建筑工业化三大重点研发方向，强化企业核心竞争力。国家电网健全以企业为主体的产学研用一体化创新机制，完善成果转化、收益分享、创新容错等配套制度，激发各要素活力。

1.3.2 战略定位清晰，新兴产业初具规模

世界一流示范企业能够充分发挥协同效应和整体优势，提出有利于发挥企业潜能、优势的战略性新兴产业发展规划，将战略性新兴产业与原有产业优势相结合，明确发展重点及采取的措施。

航天科技在传统产业领域推动航天技术应用及服务产业转型升级，着力发展卫星应用产业，促进空间技术、空间信息与各行业应用深度融合，积极打造“航天＋”产业形态。在新兴产业方面，加快智慧城市、智慧能源、物联网、智能机器人、无人机等发展，实现了工业探伤胶片进口替代。

国家电网充分利用原有电网数据、技术、标准优势，加强与新经济和互联网企业合作，积极参与新能源、智能制造、智能家居、智慧城市等新兴业务领域的开拓建设，加快构建围绕能源互联网发展的产业链。

中国三峡集团在承担水电开发基础保障功能之外，将风电、太阳能等新能源业务作为集团第二主业进行打造。

中广核将核电业务做足、做深、做强，在保持和发挥集团已有优势的条件下，将可再生能源业务做实、做好、做优。

中国石油大胆引进民营资本，变革营销模式，并通过“互联网＋”战略，实现从传统的能源公司向创新型企业的转型。中国石油牵手阿里巴巴，双方在互联网支付、电子加油卡、互联网金融、会员共享、积分互换、联合营销等领域开展了多项合作。成立互联网科技公司，改造旗下成品油销售终端商业模式，将传统加油站打造成一站式生态圈，形成跨界联盟合作平台，大大增强了企业的发展活力和后劲。

1.3.3　国际化运作能力强，拥有国际知名品牌

世界一流示范企业以全球性战略思维制定企业发展战略，拥有较强的全球资源配置能力和资本运作能力，综合指标及各项关键指标处于国际同行业先进水平，具有较强的国际影响力。品牌文化建设成效显著，在国际上拥有知名统一的企业品牌或系列产品品牌。

航天科技瞄准商业发射市场，实施成果走出去。航天科技不仅输出资源和技术，更多的是人才和经验。航天科技为近 10 个国家和地区建设了卫星遥感、卫星通信、卫星导航地面应用系统，以授人以渔的方式和专业化的服务，培养当地科技人员，满足了国际客户多方位的需求。着眼于提高中国航天的国际话语权，主导制定的国际标准“航天质量问题归零管理”由国际标准化组织（ISO）正式发布。加快实施“一带一路”空间信息走廊建设与应用工程，已与 30 多个国家空间机构和国际组织签署了 100 余项合作协定，努力实现“一带一路”沿线国家空间信息互联互通。

中国石油抓住“一带一路”倡议实施等机遇，积极推进国际油气合作。发挥国际贸易与生产销售的协同配合作用，统筹进出口、国内外资源，完善贸易渠道和营销网络，增强资源配置能力和创效能力。

国家电网积极服务和参与“一带一路”建设，从特高压到智能电网和“国网芯”，打造具有中国特色的世界一流品牌。

中国中车集团成功在发达国家实现由产品输出向“资本＋技术＋服务＋管理”输出的转换，配置全球创新资源的能力进一步提升。

1.3.4　集团管控模式有效，人才激励机制健全

世界一流示范企业建立科学有效的管控模式，充分引入竞争机制，人事、劳动、分配三项制度改革不断深化，形成职工能进能出、人员能上能下、收入能增能减的体制机制，保护职工合法权益。

航天科技始终坚持人才发展战略与整体发展战略通盘考虑、同时部署。以解放和增强人才活力为根本，创新人才工作机制，坚持党管人才原则，坚持把重大工程任务作为人才施展才华、提升能力的实践平台。

中国石油以品德、能力和业绩为导向，建立健全人才评价发现、考核管理和激励约束机制，形成了公司和所属企业两级奖励体系和激励政策体系。积极探索建立科技创新基金、科技增效激励等机制；推进技能专家工作室建设，充分发挥技能专家、基层技术人员、工人技师在技术创新中的作用。加大精神激励和物质奖励力度，营造争先创优、奋发向上的环境。

中国建筑遵循“事业留人、感情留人、待遇留人”和“关注个体”的基本人力资源管理理念，并贯彻于各项人力资源管理政策当中，通过职业规划、教育培训和绩效考核三个全员覆盖，建立与个人价值创造和能力结合、共享企业发展成果的薪酬激励机制。

1.3.5 内部改革推陈出新，海外并购力度强劲

世界一流示范企业推动混合所有制改革、重组整合、供给侧结构性改革、产业转型升级，支持实体经济发展，提升企业的资产证券化率。在全球范围内开展并购重组，通过资本“走出去”，把先进技术和管理“引进来”，开拓国际市场，促进产业升级。

在混合所有制改革方面，航天科技深化内部改革，为高质量发展赋能。航天科技于2017年年底完成十一院与浙江南洋科技股份有限公司资产重组，彩虹无人机成功登陆A股资本市场。从单一产权为主向多元产权转型，盘活优质的航天资产。积极推进母子公司体制机制建设，全面完成集团公司本级及各级全民所有制企业公司制改制，开展10家生产经营类军工研究所转制试点，员工持股、分红权等骨干人才中长期激励试点以及职业经理人试点等工作，为激活效益源泉释放动能。

国家电网加快混合所有制改革，在特高压直流输电、增量配电、综合能源服务、抽水蓄能、通用航空、金融等领域，积极吸引社会投资，放大国有资本功能。积极主动与地方政府、企业、用户开展互利合作，加快构建智慧能源综合服务平台，共同推进清洁能源消纳、综合能源服务。该公司成立了公司制改革专项工作领导小组，成立专门办公室；各级单位均成立相应的组织机构和工作组，明确各级单位主要负责人是公司制改制工作的第一责任人。

中国中车集团通过推动生产流程再造，建立从精益生产到精益管理再到精益企业的全方位精益管控模式。通过劳动、人事、分配三项制度改革，激活组织活力，再到主辅分离，然后到南车、北车股份改制，实现A+H上市，以及中国中车重组成立。现代企业制度的建立、组织体系的变革，为高铁事业的成功提供了组织保障。

中国石油大力推动业务重组，压缩法人实体，尤其通过中油工程、中油资本等重组上市，完成了大多数子企业的改制。在公司治理结构和管控模式上不断创新，努力优化。中国石油坚持用信息技术推动管理创新，构建了覆盖全集团“横向集成、纵向贯通”的数字神经系统，初步实现了生产经营管理网络化、国内国外业务一体化、线下线上服务联动化，信息化应用水平在中央企业和国际石油公司中保持领先优势。

中国建筑初步建立起符合国有企业特质与上市公司监管规则的现代企业制度，决策执行协调运转。持续提升资本运营能力，一系列并购、重组、分拆等举措增强了集团专业化、国际化的竞争能力，优化了市场布局，完善了产业链条。

中航集团进行航空货运物流混合所有制改革，将其所持股权转让于全资子公司资本控股。

在海外并购方面，中国中车集团于2018年年初成立了国际化并购工作领导小组和并购办公室，未来的海外并购项目将由下属公司主导转变为中国中车统筹规划实施。通过海外并购等方式，弥补自身短板，对技术、产品和产业加速升级。

国家电网将海外业务聚焦于并购运营、工程总包、设备输出、国际能源合作与标准制定五大板块。通过直接入股（意大利、澳大利亚和葡萄牙等发达市场）和取得特许经营权

方式（菲律宾和巴西等新兴市场并购项目）加大海外业务拓展。

1.3.6　以自身优势履行社会责任，社会形象良好

世界一流示范企业具有中国特色和本企业特色的企业文化和健康发展的核心价值观，以开放、包容、多元、共赢的文化要素促进国际化经营。积极践行共商共建共享发展理念，模范履行社会责任，社会形象良好。

航天科技积极履行企业社会责任，充分发挥航天高科技和人才优势，在卫星数据及直播服务、航空运输、奥运安保装备、医疗救治和志愿者服务等方面做出积极贡献。

中国石油助力打造特色产业，开展乡村旅游扶贫示范项目，推进农民专业合作社经济，结合产业发展需求，开展致富带头人培训等。

国家能源集团发挥产业优势，整合社会资源，创新帮扶措施，高质量完成扶贫任务，做好援藏援青援疆工作。发挥国家能源集团公益基金载体作用，投身社会公益事业，努力改善民生，实现地企和谐共赢。

中国三峡集团积极参与乡村振兴、对口支援、企地共建、援疆援藏等社会公益活动，不断促进水电开发与移民安稳致富、生态环境保护和地方经济社会发展相协调。

中国建筑成立由公司高管和部门负责人组成的社会责任委员会，负责统筹规划公司整体社会责任工作，建立覆盖公司各层级、各领域的社会责任工作体系。社会责任委员会下设办公室，主要负责制定社会责任工作规划、管理制度，组织实施社会责任实践，对外开展社会责任交流，编制发布可持续发展报告等。

第 2 章　世界一流军工企业发展面临的形势分析

2.1　国际安全形势

当前，国际安全形势处于冷战结束以来最动荡不定的时期。世界多极化深入发展，大国博弈空前激烈。经济全球化势头受阻，甚至严重逆转。地区局势特别是欧洲再陷战乱，欧亚大陆危机四伏。能源安全、粮食安全及环境安全等交织叠加，人类面临前所未有的挑战。全球和平与发展两大问题更显突出，世界又一次站在历史的十字路口，区域和平发展环境面临诸多威胁。军工企业已成为确保国家战略安全的坚实盾牌、支撑我国由大国向强国迈进的战略基石，地位作用日益凸显。国际安全形势对军工企业的关键技术、高质装备产品、新质作战力量提出了自主创新、自主研制、自主可控的要求。

2.1.1　世界安全格局深度调整，大国之间战略博弈加剧

2.1.1.1　国际地缘政治危机加剧，传统安全问题再次成为关注焦点

俄乌冲突不断升级，牵动全球安全局势。此次俄乌冲突对抗的本质是俄美大国之间的实力角逐，其影响不局限于俄乌两国，甚至波及全球。在俄乌冲突中，俄罗斯与美西方矛盾全面激化，双方矛盾的焦点已由地区安全问题上升至霸权与反霸权，全球地缘政治经济博弈达到前所未有的高度。俄乌冲突的持续性、复杂性及曲折性将不断显现并对国际关系及世界秩序产生深远影响，剧烈冲击世界和平发展的大趋势，加剧世界“阵营化”倾向，世界安全形势正变得越来越脆弱和敏感。未来 5～10 年，一些对现行国际规则颠覆和破坏的行为将导致存量矛盾叠加增量矛盾，俄乌冲突衍生风险的“蝴蝶效应”必将加速国际局势的大震荡、大分化、大重组、大演进，生物战、网络战、认知战、金融战、太空战等非传统战争形态的阴影将逐渐笼罩全球，新的世界性战争风险将越来越高。俄乌冲突不仅对传统战争形态和样式具有革命性的变革和突破，而且对重塑国际安全格局具有重大的影响和推动作用，使冷战结束 30 多年来的传统安全问题再次上升为世界关注的焦点。俄乌冲突作为“发酵剂”，正在加速中国周边安全格局的分化重组，甚至对抗性阵营的形成。

核安全与核冲突笼罩世界，国际核军控形势更加严峻。在俄乌冲突中，双方与国际原子能机构围绕“扎波罗热核电站局势”的博弈，使核安全问题再次引起全世界的广泛关注。俄乌冲突爆发第三天，俄罗斯总统普京宣布战略威慑力量转入特殊战备状态，俄军在西部飞地加里宁格勒使用“伊斯坎德尔”导弹系统进行模拟核导弹攻击。俄罗斯的核威慑战略在这次冲突中确实发挥了让美国为首的北约不敢直接下场参战的作用。但同时，整个

西方也突破了第二次世界大战以后形成的国际关系公约。英国高调宣称将会增加四成核弹头储备，美国也回应称北约将为核战爆发做好准备。美俄等核强国加紧推进核武库的升级改造，以将小当量核武器实战部署潜射平台，引发核战争核危机的潜在因素明显增多。有核国家大力扩充核武库，潜在拥核国家积极为拥核进行各种准备，国际核军备控制和规范的约束力在下降，国际核安全战略态势进入持续不稳定阶段，核平衡将迫近脆弱边缘。

2.1.1.2　美国将我国视为首要战略竞争对手，开启全面打压封锁措施

随着发达国家绝对优势下降，新兴经济体和发展中国家崛起势头不减，中国成为仅次于美国的重要大国，美国为维持其全球霸权地位，聚焦大国博弈打压竞争对手。中美长周期战略竞争将成为当前及未来一段时期影响世界格局的主旋律，在战略博弈的背景下，中美在经济、政治、外交、意识形态、科技等诸多领域的竞争关系迅速显现。美国在近十年中不断调整对华战略，并将中国的定位从奥巴马政府时期的"国际秩序共建者"调整为特朗普与拜登政府时期的"竞争对手"。美国接连发布 2022 版《国家安全战略》《国防战略》及对华政策讲话，两大顶层战略再次强调："中国是唯一一个既有重塑国际秩序的意图，又有日益增强的推进这一目标的经济、外交、军事和技术实力的竞争者"，并明确指出中国是美国在经济、外交、军事与技术方面的最大竞争对手。美国还出台《通货膨胀削减法》《2022 芯片与科学法》《2022 小企业创新研究和小企业技术转移延长法》及《2023 财年国防授权法》等系列法案，谋求通过政府提供大规模投资及补贴，维持在有关领域的竞争优势，试图将遏制中国上升到美国法律层面以达到全民共识。美国单边主义、霸权主义行径是影响国际安全形势最严重的不稳定因素。

在烈度不断上升的中美战略博弈中，科技作为美国霸权的关键立足点之一已经成为眼下中美战略竞争的焦点所在，势必将贯穿中美大国博弈的全部阶段。在美国顶层国家战略的指引下，美国聚焦科技领域对我国发动一系列封控、打压、脱钩的措施，野蛮介入和干预科技领域的市场竞争。近年来，美国不断升级技术管控和封锁政策手段，数次扩大"实体清单"，动用各类措施推进中美科技脱钩，甚至通过拉拢其盟国和操作多边出口管制试图形成对华技术孤立之势。可以说，中美已经进入全面的技术冷战阶段，美国发动对我国的科技管控和封锁是在其顶层战略的指引下进行的，并将向着更为持久、更为深远的方向不断演进。美国从单边到多边、从地区到全球、从全政府到全西方、从重点领域到全面重塑的零和战略，对我国各领域特别是国家战略安全构成前所未有的系统性挑战和复合性威胁。

2.1.2　新一轮军事装备竞赛展开，强敌全面加强对我国战争准备

2.1.2.1　强国加紧发展新型武器技术，催生现代战争形态变革

伴随地区军事冲突的日益严峻，在新一轮科技革命和产业变革的加持下，强国在军事高科技领域和武器装备发展方面的竞争日趋激烈。美国不断深化"全域作战""马赛克战""决策中心战"等新型作战概念研究，正通过丰富非战略核打击手段，积极夺取太空、网络等新兴作战领域先发优势，扩大弹药储备规模，部署第一岛链"反介入/区域拒止"体

系，增强打赢大规模战争的能力，谋求对我国全面压倒性优势。美国陆军继提出“多域作战”概念后，又提出了“融合计划”，即基于先进科技手段探索构建“全部传感器，任意发射器”的秒级快速闭环；美国海军提出“制胜计划”，重点整合人工智能与机器学习等能力，提升作战优势；美国空军持续加大技术投入，推进“阿尔法空战”“天空博格人”等项目，提升自主系统空战能力等。以色列首次将人工智能辅助的无人机群投入实战，“蜂群”间可相互通信、精确定位目标，甚至指挥突袭。英国陆军在北约“春季风暴”演习中使用了人工智能技术，通过人工智能赋能，快速处理周边环境地形信息等大量数据，运用智能技术预判对手行动，并可实时传递情报。俄罗斯“战斗指挥信息系统”旨在借助人工智能技术分析战场环境，为指挥员提供多类行动方案，成为俄乌冲突中俄军难得的智能化元素。军事强国加紧研发高超声速武器、激光武器以及高功率微波武器等未来战争撒手锏武器，美国推出基于“星链”技术的“星盾”计划，推进“星链”军事化，并向实战化运用迈进，引发军事领域的新竞争和新变革。

2.1.2.2 强敌试图操控我国周边安全议程，推高地区军事冲突风险

中美大国博弈正在显著影响着中国周边安全态势，美国试图通过减弱中国对周边地区的影响力，来达到全方位维护美国绝对霸权的地位。中国周边地区成为中美直接交锋地带，也由此成为“首要”与“关键”的交汇点。美国操控中国周边的主要做法如下：

一是出台所谓“印太战略”，以强化地区盟友为抓手，打造围堵中国的战略包围圈。尤其是2022年2月12日，拜登政府公布了长达19页的《美国印太战略》，首次明确了美国在“印太地区”的五大政策目标和十大具体政策举措，其中再次极为明确地将中国定位为战略对手和首要防范对象。2023年5月16日，美国国防部长奥斯汀在美国国会参议院拨款委员会证词中提到，2023财年国防预算中，对“太平洋威慑倡议”（PDI）的预算申请比上一财年整整高出40%，这是为赢得中美竞争所做努力的一部分。拜登政府从政治、经济、科技、军事等方面加强“印太地区”的战略部署，高层官员密集出访日、韩、东南亚和南亚国家，强化与中亚国家的联系；宣布启动“印太经济框架”（IPEF），意在补足美国“印太战略”的经济短板；与日韩及中国台湾地区建立“芯片四方联盟”，加强芯片产业合作，企图实现排除中国大陆企业的芯片生产闭环。

二是通过大打“台湾牌”，将台海、南海列为首要安全关切并将其作为“印太战略”执行的主要抓手，通过向中国台湾地区军售来刺激中国大陆，牵扯中国大陆的战略关注方向。近两三年来，美国在深度介入南海问题的同时，不断加强在东海、南海、台海的军事联动。乌克兰危机升级后，美国更是以担心中国会效仿俄罗斯，在台海、南海采取军事行动为借口，频频炒作“今日乌克兰，明日南海和台湾”的国际舆情，试图通过恫吓使更多国家“结伴入盟”，从而加剧了中国周边安全形势的动荡。

三是通过强化与盟国关系在中国周边不断强化军事存在，在“印太地区”加强军力部署，持续加大对“太平洋威慑倡议”的投入，投放先进军事技术、实践新的作战概念和制造更具弹性的军事态势，与地区主要盟友加强联合军演，建立美英澳三边安全伙伴关系（AUKUS）联盟，这种军事存在甚至达到一般意义上可以发动一场局部战争的规模，以此威

慑中国。这些都导致地区军事安全局势极度紧张，存在爆发军事冲突的巨大风险。

2.1.3　国家安全面临严峻挑战，军工武器装备建设面临新要求

2.1.3.1　国防和军队现代化建设对加快武器装备现代化提出更高要求

强国必须强军，军强才能国安。在国家安全形势发生新变化、国防和军队现代化踏上新征程、向着建军一百年奋斗目标冲刺迈进的关键时期，武器装备现代化的任务十分艰巨、时间更为紧迫，必须跑出加速度，在创新突破中积累优势，在紧追快赶中比肩对手，为国家安全和民族复兴提供强大物质技术支撑。十九届五中全会对国防和军队建设作出重要部署，在“十四五”期间加快国防和军队现代化，实现富国和强军相统一，加快机械化、信息化、智能化融合发展，全面加强练兵备战，提高捍卫国家主权、安全、发展利益的战略能力，确保 2027 年实现建军百年奋斗目标，国防政策由“强军目标稳步推进”转变为“备战能力建设”。2021 年 10 月 25 日，在全军装备工作会议中，习近平总书记提出深入贯彻新时代党的强军思想，深入贯彻新时代军事战略方针，加紧推进“十四五”规划任务落实，加紧构建武器装备现代化管理体系，全面开创武器装备建设新局面，为实现建军一百年奋斗目标作出积极贡献。这对武器装备建设能力提出了更高要求。同样，对从事武器装备研发、生产、维护、运营等，为国防和军队现代化建设提供有效保障的军工单位提出了更高的要求。2022 年 10 月 16 日，在党的二十大上，习近平总书记指出，实现建军一百年奋斗目标，开创国防和军队现代化新局面。必须贯彻新时代党的强军思想，贯彻新时代军事战略方针……坚持边斗争、边备战、边建设，坚持机械化信息化智能化融合发展，加快军事理论现代化、军队组织形态现代化、军事人员现代化、武器装备现代化，提高捍卫国家主权、安全、发展利益战略能力，有效履行新时代人民军队使命任务。

2.1.3.2　信息化、智能化新型作战形态对装备建设新质化提出更高要求

世界军事经历多次变革，战争形态也随着军事变革发生改变，现代战争信息化程度不断提高，智能化特征日益显现。在微系统、人工智能、量子技术、太赫兹、超材料等新兴前沿技术的推动下，装备建设呈现新的发展态势，朝着实战化、协同化、体系化、信息化、网络化、智能化、无人化、集群化等方向跨越式发展。当前进入信息化战争和智能化战争时期，新型作战形态正在引发军事领域技术的不断突破。习近平总书记指出，设计武器装备就是设计未来战争，未来打什么仗就发展什么武器装备，确保研发和生产的武器装备适应能打仗、打胜仗要求。着眼于打赢未来战争需要，需要集中力量实施国防领域的重大工程，加速武器装备升级换代和智能化武器装备发展，打造更多克敌制胜的利器。创新是生存之本、发展之基、自强之要，要坚持瞄准世界军事科技前沿，推动原始创新、集成创新、引进消化吸收再创新，着力以我为主、自力更生，突破长期制约武器装备的基础性问题，推动武器装备发展水平整体跃升。作为国防科技工业创新主体的军工单位，在增强高新技术和尖端产品等的国内供应能力，为首战胜战、慑战止战提供好用管用的新形态装备、非对称装备等方面面临更迫切的需求。

2.2 国际军贸与军控形势

2.2.1 国际军贸市场持续繁荣

自 21 世纪以来，国际军贸市场持续繁荣，武器交易持续活跃。2022 年 2 月爆发的俄乌军事冲突不仅深刻影响了世界地缘政治格局，也对国际军贸市场未来发展产生重要影响。与一般性商品相比，军品贸易具备交付履约周期长的典型特点，从合同谈判、合同签订到产品交付，合同履约往往跨越多个年度。因此，单纯看每个年度的军贸市场情况存在一定的片面性，而综合看连续几年的军贸市场能够更真实地反映军贸市场发展现状及一般规律。本节以瑞典斯德哥尔摩国际和平研究所（SIPRI）全球武器贸易数据为依据，对 2018—2022 年国际军贸形势进行分析。

2.2.1.1 国际军贸市场发展态势

（1）总体趋势

自 20 世纪 80 年代以来，国际军贸市场呈现先降后升的总体趋势（图 2－1），在 21 世纪初步入最低点，之后呈现波动上升态势，在 2022 年达到新的历史高位。从 5 年期国际武器转让情况看，从进入 21 世纪到 2017 年，国际武器转让量持续增长，2013—2017 年达到最高点，2018—2022 年有所降低，具体下降了 5.1%。俄乌军事冲突对 2018—2022 年国际武器转让总量的影响有限，但却促使 2022 年国际武器转让量达到历史新高位，也使乌克兰在 2022 年成为世界主要武器进口国。此外，受俄乌军事冲突影响，大多数欧洲国家大幅增加了武器进口订单，可以预见，俄乌军事冲突将对未来国际武器贸易关系产生重大影响。

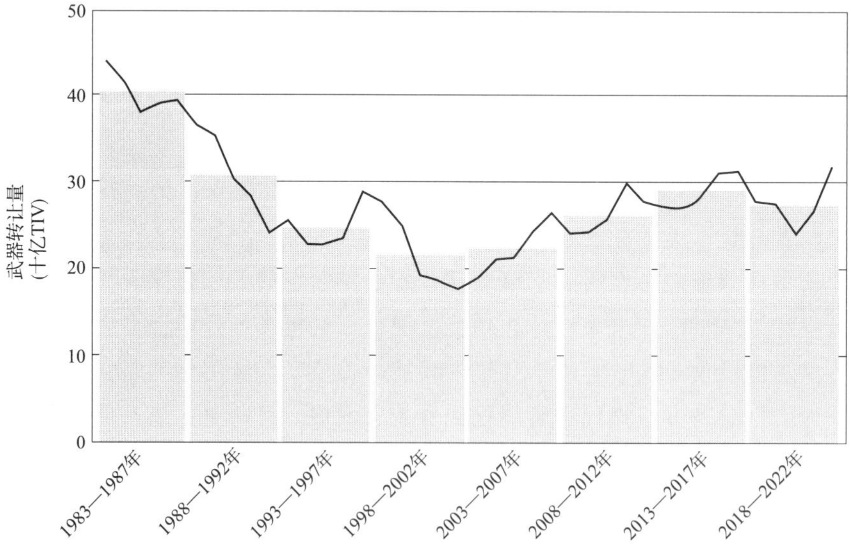

图 2－1 国际军贸市场发展趋势

注：图中柱形图表示 5 年期国际军贸情况；折线表示单年度军贸情况；TIV 即趋势指示值（trend－indicator value）是 SIPRI 创造的衡量武器转让额度单位。需要强调的是 TIV 非美元值或其他货币值。

（2）武器出口

2018—2022 年，全球有 63 个国家向海外出口武器装备。其中，世界前 5 大武器出口国（美国、俄罗斯、法国、中国和德国）武器出口量占世界武器出口量的 76%以上、世界前 10 大武器出口国武器出口量占世界武器出口量的 90%以上、世界前 25 大武器出口国武器出口量占世界武器出口量的 98%以上（见表 2－1）。从地区看，北美和欧洲国家武器出口量合计占世界武器出口量的 87%、西欧五大出口国（法国、德国、意大利、英国和西班牙）武器出口量约占世界武器出口总量的 1/4。

表 2－1　世界相关国家武器出口情况

序号	国家	2018—2022 年占比/%	2013—2017 年占比/%	五年期变化/%	2018—2022 年前三大目标市场国家		
1	美国	40	33	14	沙特(19%)	日本(8.6%)	澳大利亚(8.4%)
2	俄罗斯	16	22	−31	印度(31%)	中国(23%)	埃及(9.3%)
3	法国	11	7.1	44	印度(30%)	卡塔尔(17%)	埃及(8%)
4	中国	5.2	6.3	−23	巴基斯坦(54%)	孟加拉国(12%)	塞尔维亚(4.5%)
5	德国	4.2	6.1	−35	埃及(18%)	韩国(17%)	以色列(9.5%)
6	意大利	3.8	2.5	45	卡塔尔(24%)	埃及(23%)	土耳其(12%)
7	英国	3.2	4.7	−35	美国(20%)	卡塔尔(16%)	沙特(7.7%)
8	西班牙	2.5	2.6	−4.4	澳大利亚(35%)	沙特(19%)	比利时(12%)
9	韩国	2.4	1.3	74	菲律宾(16%)	印度(13%)	泰国(13%)
10	以色列	2.3	2.6	−15	印度(37%)	阿塞拜疆(9.1%)	菲律宾(8.5%)
11	荷兰	1.4	2.1	−39	美国(27%)	墨西哥(11%)	突尼斯(7.4%)
12	土耳其	1.1	0.6	69	卡塔尔(20%)	阿联酋(17%)	阿曼(13%)
13	瑞典	0.8	0.9	−16	美国(25%)	巴基斯坦(24%)	巴西(15%)
14	瑞士	0.7	1.0	−34	澳大利亚(21%)	丹麦(14%)	西班牙(13%)
15	澳大利亚	0.6	0.3	64	加拿大(35%)	智利(31%)	美国(13%)
16	加拿大	0.5	0.6	−9.4	沙特(49%)	阿联酋(22%)	美国(4.9%)
17	乌克兰	0.5	1.7	−70	中国(48%)	沙特(13%)	泰国(7.5%)
18	阿联酋	0.4	0.4	−5.8	埃及(28%)	约旦(27%)	阿尔及利亚(15%)
19	波兰	0.4	0.1	168	乌克兰(95%)	尼泊尔(1.2%)	厄瓜多尔(0.6%)
20	白俄罗斯	0.3	0.5	−37	塞尔维亚(33%)	越南(25%)	乌干达(14%)
21	南非	0.3	0.3	6.7	阿联酋(27%)	美国(21%)	印度(15%)
22	挪威	0.3	0.6	−55	美国(27%)	乌克兰(15%)	立陶宛(14%)
23	巴西	0.3	0.2	35	法国(25%)	尼日利亚(15%)	智利(12%)
24	比利时	0.2	0.1	212	沙特(35%)	加拿大(28%)	巴基斯坦(21%)
25	约旦	0.2	0.2	14	美国(61%)	埃及(26%)	亚美尼亚(7%)

根据武器出口量占世界武器出口量的比重，可将这些国家分为三个梯队：第一梯队是美国和俄罗斯，二者武器出口量占世界武器出口量的比重在 50%～60%，其中美国历来稳

居世界第一武器出口国地位；第二梯队包括法国、中国、德国、意大利、英国，这些国家武器出口量合计占世界武器出口量的比重在25%～30%；其他国家为第三梯队，其武器出口量占世界武器出口量的比重在15%～20%，其中西班牙、韩国、以色列、荷兰、土耳其是近年来发展较快的新兴军贸国家，如图2-2所示。

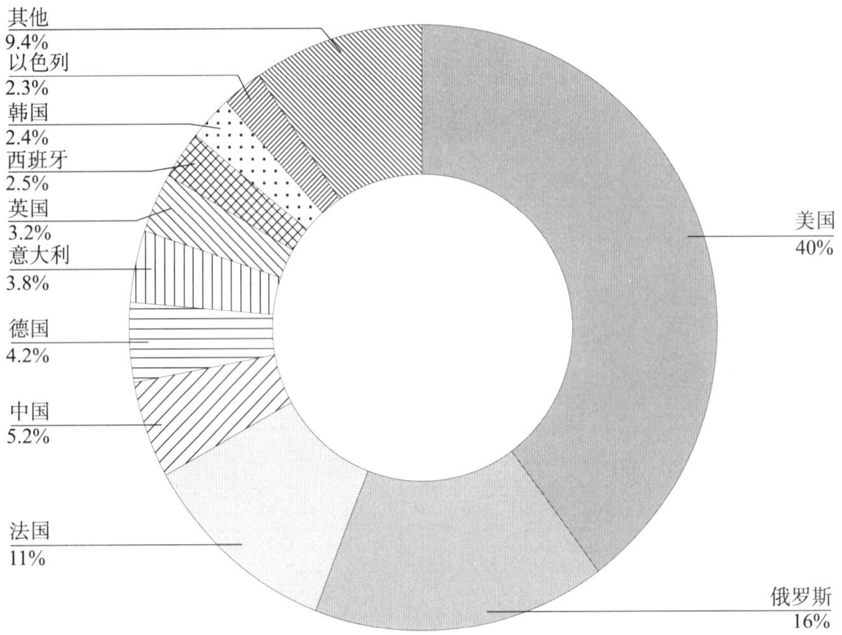

图2-2 主要武器出口国武器出口量占世界武器出口量的比重

①美国

2018—2022年美国的武器出口量较2013—2017年增长了14%，占世界武器出口量的比重为40%，较2013—2017年提高了7个百分点。2018—2022年，美国向103个国家提供了武器装备。其中，美国41%的武器出口流向中东地区国家①，主要目标市场包括4个中东国家：沙特（占19%）、卡塔尔（占6.7%）、科威特（占4.8%）、阿联酋（占4.4%）；美国32%的武器出口流向亚洲和大洋洲国家，主要目标市场国家包括3个国家：日本（占8.6%）、澳大利亚（占8.4%）、韩国（占6.5%）；美国23%的武器出口流向欧洲国家，主要目标市场国家包括3个国家：英国（占4.6%）、荷兰（占4.4%）、挪威（占4.2%）。2022年，美国对乌克兰的武器出口量大幅增加，但交付的武器装备先进性相对不高，主要是来自美国库存的二手军事装备。

②俄罗斯

2018—2022年俄罗斯的武器出口量较2013—2017年下降了31%，占世界武器出口量的比重为16%，较2013—2017年下降了6个百分点。2018—2022年，俄罗斯向47个国

① 本书将“中东地区国家”单独列出，后面出现的“亚洲”和“非洲”不包括“中东地区国家”。

家提供了武器装备。其中，俄罗斯 65％的武器出口流向亚洲和大洋洲国家、17％流向中东地区国家、12％流向非洲国家；俄罗斯近 2/3 的武器出口流向 3 个国家：印度（占 31％）、中国（占 23％）和埃及（占 9.3％），对其前 10 大武器接收国中的其他 7 个国家的出口下降，平均下降 59％。

③法国

2018—2022 年法国的武器出口量较 2013—2017 年增长了 44％，占世界武器出口量的比重为 11％，较 2013—2017 年提高了 3.9 个百分点。2018—2022 年，法国向 62 个国家提供了武器装备。其中，法国的大部分武器出口流向亚洲和大洋洲国家（占 44％）以及中东地区国家（占 34％）；法国 55％的武器出口流向 3 个国家：印度（占 30％）、卡塔尔（占 17％）和埃及（占 8％）。

④德国

2018—2022 年德国的武器出口量较 2013—2017 年下降了 35％，占世界武器出口量的比重为 4.2％，较 2013—2017 年下降了 1.9 个百分点。2018—2022 年，德国 36％的武器出口流向中东地区国家、32％流向亚洲和大洋洲国家、20％流向欧洲国家。

⑤意大利

2018—2022 年意大利的武器出口量较 2013—2017 年增长了 45％，占世界武器出口量的比重为 3.8％，较 2013—2017 年提高了 1.3 个百分点。2018—2022 年，意大利大约三分之二的武器出口流向中东地区国家。

⑥英国

2018—2022 年英国的武器出口量较 2013—2017 年下降了 35％，占世界武器出口量的比重为 3.2％，较 2013—2017 年下降了 1.5 个百分点。2018—2022 年，英国 43.7％的武器出口流向 3 个国家：美国（占 20％）、卡塔尔（占 16％）和沙特（占 7.7％）。

⑦其他主要出口国

2018—2022 年，世界前 10 大武器出口国中的其他国家分别是西班牙、韩国、以色列以及中国。其中，西班牙和以色列 2018—2022 年武器出口量相较于 2013—2017 年均有所下降，分别下降了 4.4％和 15％。相比之下，韩国 2018—2022 年的武器出口量则增长了 74％，占世界武器出口量的比重为 2.4％，较 2013—2017 年提高了 1.1 个百分点，其 63％的武器出口流向亚洲和大洋洲国家。此外，中国 2018—2022 年向 46 个国家出口武器，武器出口量占全球比重为 5.2％，较 2013—2017 年下降了 23％；其 80％的武器出口至亚洲和大洋洲，主要目标市场为巴基斯坦（武器出口量占 54％）。

（3）武器进口

2018—2022 年，全球有 167 个国家进口武器装备。从国别看，世界前 5 大武器进口国（印度、沙特阿拉伯、卡塔尔、澳大利亚和中国）武器进口量占世界武器进口总量的 36％，如图 2－3 所示。从地区看，亚洲和大洋洲国家武器进口量占世界武器进口总量的 41％，其次是中东（占 31％）、欧洲（占 17％）、美洲（占 5.8％）和非洲（占 5.2％），如图 2－4 所示。

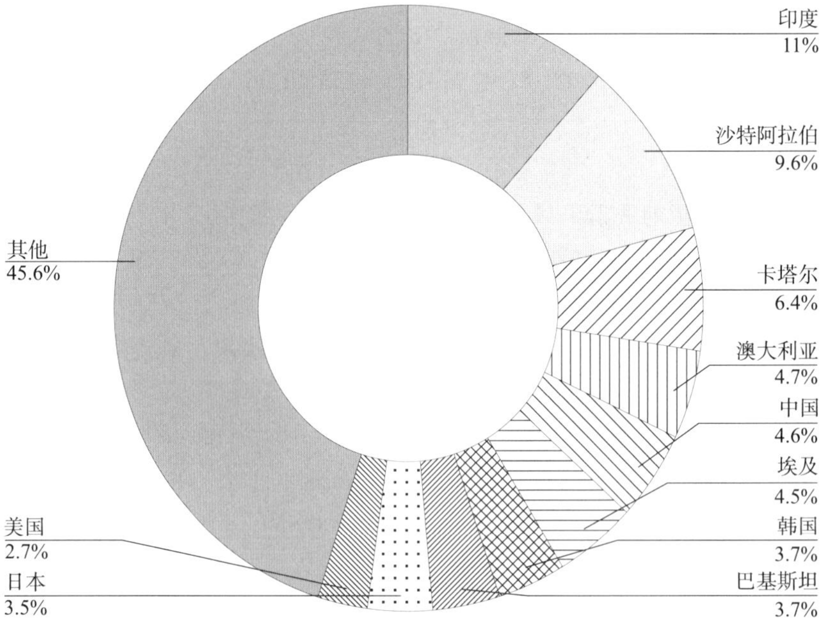

图 2-3　主要武器进口国武器进口量占世界武器进口总量的比重

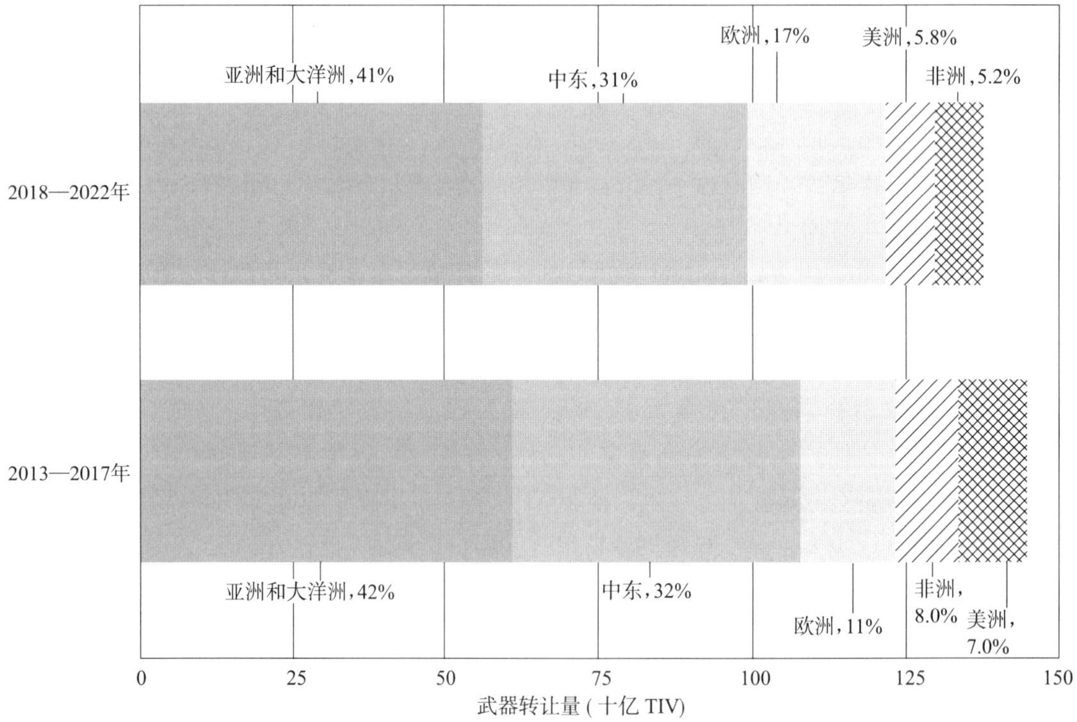

图 2-4　主要地区武器进口量占世界武器进口总量的比重

①非洲

2018—2022 年非洲国家的武器进口量相较于 2013—2017 年下降了 40%，这主要是由于该地区两个较大武器进口国阿尔及利亚和摩洛哥武器进口量减少，分别减少了 58%和 30%。非洲地区的主要武器供应国是俄罗斯（占非洲主要武器进口量的 40%）、美国（占 16%）、中国（占 9.8%）和法国（占 7.6%）。对于撒哈拉以南非洲地区，2018—2022 年该地区国家武器进口量较 2013—2017 年下降了 23%，占全球主要武器进口总量的 2.0%。该地区最大的 3 个武器进口国为安哥拉、尼日利亚和马里。该地区的主要武器供应国是俄罗斯（占 26%）、中国（占 18%）和法国（占 8.3%）。

②美洲

2018—2022 年美洲国家武器进口量相较于 2013—2017 年下降了 21%。美国和巴西是该地区最大的武器进口国，分别占该地区武器进口总量的 47%和 16%。对于南美洲地区，2018—2022 年该地区国家武器进口量相较于 2013—2017 年下降了 34%。尽管南美洲地区几乎没有国家间的紧张局势，但包括巴西和智利在内的一些国家仍有大规模的武器进口计划。其中，巴西 2018—2022 年武器进口量较 2013—2017 年增长 48%，占该地区武器进口总量的 44%；智利武器进口量则增长了 56%，占该地区武器进口总量的 24%。

③亚洲和大洋洲

2018—2022 年亚洲和大洋洲国家的武器进口量相较于 2013—2017 年下降了 7.5%，全球 10 大武器进口国中有 6 个在亚洲和大洋洲，即印度、澳大利亚、中国、韩国、巴基斯坦和日本。美国是该地区最大的武器供应国，占比 31%，其次是俄罗斯（占 26%）和法国（占 12%）。从具体地区看，东亚地区国家和大洋洲国家 2018—2022 年武器进口量增加，分别较 2013—2017 年增长 21%和 25%，而东南亚地区国家武器进口量则下降 42%。从具体国别看，印度自 1993 年以来一直是世界上最大的武器进口国，印度与巴基斯坦和中国的紧张关系在很大程度上推动了其武器进口需求，2018—2022 年其武器进口量占世界武器进口总量的 11%。俄罗斯是印度最大的武器供应国，其在印度武器进口量中的份额为 45%。巴基斯坦 2018—2022 年武器进口量较 2013—2017 年增长了 14%，占世界武器进口总量的 3.7%，其超过四分之三的武器进口自中国。日本和韩国 2018—2022 年武器进口量较 2013—2017 年分别增长了 171%和 61%。美国是这两个国家的最大武器供应国。澳大利亚是大洋洲地区最大的武器进口国，2018—2022 年武器进口量较 2013—2017 年增长了 23%。菲律宾 2018—2022 年武器进口量较 2013—2017 年增长了 64%。

④欧洲

2018—2022 年欧洲国家武器进口量较 2013—2017 年增长了 47%。该地区最大的武器进口国是英国，位列世界武器进口国第 13 位，占世界武器进口总量的比重为 2.3%；其次是乌克兰和挪威，分别排名第 14 位和第 15 位，占比均为 2%。美国是该地区最大的武器供应国，占该地区武器进口总量的 56%，其次为俄罗斯（占 5.8%）、德国（占 5.1%）。对于欧洲北约国家，出于该地区日益恶化的安全环境考虑，其 2018—2022 年武器进口量较 2013—2017 年增长了 65%。美国是欧洲北约国家的最大武器供应国，占该地区武器进口总量的 65%，其次是法国（占 8.6%）和韩国（占 4.9%）。

⑤中东地区

2018—2022 年中东地区国家武器进口量较 2013—2017 年下降了 8.8%。世界前 10 大武器进口国中有 3 个在中东：沙特、卡塔尔和埃及。美国是该地区最大的武器供应国，占其进口总量的 54%，其次是法国（占 12%）、俄罗斯（占 8.6%）和意大利（占 8.4%）。海湾地区国家中，沙特是世界第二大武器进口国，2018—2022 年武器进口量占世界武器进口总量的比重为 9.6%。美国是其最大武器供应国，占比达 78%。卡塔尔是世界第三大武器进口国，其 2018—2022 年武器进口量较 2013—2017 年增长 311%，占世界武器进口总量的比重为 6.4%。美国是其最大武器供应国，占比为 42%，其次是法国（占 29%）和意大利（占 14%）。阿联酋 2018—2022 年武器进口量较 2013—2017 年下降了 38%，是全球第 11 大武器进口国。科威特 2018—2022 年武器进口量较 2013—2017 年增长了 146%。东地中海国家基于海上争端需求，加大海军武器进口，持续增强其海军能力建设。例如，埃及从德国接收了 4 艘潜艇和 1 艘护卫舰、从法国接收了 2 艘护卫舰、从意大利接收了 2 艘护卫舰；以色列从德国接收了 2 艘后又续订了 3 艘潜艇；希腊从法国订购了 3 艘护卫舰；土耳其从德国订购了 6 艘潜艇、从西班牙订购了 1 艘两栖攻击舰。

2.2.1.2 国际军贸市场主要特征

（1）国际军贸市场竞争格局发生深刻变化

多年来，世界武器出口国三个梯队的竞争格局基本保持稳定态势。2018—2022 年，受俄乌军事冲突影响，处在第一梯队的美国和俄罗斯的国际军贸市场竞争地位发生深刻变化，美国武器出口量大幅增长（+14%），占全球武器出口总量的比重从 2013—2017 年的 33%上升至 2018—2022 年的 40%，而俄罗斯的武器出口量大幅下降（−31%），占全球武器出口总量的比重从 2013—2017 年的 22%下降至 2018—2022 年的 16%，二者差距进一步拉大，美国在全球武器贸易中的主导地位上升，俄罗斯则下降。其他变化较大的武器出口国是韩国和土耳其。

（2）国际军贸市场格局发生较大变化

从武器进口地区看，亚洲和大洋洲、中东、欧洲、非洲、美洲武器进口基本保持稳定的市场格局。受俄乌军事冲突影响，2018—2022 年欧洲地区武器进口量较 2013—2017 年激增 47%，其他地区武器进口量均出现不同程度的下降。从武器进口国家看，欧洲地区国家中，乌克兰作为军事冲突当事方，由于美国和诸多国家的军事援助，在 2022 年成为第三大主要武器进口国，在 2018—2022 年成为第 14 大进口国，其武器进口增长了 8631%；其他武器进口量增长的国家包括挪威（增长 285%）、荷兰（增长 307%）、波兰（增长 64%）、塞尔维亚（增长 743%）等。

（3）国际军贸市场出现多个潜在热点地区和需求空间

一是处于俄乌军事冲突直接辐射的欧洲地区。俄乌军事冲突永久改变了欧洲地缘政治格局，导致欧洲地区安全形势急剧恶化，促使欧洲国家注重构建自身防务力量，势必促进欧洲地区武器贸易需求潜在增长并持续活跃，2018—2022 年欧洲地区武器进口量较

2013—2017 年激增 47%充分印证了这一态势。

二是与俄乌邻近的中亚、中东欧地区。这些地区很容易受到军事冲突外溢影响。中亚五国与俄罗斯政治关系稳固，将俄罗斯置于最优先考虑的外交地位。中东欧地区中，特别是冷战之后加入北约的波兰、捷克、匈牙利、爱沙尼亚等国家在“回归欧洲”过程中，与俄罗斯关系逐渐恶化，时刻面临来自俄罗斯的安全威胁，加上这些国家国防工业基础薄弱，必须依靠武器进口来保证拥有能够应对外部威胁的军事实力。

三是由于美国和俄罗斯满足近期国际军贸市场需求能力减弱带来的市场空间。由于俄乌军事冲突结束日期无法确定，俄罗斯将优先考虑为本国军队生产武器，而不是出口武器，再加上美欧对俄罗斯实施的多边制裁，包括广泛的长臂管辖限制，导致俄罗斯武器出口市场出现短期空白，特别是已采购俄制武器装备国家的现役武器维护需求无法在短期内及时得到满足。美国正积极军事援助乌克兰，具体包括两个渠道，一是总统提拨授权，即从美军库存中提取二手武器装备；二是乌克兰安全援助倡议专项资金，即从工业部门采购武器装备。短期内美国将加大国内采购武器装备力度以弥补其库存，为美国国防工业部门带来了生产压力，将削弱美国武器出口按时交付能力。

2.2.2　国际军控形势愈加严峻

军备控制历史源远流长，近现代以来，国际军备控制持续发展，到冷战结束前后达到顶峰，其中美俄之间签署的军备控制协议是国际军备控制体系的支柱；之后随着国际战略格局朝着多极化方向发展，美国民主、共和两党对军备控制出现严重分歧，致使美国的军备控制政策呈愈发保守趋势，国际军备控制体系逐步走向衰落，特别是进入 21 世纪以来，美国不断“毁约退约”，包括《反弹道导弹条约》《中程导弹条约》《开放天空条约》等，美俄于 2010 年签署的《新削减战略武器条约》成为美俄之间仅存生效的核军备控制文件。但随着俄乌军事冲突爆发，美俄关系降至历史冰点，特别是 2023 年俄罗斯和美国相继宣布暂停履行《新削减战略武器条约》，国际军备控制形势异常严峻，未来发展面临着历史上最大的不确定性。

2.2.2.1　军备控制理论与概念

军备控制是维护国家安全的重要手段。从理论角度看，国家安全问题与国际关系理论相关。不同的国际关系理论派别对维护国家安全问题的观点存在差异。其中，现实主义学派认为，由于国家利益至上导致国家间冲突不可避免，因而维护国家安全成为一个国家的首要目标，具体可通过三种途径来维护国家安全：一是发展军备，二是建立军事同盟，三是通过军备控制消除敌对国家威胁。自由主义学派则强调借助政治手段而非军事手段来维护国家安全，提倡安全对话和军备透明，通过军备控制与裁军谈判来消除国家间冲突。可见，在理论层面军备控制是一种维护国家安全的重要途径。

在基本概念方面，军备控制（Arms Control）是指通过限制军备的发展和使用方式来控制军备的发展水平，限制的内容包括武器系统的研制、试验、生产、部署、使用及转让或者武装力量的规模。目的在于减轻军事存在的危险性和一旦战争爆发时可相对克制。军备控制一般是通过双边或多边国际协定来完成的。

与军备控制紧密相关的另一个概念是裁军（Disarmament）。裁军是指对军事力量（包括武器装备和武装力量）进行裁减或消除。在理念方面，军备控制承认国家间冲突的不可避免，目的在于通过对军备竞赛和军事危机进行有效管理与控制，进而降低或消除各国诉诸武力的可能性，实现各国间保持相对的军事稳定性；裁军则旨在通过减少或消除军备从而降低或消除战争的可能性，目的在于通过结束军备竞赛来扭转现状、消除战争。从采取的措施看，军备控制包含狭义的裁军措施，也是实现裁军目标的一个中间步骤，是全面裁军努力的组成部分。从这一点看，二者概念上的边界变得模糊甚至相互渗透融合，因此在很多场合常被混合并用。

2.2.2.2 军备控制发展历程

军备控制与裁军的概念是二战后才出现的，但在世界历史中，却是一个古老的话题，经历了逐步兴起到高潮阶段，随之步入发展低潮期。

（1）公元前的早期军备控制实践

军备控制的历史源远流长，最早的历史实践可追溯至约公元前 11 世纪，腓力斯人在军事冲突中战胜希伯来人，之后通过签订《控制以色列铁匠条约》禁止犹太人生产刀、剑、矛等军备，进而保证自己的军事优势。我国在春秋中期就出现了“化干戈为玉帛”的军备控制例子。当时，晋楚争霸激烈，各诸侯国普遍厌战，宋国先后于公元前 579 年和公元前 546 年两次主持“弭兵之会”，以调解晋楚、停息战争。

（2）世界近代史上的军备控制实践

进入近代后，在欧洲等地区逐步出现军备控制思想和实践。1139 年，罗马教皇因诺森特二世发起禁止战争中使用石弓的倡议。到了 17、18 世纪，欧洲国家间签订的一些条约中开始出现军备控制类条款。例如，1648 年签订的《威斯特伐利亚和约》中就包含签约国拆除战斗堡垒的规定。到了 19 世纪，欧美国家的军备控制活动更有针对性。例如，1817 年美国和英国签订《拉什-巴格特协定》限制两国在美国与加拿大边境地区的海军力量。该协定被认为是裁军史上十分成功的条约之一，时至今日仍然有效。

（3）现代史上的军备控制实践

现代史上影响最大的军备控制条约是第一次世界大战后《凡尔赛和约》对德国军备控制条款。1922 年签订的《五国海军条约》是世界现代史上大国之间签订的第一个裁军协议。此外，《巴黎非战公约》《日内瓦议定书》《英、德关于限制海军军备的换文》等文件也是该时期比较重要的军备控制成果。1932 年出现了最早的全球性裁军实践。国际联盟在日内瓦主持召开国际裁军会议，来自全球 64 个国家的代表参会。但由于各国对裁军的诉求不甚相同，会议几经波折历时两年之久最终未取得任何成果。

（4）二战后的军备控制实践

二战之后，国际军备控制活动一方面聚焦传统内容，例如盟国通过《波茨坦会议议定书》对德国军备做出极为严格的处置规定，另一方面在武器类别上拓展至核武器、生化武器，在地理空间上拓展至深海、南极、外太空甚至月球。其中，在核军备控制领域的主要成就包括：《部分核禁试条约》（1963 年签署）、《不扩散核武器条约》（1968 年签署）、《全面禁止核试验条约》（1996 年签署）以及美苏（俄）间的一系列核军备控制条约，包括第一轮战略武器限制谈判（1969—1972 年，成果为《美苏关于限制进攻性战略武器的某些措施的临时协定》）、第二轮战略武器限制谈判（1977—1979 年，成果为《美苏限制进攻性战略武器条约》）。在生化武器军备控制领域的主要成就包括：《禁止生物武器公约》（1972 年签署）。在人类公共空间无核化方面的主要成就包括：在拉美、南太平洋、东南亚、非洲、蒙古、中亚建立无核区；签署通过《海床军备控制条约》《南极条约》《外空条约》《月球协定》等条约，禁绝在这些公共空间进行核武器试验与部署。

（5）冷战结束前后的军备控制实践

国际军备控制在冷战结束前后进入高潮，军备控制成果丰富。建立的双边军备控制条约包括《中程导弹条约》（1987 年签署）、《第一阶段削减战略武器条约（START－Ⅰ）》（1991 年签署）、《进一步削减战略武器条约（START－Ⅱ）》（1993 年签署）等；建立的多边军备控制条约包括《全面禁止核试验条约》《禁止化学武器公约》《欧洲常规武装力量条约》等；建立的风险防范条约包括《开放天空条约》《美苏建立降低核风险中心的协议》等；建立的防扩散机制包括《导弹技术控制体制》等；《不扩散核武器条约》无限期延长（1995 年）。随着 1996 年签署《全面禁止核试验条约》，国际军备控制逐渐进入低潮阶段，甚至出现倒退趋势。首先出现在弹道导弹防御领域。1972 年美国与苏联签署的《反弹道导弹条约》（又称《限制反弹道导弹系统条约》）旨在限制发展反弹道导弹系统。但该条约并未明确定义反战略导弹，由此导致划界问题，即如何区分针对战略导弹的防御系统和针对战区导弹的防御系统。1993 年起，苏联一方改由俄罗斯、白俄罗斯、哈萨克斯坦和乌克兰等条约继承国充任。1997 年 9 月，俄罗斯、白俄罗斯、哈萨克斯坦、乌克兰与美国签署裁军问题一揽子文件，其中包括关于加强非战略弹道导弹防御系统方面的信任措施的协定等，放松了对导弹防御的限制，使得国际军备控制在历史上第一次出现倒退。

2.2.2.3　军备控制体系构成

从文本和协约的角度看，国际军备控制体系由一系列的公约和条约组成。其中，公约通常由联合国主持制定并且由联合国大会审议通过、开放性接纳世界主权国家签署。例如，《禁止化学武器公约》（1992 年联合国大会通过、1997 年生效）、《禁止生物武器公约》（1972 年开放签署、1975 年生效）、《特定常规武器公约》（1981 年开放签署、1983 年生效）。条约一般由双边或多边制定和签署，例如，美苏于 1972 年签署的《反弹道导弹条约》、1987 年签署的《中程导弹条约》、2002 年签署的《战略攻击武器削减条约（SORT）》、2010 年签署的《新削减战略武器条约（New START）》。但也有个别条约由联合国大会通过，例如，《不扩散核武器条约》经联合国大会通过后于 1968 年开放签署，目前有 186 个缔约国；《武器贸易条约》于 2013 年在联合国大会上通过、2014 年正式生效。

从主导地位角度看，国际军备控制体系由大国主导的军备控制和中小国家主导的军备控制组成。其中，大国主导的军备控制一般指美苏（俄）主导的军备控制，是当前国际军备控制体系的核心和支柱；中小国家主导的军备控制包括《武器贸易条约》（2014 年生效）、《渥太华禁雷公约》（1999 年正式生效，全面禁止反步兵地雷）、《禁止核武器条约》（2021 年正式生效）等。

2.2.2.4　军备控制面临的严峻挑战

（1）大国“毁约退约”导致国际军备控制体系加快衰落

随着世界大国间竞争对抗加剧，特别是美俄“毁约退约”，导致国际军备控制体系逐步走向衰落，军备控制对军备竞赛的管控与调解作用不断弱化，国际军备控制面临严峻挑战。

①美国退出《反弹道导弹条约》

2001 年 12 月 13 日，美国宣布退出《反弹道导弹条约》。这是美国在现代史上首次退出重要的国际军备控制协议。

②美国退出《中程导弹条约》

美苏于 1987 年签订的《中程导弹条约》没有终止日期。2019 年 2 月 2 日，美国单方面宣布将暂停履行《中程导弹条约》义务，并启动退约程序。2019 年 2 月 2 日，俄罗斯总统普京宣布，俄罗斯暂停履行《中程导弹条约》义务，以回应美国相同的举措。2019 年 8 月 2 日，美国正式退出《中程导弹条约》，该条约全面失效。

③美国退出《开放天空条约》

该条约于 1992 年签署、2002 年生效，拥有 30 余个签署国，旨在提升军事透明度、降低冲突风险，是冷战后达成的重要国际军备控制条约之一。2020 年 11 月 22 日，美国政府宣布正式退出《开放天空条约》。2021 年 12 月 18 日，俄罗斯宣布正式退出《开放天空条约》。

④美国违反《不扩散核武器条约》

2021 年 9 月 15 日，美国、英国和澳大利亚三国宣布建立“三边安全伙伴关系”（AUKUS），美英两个拥有核武器的国家将帮助澳大利亚海军建立核潜艇部队。这一行为明显违反《不扩散核武器条约》。2023 年 3 月 13 日，美英澳举行“三边安全伙伴关系”会谈，公布了为澳大利亚建造核潜艇的计划。根据计划，美国将向澳大利亚出售 3 艘美国“弗吉尼亚”级核潜艇，预计在 21 世纪 30 年代初完成交付，后续可能再追加出售 2 艘。三国还计划合作研制一种新型核潜艇，预计 2055 年完成，耗资 2450 亿美元。2023 年 5 月 18 日，美国国防部要求国会授权向澳大利亚转让核潜艇。

⑤俄罗斯暂停履行《新削减战略武器条约》

美俄于 2010 年签署的《新削减战略武器条约》于 2021 年到期后，美俄两国将该条约延长 5 年，有效期至 2026 年。在诸多核军备控制文件失效或者被单方面撕毁之后，《新削减战略武器条约》成为美俄之间仅存生效的核军备控制文件。2022 年 8 月，俄罗斯宣布决定暂时退出《新削减战略武器条约》的设施核查机制，将所涉俄方设施从条约规定的核查活动中撤出。2023 年 2 月 28 日，俄罗斯宣布暂停履行《新削减战略武器条约》。2023 年 3 月 28 日，美国宣布将停止与俄罗斯交换一些核力量数据，以回应俄罗斯暂停履行《新削减战略武器条约》。2023 年 6 月 1 日，美国宣布将暂停向俄罗斯提供关于美国核武器库存的关键信息。

⑥俄罗斯退出《欧洲常规武装力量条约》

该条约亦称《欧洲常规裁军条约》，由北约 16 个成员国和原华约 6 个成员国于 1990 年正式签署，是二战后两大军事集团签署的第一个常规裁军条约。华约解散和苏联解体后，欧洲安全与合作组织首脑会议通过《欧洲常规武装力量条约修改协定》，俄罗斯于 2004 年批准该协议，但北约成员国一直未批准。2007 年，俄罗斯宣布暂停履行《欧洲常规武装力量条约》。2023 年 5 月 24 日，俄罗斯联邦委员会投票通过支持废除《欧洲常规武装力量条约》。

（2）新军事技术兴起引出国际军备控制新需求

随着人工智能、大数据、移动互联网、云计算等高新技术的成熟及其在军事领域的应用，国际军备控制范围出现新需求。

在网络军备控制方面，世界主要国家特别是美国、俄罗斯将网络安全视为国家安全的重要内容，高度重视网络军备建设与网络军事化发展。随着网络军备竞赛日趋激烈，美俄开始关注网络军备控制问题，并就网络军控谈判的必要性达成共识，但双方在网络的战略定位方面存在分歧，形成了以美国为代表的“自由派”和以俄罗斯为代表的“控制派”两大阵营。美俄之间的最终谈判结果决定着国际网络军备控制秩序的构建。但从现实看，网络军备控制推进缓慢，难以在短期内取得实质性进展。

在自主武器军备控制方面，随着人工智能技术在军事领域的快速发展与应用，不断智能化的自主武器开始成为国际军备控制问题的焦点。近年来，自主武器军备控制取得较快推进，《特定常规武器公约》会议决定设立政府专家组专门探讨自主武器问题。美英等国认为自主武器依赖“人类控制和判断”，能够遵守目前的国际法，不应该受到限制。俄罗斯则反对开展“禁止研发自主武器”讨论以及成立联合国正式专家组，并拒绝签署任何有关条约。可以预见，自主武器军备控制在短时期内将难以取得实质性成果。

2.3　经济发展形势

2.3.1　全球经济前景黯淡且存在不确定性，未来部分不利因素或将减弱

近年来，世界经济运行中的各种短期问题和长期矛盾交织叠加，一些不稳定、不确定、不安全的短期因素不断涌现。受新冠疫情延宕反复、地缘冲突升级、政策环境趋紧、重大灾害频发等因素叠加影响，全球经济增长明显放缓。国际货币基金组织（IMF）发布报告称，2022 年全球 GDP 增长约 3.2%，较 2021 年下降 2.8 个百分点。乌克兰危机诱发能源和粮食价格攀升、疫情和大国博弈影响供应链稳定、疫后大规模刺激政策拉动需求增加等因素推动全球通货膨胀水平快速上升。发达经济体中，美国受需求拉动因素影响更为显著，居民消费价格指数（CPI）涨幅处于近 40 年来高位。欧元区和英国更多受到能源和粮食价格冲击。大宗商品价格上涨和日元贬值推动日本 CPI 涨幅创近 30 年来次高。2020 年，美国、日本及欧元区经济萎缩分别为 3.5%、4.8%、6.8%。

三年的新冠疫情引起的经济动荡超越了近代历史上的任何危机，尽管新冠疫情大流行基本已经成为过往，但其留下的疤痕效应仍难以完全退去，IMF首席经济学家戈皮·纳特预计，2020年至2021年期间，全球GDP因新冠导致的累计损失约9万亿美元，超过日本和德国经济的总和。2024年1月9日，世界银行发布最新《全球经济展望》报告称，2024年全球贸易增长预计仅为疫情前十年平均水平的一半。我国第二、第三产业受到极大影响，大量中小企业经营逐渐困难，大众商品的价格持续上涨，私人消费的恢复慢于预期，这些因素也影响了经济增长的前景，引发了一系列的经济链条动荡。

俄乌冲突导致通货膨胀加速并使全球经济前景更趋黯淡，俄乌冲突爆发以来，不仅对双方造成直接影响，随之而来的能源危机，也波及了其他国家。美欧等西方国家和地区接连对俄罗斯采取了一系列制裁措施，其中，经济、金融领域的制裁是重点，在战事和经济制裁等连锁反应下，世界股市、原油、粮食等经济市场反复震荡。冲突危机降临之际，全球经济尚未完全摆脱新冠疫情实现复苏，俄乌冲突进一步加剧通货膨胀，总体经济风险已大幅上升。受俄乌冲突影响，全球贸易总额下降了0.7个百分点，全球工业生产总值则下降了0.6个百分点，美国和欧洲部分国家通货膨胀已经达到40多年来的最高水平。在能源价格上涨和供给扰动的影响下，通货膨胀有所上升，其上升幅度和波及范围均超出预期，美国以及许多新兴市场和发展中经济体（EMDE）尤其如此，如图2-5所示。

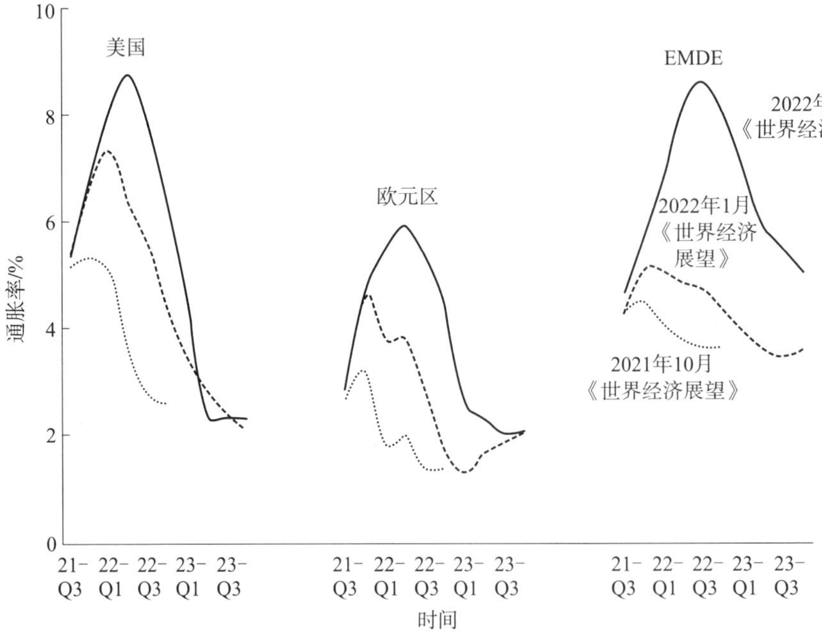

图2-5　IMF预测全球各地区受俄乌冲突影响通货膨胀情况（来源：IMF发布《世界经济展望》报告）

同时，一些深层次矛盾和结构性问题也日益凸显，受新冠疫情的外生冲击叠加俄乌冲突的持续，加大了全球供应链断裂风险。经济相互依存度一直被认为是地缘政治稳定的源泉，现在则被认为是致命弱点，因为供应的高集中度换一个角度观察就意味着高依赖度，涉及“国家安全”，事关大国博弈。基于此，美国等国家陆续出台了或计划出台一系列旨在提高自给率或本土化率的政策，鼓励制造业回流或使供应链多样化，甚至公开鼓吹“脱钩”，矛头主要针对中国。2021 年 2 月 24 日，拜登签署了“美国供应链”第 14017 号行政命令，指示政府对美国关键供应链进行全面审查，以识别风险、解决脆弱性并制定战略，提高恢复力。为此，美国政府成立了涵盖十多个联邦部门和机构的工作组，与商业界、学术界、国会以及盟友和合作伙伴的数百名利益相关者进行磋商，以确定漏洞并制定解决方案，其中涉及的关键产品包括半导体制造和先进包装、大容量电池、关键矿物和材料、药品和原料药等。

随着各国不断调整政策应对影响经济发展的不利因素，全球经济正持续从新冠疫情和俄乌冲突中逐步复苏，我国经济在重新开放后正在强劲反弹，供应链扰动正在缓解，战争导致的能源和粮食市场混乱正在消退。与此同时，大多数央行同步大幅收紧货币政策的成效开始显现，通货膨胀或将逐渐回归目标水平。

2.3.2　中美两大贸易经济体摩擦日渐升级，对全球经济增长带来冲击

中美贸易摩擦是近年来全球经济最重要和最敏感的话题之一。中美贸易战率先拉开了中美大国竞争的帷幕，并以此为开端，逐渐扩展到政治、军事、科技等领域。中美互为彼此第二大贸易合作伙伴，自 2018 年以来，美国政府以中国存在不公平贸易行为、窃取知识产权、强制技术转让等为由，先后对中国价值 5500 亿美元商品分四批进行加征高额关税，并对中国的高科技企业实施制裁和限制。作为反制，中国对美国价值 1100 亿美元商品加征同等幅度的关税。贸易战打响之前，中国是美国大豆、飞机的第一大出口市场，是美国汽车、集成电路、棉花的第二大出口市场，美国对全球出口增速只有 4%，而对中国出口增速为 11%。经过多轮加征关税，美国对我国的关税达到 21%，我国对美国的关税约为 21.1%。美国政府发动对华贸易战的主要目的是减少对华贸易逆差，保护本国产业和就业，提高本国竞争力。然而，事实证明，美国政府的做法并没有达到预期的效果，反而给美国经济带来了严重的负面影响。根据美国商务部数据，2020 年美国对华货物贸易逆差为 3104 亿美元，比 2019 年减少了 10.4%，但仍然高于 2018 年的 2952 亿美元；2021 年美国对华货物贸易逆差为 3356 亿美元，比 2020 年增加了 8.1%，创下历史新高。中国政府面对美国对华贸易战的挑战，采取了稳健的宏观政策、积极的应对措施和开放的发展战略，有效地抵御了贸易摩擦带来的压力，保持了经济的稳定增长和结构的优化调整。根据国家统计局数据，2020 年中国国内生产总值（GDP）同比增长 2.3%，成为全球唯一实现正增长的主要经济体，2021 年中国 GDP 同比增长 8.1%，高于全球平均水平。

中美作为当前全球最大的两大贸易经济体，中美经贸摩擦将给全球经济发展带来影响。由于中美加征关税导致双边进出口额大幅下降，同时也波及其他国家和地区，使得全球贸易增长明显放缓。根据世界贸易组织（WTO）数据，2020 年全球货物贸易额同比下降了 5.3%。由于中美贸易摩擦增加了市场不确定性和风险，使得企业投资意愿和信心受到打击，全球外国直接投资（FDI）大幅减少。根据联合国贸易和发展会议（UNCTAD）数据，2020 年全球 FDI 流入额同比下降了 42%，降至 8590 亿美元，为 1999 年以来的最

低水平。中美贸易摩擦导致双方的生产成本和市场风险上升，一些跨国公司开始考虑调整其在中美两国的生产和销售布局，寻求更多的替代来源和目的地，以规避贸易摩擦带来的损失。这种供应链重组不仅影响了中美两国的产业结构和竞争力，也影响了其他国家和地区的参与机会和利益分配。根据日本野村证券（Nomura）数据，截至2020年年底，约50家跨国公司已经从中国撤出或减少在华业务，其中大部分转移到东南亚、印度、墨西哥等地。由于中美贸易摩擦引发了全球经济增长的担忧和市场信心的动摇，全球金融市场也出现了较大幅度的波动和调整。根据彭博（Bloomberg）社数据，2020年全球股市总市值下降了14.8%。

中美贸易摩擦对全球经济、美中两国经济都产生巨大的影响，但美国政府在顶层国家战略“中国是最大竞争对手”的指引下，短期内将无法彻底改变经济政策，双方在2020年1月签署了第一阶段贸易协议后仍存在诸多风险和不确定性。2022年3月31日，美国贸易代表办公室（USTR）发布《2022年国家贸易评估报告》，宣称“中国远未履行美中贸易协议中的承诺”，罔顾事实地对中方所做的努力全盘否定，并威胁将进一步采取制裁措施，这种非理性的认知和评估给未来中美经贸关系带来巨大阴影。随后，USTR于5月3日宣布，将开始重新评估对中国产品征收的追加关税。2023年4月21日，美国财务部长耶伦发表关于美中经济关系的讲话，强调必须符合保护美国的国家安全和人权保护原则；寻求与中国的健康经济合作；寻求跟中国在一系列的全球问题上迎接共同挑战的合作，揭示出美国将所谓国家安全放在首位，即使在部分领域利益受损也将对中国采取更多的压制行动。

2.3.3 国内经济政策利好，有效应对复杂因素冲击，保持经济稳中有进

面对全球新冠疫情快速传播、中美贸易冲突不断加剧等诸多的外部不稳定环境因素，党中央做出“当今世界正经历百年未有之大变局”的判断，2019年12月19日召开的中央经济工作会议提出，面临世界之大变局，中央在“全方位对外开放”的基础之上“促进形成强大国内市场”，对经济下行中的“稳中有变，变中有忧”，会议提出了应对危机的方向，即抓住重要战略机遇期，优化结构，科技创新，改革开放，绿色发展，“变压力为加快推动高质量发展的动力”。党的十九届五中全会作出了“加快构建以国内大循环为主体、国内国际双循环相互促进的新发展格局”的重大部署。在一系列宏观政策的激励下，为发展壮大航空航天、信息技术、高端装备等战略性新兴产业，推动高质量发展指明了方向。我国经济发展的前景是向好的，2020年我国经济增长率为2.3%，经济总量首次突破100万亿元，是世界主要经济体中唯一保持正增长的国家。但2021年受新一轮新冠肺炎疫情、国际局势变化、美元加息等超预期因素影响，中国经济发展环境的复杂性、严峻性和不确定性持续上升。自2021年下半年以来，中国经济仍处于下行周期中，经济下行压力持续加大，2022年3月份以来，特别是4月份部分经济指标明显转弱，经济下行压力进一步加大，企业面临更大的资金和经营压力。为有效应对不稳定因素带来的经济冲击，党中央积极加大宏观政策调节力度，国务院印发《扎实稳住经济的一揽子政策措施》（以下简称

《一揽子政策措施》），从财政政策、货币金融政策、稳投资促消费等政策、保粮食能源安全政策、保产业链供应链稳定政策、保基本民生政策六方面部署 33 条细化措施，旨在加大宏观政策应对力度，稳住宏观经济大盘，推动经济平稳增长，努力实现经济社会发展预期目标，保持经济运行在合理区间。

面对不断出现的新的挑战，党中央提出贯彻新发展理念相关要求，在召开的党的二十大会议上，习近平总书记提出必须完整、准确、全面贯彻新发展理念，坚持社会主义市场经济改革方向，坚持高水平对外开放，加快构建以国内大循环为主体、国内国际双循环相互促进的新发展格局。强调坚持以推动高质量发展为主题，把实施扩大内需战略同深化供给侧结构性改革有机结合起来，增强国内大循环内生动力和可靠性，提升国际循环质量和水平，加快建设现代化经济体系，着力提高全要素生产率，着力提升产业链供应链韧性和安全水平，推动经济实现质的有效提升和量的合理增长。军工企业作为中央企业和军工集团，主要集中在事关国家安全和国民经济发展命脉的重要行业和关键领域，要更加注重提升企业增加值、经济增加值、功能价值、品牌价值，在服务国家战略中不断做强做优做大。

2023 年年初，国内疫情防控较快平稳转向，党中央国务院的各项决策部署进一步落实落细，宏观政策显效发力。2023 年 1 月 31 日，中共中央政治局就加快构建新发展格局进行第二次集体学习，习近平总书记指出，在各种可以预见和难以预见的狂风暴雨、惊涛骇浪中增强我国的生存力、竞争力、发展力、持续力。要搞好统筹扩大内需和深化供给侧结构性改革，形成需求牵引供给、供给创造需求的更高水平动态平衡，实现国民经济良性循环。随后，3 月 13 日李强总理在记者见面会上特别强调了“四套组合拳”，即宏观政策的组合拳、扩大需求的组合拳、改革创新的组合拳、防范化解风险的组合拳，进一步阐述扩内需和深化供改的重大关系。总的来看，我国经济增长的内生动力将不断增强，全年经济增长有望呈现逐步回升态势，一季度国内生产总值 28.50 万亿元，同比增长 4.5%。5 月 5 日，习近平总书记在召开的二十届中央财经委员会第一次会议上强调，加快建设以实体经济为支撑的现代化产业体系，把维护产业安全作为重中之重，强化战略性领域顶层设计，要大力建设世界一流企业。立足新的发展阶段、贯彻新的发展理念，军工企业急需抓住经济回稳向好时机，优化调整经营策略和产品结构，在相关领域细分市场开拓、新兴需求响应、供给能力改善等方面提速提质。

2.4　创新形势

2.4.1　国外国防科技创新的有关政策

2.4.1.1　美国国防科技创新战略政策

（1）出台国家立法和政策文件，指导和牵引国防科技创新发展

美国持续引领世界科技创新热潮，出台多份国防科技法规政策与战略规划文件，明确

国防科技创新工作的方向与重点，指导和推进国防科技创新工作开展。2015 年美国出台的新版《美国国家创新战略》中，提出要全面加强科技人才队伍建设，开展基础设施现代化战略规划，构建国家科技治理战略规划框架，加强科技领域的跨部门、跨学科合作，加快科技成果转化应用；2017 年美国政府推出的新版《国家安全战略》中，强调要保持研究、技术、发明与创新的领先地位，要掌握科技发展趋势，吸引和保留发明和创新人才，利用私营资源促进创新，推进发明和创新快速转化等；2018 年美国发布的《国防战略》中，进一步明确先进计算、大数据分析、人工智能、自主性、机器人、定向能、高超声速武器、生物技术等领域的新技术是确保美国能打赢未来战争的技术。2020 年 11 月 16 日，美国国会两党合作的中美科技关系工作小组发布了一份政策报告《面对中国的挑战：美国的科技竞争新战略》，为美国政府在基础科学研究、5G 数字通信、人工智能和生物技术四个科技领域的发展，提出了宏观的政策目标与具体的咨询建议。2021 年 1 月美国颁布的《2021 财年国防授权法》授权了多个先进技术相关的重大倡议，并更新了一系列政策，旨在加强美国私营部门的创新、国防 STEM（科学、技术、工程、数学）领域的人力资源以及军事基础设施和行动的环境弹性；2021 年 10 月，美国政府发布《国家纳米技术计划发展战略规划》，确保美国在纳米技术研发方面保持世界领先地位，并促进纳米技术研发商业化。2021 年 3 月 3 日，美国白宫发布《国家安全临时战略指南》，其中强调重塑美国本土制造和创新能力，通过加大研发、基础计算技术、本土先进制造业等科技投资；通过投资 STEM（科学、技术、工程、数学）教育扩大科技人才队伍；建设数字基础设施；探索和利用太空资源；制定新兴技术标准；重视网络安全，保持创新优势。2021 年 3 月 31 日，美国白宫公布了《美国就业计划》（*The American Jobs Plan*），计划在 8 年中投资 2 万亿美元，重建基础设施、鼓励科研并促进“美国制造”，其中呼吁国会投资 1800 亿美元，以提高美国在关键技术方面的领导地位，升级美国的研究基础设施，使美国成为气候科学、创新和研发领域的领导者，其中的 500 亿美元将投资于半导体制造。

（2）出台战略规划，谋划未来科技创新发展

2019 年，美国政府出台《国家人工智能研究与发展战略规划》，规范国防部、国家科学基金会等部门人工智能领域前沿技术创新研究；美国国防部出台人工智能、数字化现代化、定位导航授时体系等多份战略，顶层谋划各高技术领域创新发展；2020 年 10 月 15 日，美国白宫发布《关键与新兴技术国家战略》，概述了美国将如何促进和维护对美国国家安全以及经济优势至关重要的相关技术方面的竞争优势，并详细介绍了美国为保持全球关键与新兴技术的领导力而需要采取的推进国家安全创新基础建设、保护技术优势两个战略举措；2020 年 12 月，美国国防部发布《国际科技合作战略》，这是自 2014 年以来，国防部出台的该领域第二版战略指导文件，旨在在大国竞争的战略背景下，统一美国国防部国际科技合作方式，巩固现有联盟并吸引新的合作伙伴，为强化军事领先优势提供科技支撑；2021 年 7 月，美国国防部研究与工程副部长办公室发布《国防部 2021—2025 财年 STEM（科学、技术、工程、数学）战略计划》，该计划旨在获得未来人才竞争优势，以应对不断变化的全球技术格局。2022 年 8 月，美国国防部工业基础政策办公室和奥斯汀制

造与创造中心通过《国防生产法案》，联合启动一项创新制造试点计划，探索将私人资本引入军事应用的创新方法，将商业和军事应用的先进制造技术快速应用于生产阶段，并复刻到其他关键技术领域，进而创建出有利于快速推广新兴技术的新模式。

（3）出台各类执行文件和技术路线图，明确科技创新的实施方案和具体路径

美国从国会、白宫到国防部，对人工智能领域发展高度重视，2020 年以来，美国国会提出《武装部队人工智能法》《美国提高新兴技术生产力的竞争力法案》等，大力呼吁加强人工智能技术创新。2020 年 2 月 26 日，美国白宫科技与政策办公室发布的《"美国人工智能计划"：第一年度报告》，总结了美国政府 2019 年实施"美国人工智能计划"取得的主要进展。美国白宫也把人工智能发展作为优先事项，2020 年 8 月 14 日，白宫科技政策办公室发布 2022 财年优先研发事项备忘录，指出人工智能、量子信息科学等技术领域是美国政府的首要研发重点。2021 年 3 月 1 日，美国人工智能国家安全委员会（NSCAI）发布最终报告，就美国如何赢得人工智能时代提出战略性建议，政府必须在人工智能研发方面进行新的重大投资，并建立国家人工智能研究基础设施，以民主化的方式获取促进全国人工智能发展的资源。2021 年 7 月，美国海军推出"智能自主系统"（IAS）战略，"智能自主系统"战略是海军"无人作战框架"战略的互补科技战略，重点关注智能自主系统，旨在融合自主性与无人系统和人工智能，使无人系统成为海军力量结构中可信赖和可持续的一部分。2021 年 1 月，美国国防部研究与工程副部长办公室的美国国防制造技术规划办公室发布首个综合性增材制造战略报告，简要分析了制定增材制造战略的目的，明确了增材制造的未来发展愿景、战略目标及发展重点；2021 年 1 月 5 日，美国国防部公布《5G 战略实施计划》，阐述了开展国防部《5G 战略》四项工作应采取的措施，为国防部对 5G 网络的使用和推进提供了路线图。2021 年 8 月，美国国防部公布奥斯汀此前签署的国防部 2020 年电磁频谱优势战略实施计划（EMSSS I－Plan），该计划为国防部建立电磁频谱体系提供了愿景、规划、领导和工具。

2.4.1.2　日本的产业政策创新战略

（1）产业政策具有依赖于经济的支撑性结构特征

在经济高增长时期，日本的产业政策在总体上成功地改变了日本的经济，帮助国内企业在全球关键产业占据重要的市场份额。但日本产业政策的实施并非都是一帆风顺，一些项目失败，另一些则十分低效，需要持续一段时间进行大量投资或采取其他支持性政策。尽管存在一些问题，但日本的产业政策在总体上有效地促进了日本经济向价值链上游的发展。如果没有大量受过高等教育的劳动力、高储蓄率、高投资率及引进外国技术的能力，日本就不会出现这种奇迹般的增长。明确的目标有助于重点产业的发展。最初，日本通商产业省（MITI）倾向于支持重工业和公用事业，但其效果喜忧参半、参差不齐。20 世纪 70 年代，MITI 加大了对与美国竞争的先进技术制造业的力度，以及对其他重要产业的投入，日本的这一产业政策取得了极大成功。

（2）正视共同的产业挑战，重点支持公私合作

日本创新政策的目标是基础商业技术，而非国防应用技术。与美国和苏联促进国防创

新的政策不同，MITI 的目标是基础技术，特别加大了对一些产业至关重要的技术的投入，如钢铁和半导体。随着日本政策的成熟，MITI 支持包括机器人和人工智能在内的竞争前期技术，为创新制造跳板效应。政府成功的政策干预加强了公私合作与协调。日本通过产业政策，确定战略方向，促进与产业界的联系，快速实现中期目标的举措极为成功。政府的政策方案通过正视共同的产业挑战，支持公私合作，明晰研究项目所有权，以及通过技术研究协会提供支助性补贴等措施，激励私营部门支持政府的相关产业政策。

（3）注重国际竞争发展战略，针对创新型国际竞争对手

向国外发展的外向型日本企业比只专注于国内的企业更有生产力，因为它们需要超越创新型的国际竞争对手，有学习和适应外国技术的驱动力。不成功的干预也会抑制内部竞争。MITI 利用行政指导来限制或抑制竞争，以扶植和创建国内冠军企业，但这种做法通常会遭到一些企业的反对和抵制。MITI 的不当干预被指为“政治俘虏”和“业内偏见”。批评人士称，以牺牲日本市场上的小企业、新加入者和外国公司的利益为代价，日本的一些大型企业受到了 MITI 的过度支持。研究表明，日本国内竞争激烈的产业更具国际竞争力，而在竞争中受限制的产业则落在了后面。

2.4.1.3 英国的知识产权创新政策体系

英国是世界上最先提出建立国家创新体系和实行专利保护的国家，英国的经济竞争力一直是以知识为基础的工业驱动，所以英国特别看重知识产权的保护。进入 21 世纪后，英国政府更是将保护知识产权、推动科技创新上升到国家战略的高度来进行思考与操作。

（1）促进创新与知识成果转移，注重保护中小企业知识产权

英国的科研实力强劲，但是知识转移能力相对薄弱。为了改善这一局面，英国政府近年来制定了一系列促进创新与知识成果转移的政策。如为科技创新的源头——大学建立了多项挑战基金，一部分用于继续开发研究人员的创意，一部分用于资助高校吸收风险投资以进一步开发成果。政府还在若干所高校内投资创建了新型企业中心，以促进科研成果产业化，并且试图将商业课题引入科学与教育领域。另外，政府还及时调整了有关政府资助研究的规定，使研究主体拥有知识产权。

由于英国 99%的企业为中小企业，所以英国专利局保护的重点也是中小企业。英国政府不断完善各项法规以激励中小企业提升技术创新和加强保护知识产权。2011 年 6 月生效的《专利地区法院指令》旨在更好保护中小企业的发明专利权和外观设计专利权。同时，英国还投入大量资金帮扶国内中小型企业与知识产权密切挂钩的研发项目，支持其进行技术创新，并在研发、生产过程中提供各项咨询建议。

（2）提高公众专利意识，提供良好信息服务

在英国 2003 年发布的《创新报告》以及 2004 年发布《10 年科学与创新投入框架》中，都提到要提高英国创新竞争力。英国专利局意识到，不仅要提高专业性的专利信息服务，而且要提高公众和中小企业对专利重要性的认识。为此，英国专利局对自身拥有的商业化专利信息服务能力和内容加以大力推介，除自身举办培训外，专利局还经常与地方的经济发展局、图书馆等举办论坛、研讨会、培训班等活动，向公众提供专利和创新培训。

2.4.1.4　法国的国防创新政策体系

作为传统的国防大国和军事强国，一直以来，法国发展本国经济的一个重要特点就是将国防科研作为增强本国自主创新能力和促进高科技发展的重要基础。

（1）军民结合发展国防高技术，加强政府部门间的军民用科技合作

法国政府从 20 世纪 80 年代中期起，力图把军事和经济的重点任务相互协调起来，利用国防科研作为提高商业竞争力的基础，发展两用技术产品来解决军事力量与经济繁荣之间的关系。从 90 年代开始，法国政府实施国家大型技术计划发展军民两用高技术，为确保法国高技术产业在国际上的领先地位所实施的大型技术计划包括“航天计划”“航空计划”“核能计划”和“电子、信息和通信计划”等，其中大量的技术是军民两用技术。这些计划由政府科研机构和企业共同承担。1992 年法国政府对大型技术计划的投资达 357 亿法郎。

2001 年 1 月，法国国防部和研究部签署了一项科技合作协议。协议的中心内容是加强两部科技交流的组织工作，协调制定高科技政策，并设立一个常设机构来监督贯彻实施合作计划，两部的联合行动涉及许多军民两用高技术的开发，如材料技术、纳米和微米技术、生物技术、光电子技术等。

（2）重组欧洲国防工业，加强欧洲合作

法国政府在其发布的 2003—2008 年军事计划法草案报告中强调，要加固工业与技术基础和加强武器装备合作。欧洲国防工业企业加速重组既是有关政府的愿望，也是工业集团的愿望，其目的是：加强企业竞争力，建立能持续满足军队装备需求和持续满足成本、周期和性能新要求的手段。报告强调，要协调欧洲国家采购政策，协调准备未来的工作和协调国防研究活动。法国的上游研究有 20% 是通过国际合作进行的。加强欧洲合作的目的主要在于：开阔思路或相互印证成果；避免重复研究，合理利用科学研究和技术开发资源；为在未来计划中的合作创造条件。

2.4.2　国内国防科技创新相关政策和面临的形势

2.4.2.1　我国科技创新政策环境

（1）我国“双创”政策体系持续健全

自 2015 年《政府工作报告》正式提出“大众创业、万众创新”以来，我国从政府到行业、企业等各个层面积极推进“双创”，持续健全“双创”政策体系。在推动“双创”支撑平台建设与发展方面，2015 年 3 月，国务院出台《关于发展众创空间推进大众创新创业的指导意见》等相关系列文件，重点以营造良好创新创业生态环境为目标，以激发全社会创新创业活力为主线。在推动“双创”试点示范方面，2016 年 5 月，国务院出台《国务院办公厅关于建设大众创业万众创新示范基地的实施意见》等政策，重点围绕拓宽市场主体发展空间、强化知识产权保护、加速科技成果转化等创业创新重点改革领域开展试点示范，形成一批可复制可推广的“双创”模式和典型经验，以便实现发展动力转换、结构优

化，促进经济提质增效升级。

（2）我国“双创”改革举措不断优化

2015 年，为改革完善相关体制机制，构建普惠性政策扶持体系，推动资金链引导创业创新链、创业创新链支持产业链、产业链带动就业链，国务院出台《国务院关于大力推进大众创业万众创新若干政策措施的意见》。2022 年 2 月，国务院办公厅发布《国务院办公厅关于推广第三批支持创新相关改革举措的通知》，推广了 5 个方面的改革举措。其中科技金融创新方面 7 项，科技管理体制创新方面 6 项，知识产权保护方面 2 项，人才培养和激励方面 1 项。

（3）我国“双创”进入升级版新阶段

2018 年，国务院发布了《国务院关于推动创新创业高质量发展打造“双创”升级版的意见》，将创新创业提升到国家战略高度。2019 年 12 月，国家发展和改革委员会同有关部门编撰了第四版《中国大众创业万众创新发展报告》，旨在系统反映全国推进大众创业万众创新开展的重要工作举措和取得的新进展、新成效，内容涵盖创新创业环境、服务、融资、就业、成效、理论与实践等。

2.4.2.2 维护国防安全和领土完整对国防科技创新提出更高要求

现代战争，前台打的是武器装备，后台比拼的是国防科技实力，深层次的是国防科技创新能力的较量。近年来，国际形势变化趋势错综复杂，各种战略力量加快互动，彼此利益交织更为紧密，世界多极化趋势进一步发展，世界安全领域高技术化特点愈加明显。在全球化不断发展的今天，伴随我国国际政治外交、国际贸易往来、企业国际化发展、国际资源获取、远洋交通运输等活动不断增加，我国既受到来自传统安全领域的威胁，也面临来自新型安全领域的挑战。在此形势下，我国生存空间和战略边疆的保护和拓展、战略利益的实现都有赖于高性能武器装备和强大的军事力量。

习近平总书记强调，只有把核心技术掌握在自己手中，才能真正掌握竞争和发展的主动权，才能从根本上保障国家经济安全、国防安全和其他安全。面对复杂多变的国际安全局势和周边环境，构建国防科技创新生态体系是国防和军队现代化建设可持续发展的引擎和基础，是军事实力竞争的灵魂和焦点，具有重大而深远的意义。我国需要加强超前谋划布局，积极把握科技创新的主攻方向和突破口，构建适应信息化战争和履行新时代使命要求的武器装备体系，加紧在一些战略必争领域形成独特优势，提高国防科技工业的整体实力，为维护国家战略安全发挥应有作用，坚决捍卫国家利益不受侵害。

2.4.2.3 新一轮科技革命及世界新军事变革要求国防科技创新发挥更大作用

以信息技术为代表的高新技术快速发展，引发了世界军事领域的变革。科技革命往往是军事革命的序曲和先导，历次科技革命都推进了军事变革的深入发展，均引发了战争形态、作战样式、武器装备生产模式的重大变革，都会引发国防科技的新一轮创新，推动大国交替崛起和世界战略格局调整。当前，新一轮科技革命和军事革命加速演进，国防科技发展呈现学科交叉、跨界融合、群体突破态势，人工智能、大数据、云计算等新兴技术加快向军事领域渗透运用，国防科技创新已成为军事强国战略博弈的焦点，成为许多国家和军队谋求竞争优势的核心战略，美国、俄罗斯等军事强国纷纷在国防科技领域前沿性、颠覆性技术方面加大战略投入，力求在激烈的国际战略竞争和军事竞争中掌握先机、赢得主动。

面对新一轮科技革命及世界军事革命的严峻挑战，习近平总书记指出，靠改革创新推动国防和军队建设实现新跨越，是决定我军前途命运的一个关键，必须全面实施创新驱动发展战略。创新驱动的关键是国防科技创新，建立完善的现代国防科技创新体系，为创新驱动提供不竭的科技动力，是迎接新一轮科技革命及世界军事革命挑战，加速推进中国特色军事变革的必然要求。

2.4.2.4　实现中国梦强军梦的时代召唤要求国防科技创新肩负新使命

党的二十大提出，要坚持创新在我国现代化建设全局中的核心地位，加快实现高水平科技自立自强，集聚力量进行原创性引领性科技攻关，坚决打赢关键核心技术攻坚战。习近平总书记指出，中央企业等国有企业要勇挑重担、敢打头阵，勇当原创技术的“策源地”、现代产业链的“链长”。习主席在十四届全国人大一次会议解放军和武警部队代表团全体会议讲话中强调了“五个要”：“要深化科技协同创新，要加快提升新兴领域战略能力，要强化国防科技工业服务强军胜战导向，要加强重大基础设施统筹建设，要加快构建大国储备体系。”

我国军工企业必须牢固树立科技是核心战斗力的思想，面向世界科技前沿、面向经济主战场、面向国家重大需求、面向人民生命健康，加速重大科技项目立项实施，加速战略性前沿性颠覆性技术发展，不断提高核心竞争力，积极应变，主动求变，以科技创新催生新的发展动能，加快实现高水平科技自立自强。

2.4.2.5　全球化大环境要求国防科技工业通过创新驱动提升国际竞争能力

当前，伴随世界经济一体化不断深入发展，国防科技工业的国际化发展趋势日益明显。积极实施“走出去”战略，建立国际化视野，同时也要“引进来”，利用国际资源，进一步提高国防科技工业的创新能力，这已经成为国防科技工业应对国际竞争的必然选择。

在全球化大环境下，我国国防科技工业必须具有国际化的创新视野，迫切需要构筑更具竞争力的创新生态，充分利用全球化分工协作的大环境，积极与国际军工企业开展合作，实现创新生态的协作互动，使我国国防科技工业能够尽快融入国际化的创新循环，实现创新的优势互补，迅速提升国际竞争力。

2.5　技术发展形势

当前，全球科技创新进入空前密集活跃期，新一轮科技革命和产业变革正在重构全球创新版图，重塑全球经济结构。2022 年 4 月，Perkinscoie 发布《2022 年新兴技术趋势》，研究了人工智能、机器学习和量子计算技术等10项新兴技术的发展趋势和影响。2022年2月，美国发布新版《关键和新兴技术清单》，涉及人工智能、先进制造、先进计算、半导体和微电子技术等19类技术。特别是近年来，随着战争逐步向信息化、智能化、无人化方向发展，科技对战争的影响愈发明显。

2.5.1 科技创新速度明显加快，新兴技术呈现群体性突破

人工智能、大数据、云计算、量子、太赫兹、微系统、新材料等新兴技术呈现群体性突破态势，科技进步引发的变革深度广度速度前所未有。在人工智能方面，以ChatGPT为代表的生成式AI的新突破推动人工智能由弱人工智能升级到具有一定自主思维能力的生成式强人工智能阶段。在机器学习方面，机器学习作为一种新兴的数据处理技术取得飞跃性发展，在快速分析庞大数据流方面成果突出。在云计算方面，以云化、湖仓一体为代表的深度优化理念不断涌现，并逐步应用，为数据存储与计算领域进一步降本提质提供了新范式；混合云集成多种独特云服务能力，推动企业多“云”策略方兴未艾。在量子计算方面，人类首次观察并影响单个光子的受激发射，验证了激光理论在量子极限下的有效性，为量子生物显微镜、基于光子的量子计算机等应用奠定了基础。在太赫兹方面，太赫兹波生成方式不断突破，已实现稳定度为千兆分之一的太赫兹波技术，被视为迈向6G的下一步关键技术。

2.5.2 以智能技术为代表的科技创新引发产业变革，产业链重组进入关键阶段

全球科技创新进入空前密集活跃期，以物联网、云计算、大数据、移动互联网为代表的科技创新引发新一轮产业变革，呈现出多点迸发、泛在联动、群体突破的态势。随着一大批重大颠覆性技术不断涌现，科技成果转化速度明显加快，产业链整合重组进入关键阶段。全球发展方式的深刻转变对核心技术研发和科技创新提出了更高的要求。新一代科技革命和产业变革既是机遇又是挑战，要顺势而为，牢牢把握智能经济时代科技突破和产业变革主攻方向，通过科技创新打造新的产业格局，不断完善产业链和高端产品，持续形成产业新动能，抢占科技和产业革命高地。

2.5.3 新兴网络信息技术与制造业不断融合，推动智能制造加速发展

近年来，飞速发展的5G技术、工业大数据技术、工业互联网/工业物联网系统技术、人工智能技术、建模仿真/数字孪生（数字主线）等信息通信技术与制造科学技术的深度融合积极推动了工业制造领域的数字化智能化转型升级。5G技术以其高速率、低延时、大连接等特点赋能制造系统人机物的高速智能协同与控制。工业大数据技术以其能处理多源数据而赋能制造全系统及全生命周期数字化转型。工业物联网系统以其泛在连接、云化服务、知识转化应用等特点赋能制造系统全产业链、全价值链的云化服务。数字孪生技术贯通虚拟与现实世界，实现产品生产、管理等全生命周期的数字化。

西门子基于工业互联网平台构建了完整的数字孪生解决方案体系。仿真巨头 Ansys 依托数字孪生技术对复杂产品对象全生命周期建模，结合仿真分析，打通从产品设计研发到生产的数据流。

2.5.4　行业竞争和跨界创新消除传统壁垒，科技创新融合发展成为行业新趋势

科技的快速发展、环境的复杂多变消除了传统的竞争壁垒，行业市场的边界越来越模糊，跨界竞争屡见不鲜。特别是国防科技发展呈现学科交叉、跨界融合、群体突破态势，正在形成以网格化、非线性、开放性为特征，多主体、多要素、多环节互动互促为基础的科技协同创新模式。各大企业纷纷以跨界融合推动集成创新，重视发挥技术集成的涌现性，突破原有行业界限实现自我更新，开展战略合作，不断拓展新兴领域，创造新增长点。公开化竞争形势不断升级，行业边界已经打破。通过推动跨界创新，树立创新无边界、探索无禁区的理念，强化前沿颠覆性技术探索和基础研究，抢占未来技术制高点，成为行业规则制定者和引领者。

第 2 篇

“世界一流”关键要素篇

第 3 章　世界一流的战略管理能力

3.1　一流特征

3.1.1　战略管理的定义

战略管理定义为：企业确定其使命，根据组织外部环境和内部条件设定企业的战略目标，为保证目标的正确落实和实现进行谋划，并依靠企业内部能力将这种谋划和决策付诸实施，以及在实施过程中进行控制的一个动态管理过程。

其特点是：指导企业全部活动的是企业战略，全部管理活动的重点是制定战略和实施战略。而制定战略和实施战略的关键都在于对企业外部环境的变化进行分析，对企业的内部条件和素质进行审核，并以此为前提确定企业的战略目标，使三者之间达成动态平衡。战略管理的任务，就在于通过战略制定、战略实施和日常管理，在保持这种动态平衡的条件下，实现企业的战略目标。

特别地，应当注意战略管理不仅涉及战略的制定和规划，而且也包含将制定的战略付诸实施的管理，因此是一个全过程的管理。同时，战略管理不是静态的、一次性的管理，而是一种循环的、往复性的动态管理过程。它是需要根据外部环境的变化、企业内部条件的改变，以及战略执行结果的反馈信息等，重复进行新一轮战略管理的过程，是不间断的管理。

3.1.2　战略管理的基本流程

美国著名战略管理学者 Fred 曾提出过一个战略管理模型，被认为是战略管理领域最具代表性的模型方法之一。

在该模型中，Fred 将战略管理划分为 3 个大的阶段，分别为战略生成、战略实施和战略评估，各阶段中又涵盖了数个战略管理的关键环节。

（1）战略生成

战略生成是战略管理最初始的阶段，包括确定企业愿景与使命、外部环境分析、内部环境分析、战略目标设定与战略选择四个关键环节。企业将在该阶段确认其基本任务，认定企业当前面对的外部机会与威胁，梳理企业内部存在的优势与弱点，并基于上述分析建立适合企业发展的长远目标，最终完成战略的选择。

（2）战略实施

战略实施是对生成战略的落地执行，企业将通过一系列具体措施来推进战略，从而达成其战略目标。在该阶段中，企业通常会将长期目标分解为年度目标，并制定满足企业发展要求的相关政策，激励员工并合理配置资源，以使得企业制定的战略能够得以贯彻执行。

（3）战略评估

战略评估是战略管理的最后阶段，企业将在这一阶段对战略合理性与执行效果进行评价，从而及时对企业的战略或执行过程进行修正调整，确保企业的健康发展。

3.1.3 战略管理的外部环境分析

环境分析是战略管理过程的关键环节和要素。组织环境在很大程度上决定了管理者可能的选择。成功的战略大多是那些与环境相适应的战略。

根据环境维度的不同，外部环境分析通常可以分为宏观环境分析与中微观环境分析。

3.1.3.1 宏观环境分析

宏观环境分析的目的是确定宏观环境中影响行业和企业的关键因素，预测这些关键因素未来的变化，以及这些变化对企业影响的程度和性质、机遇与威胁。

在宏观层面的环境分析中，一般会通过以下几个方面来分析企业的各种宏观力量，包括政治要素、经济要素、社会要素、技术要素等，也就是所谓的 PEST 模型，其结构见表 3－1。

表 3－1 PEST 分析方法

要素	内容
政治 & 法律(Political)	1)制约和影响企业的政治因素; 2)法律体系、法规及法律环境
经济环境(Economical)	经济结构、经济增长率、财政与货币政策、能源和运输成本;消费倾向与可支配收入、失业率、通货膨胀与紧缩、利率、汇率等
社会 & 自然(Social)	1)教育水平、生活方式、社会价值观与习俗、消费习惯、就业情况等; 2)人口、土地、资源、气候、生态、交通、基础设施、环境保护等
技术环境(Technological)	创新机制、科技投入、技术总体水平、技术开发应用速度及寿命周期、企业竞争对手的研发投入、社会技术人才的素质水平和待遇成本

3.1.3.2 中微观环境分析

相比宏观环境分析，中微观环境分析将进一步下沉与聚焦，最终落脚到现实中的企业与周边切身相关的经营环境中。

一个行业中的竞争，远不止在原有竞争对手中进行，而是存在着五种基本的竞争力量，这五种基本竞争力量的状况及综合强度，决定着行业的竞争激烈程度，从而决定着行业中最终的获利潜力以及资本向本行业的流向程度，这一切最终决定着企业保持高收益的能力。五力分别是：供应商的议价能力、购买者的议价能力、潜在竞争者进入的能力、替代品的替代能力、行业内竞争者现有的竞争能力。五种力量的不同组合变化，最终影响行业利润潜力变化。

将这五种力量组合，就构成了竞争环境分析中著名的波特五力模型，如图 3 - 1 所示。

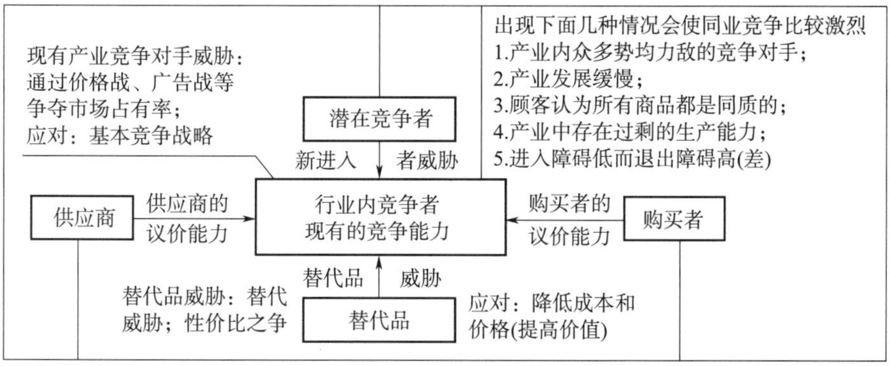

图 3 - 1　波特五力模型

具体地，五种力量分别有以下特征：

1）供应商的议价能力：供方主要通过其提高投入要素价格与降低单位价值质量的能力，来影响行业中现有企业的盈利能力与产品竞争力。供方力量的强弱主要取决于他们所提供给买主的是什么投入要素，当供方所提供的投入要素其价值构成了买主产品总成本的较大比例、对买主产品生产过程非常重要或者严重影响买主产品的质量时，供方对于买主的潜在讨价还价力量就大大增强。

2）购买者的议价能力：购买者主要通过压价与要求提供较高的产品或服务质量的能力，来影响行业中现有企业的盈利能力。

3）新进入者的威胁：新进入者在给行业带来新生产能力、新资源的同时，而市场已被行业内现有企业瓜分一空，新企业要获得一席之地，这就有可能会与现有企业发生原材料与市场份额的竞争，最终导致行业中现有企业盈利水平降低，严重的话还有可能危及这些企业的生存。进入的威胁取决于市场中进入壁垒存在的程度。进入壁垒是那些想成功进行竞争的新进入者所必须克服的障碍。进入壁垒通常会延缓潜在进入者进入市场的时机，但不会构成永久的障碍，另外，进入壁垒可能会阻止很多潜在的进入者，但不是全部。

4）替代品的威胁：经营企业不仅仅是与通常意义上的竞争对手在竞争，还有其他的若干方面，如猪肉生产商的竞争对手不仅仅来自其他的猪肉生产商，还有牛羊肉生产商等，这些牛羊肉叫作猪肉的替代品。替代品具有与现有产品或劳务相似的性能，能够满足客户相同的需要。两个处于同行业或不同行业中的企业，可能会由于所生产的产品互为替代品，从而在它们之间产生相互竞争行为。几乎任何产品都有自己的替代产品，只不过替代的程度不同而已，这些替代品也最大限度地保证着任何垄断行业都不可能把产品的价格无限扩大，如牛羊肉互相替代。网络电话、邮电都是电信的替代品，煤炭与石油也互为替代品，这些替代品的存在也限制着这些垄断产品价格的提升。在替代品中最需要注意的是新技术和新产品的产生对原有需求的替代，有可能是原有的需求基本绝迹。例如，数码相机的产生，使胶片相片的市场需求消失。替代品价格越低、质量越好、用户转换成本越低，其所能产生的竞争压力就越强；而这种来自替代品生产者的竞争压力的强度，可以具体通过考察替代品销售增长率、替代品厂家生产能力与盈利扩张情况来加以描述。

5）同业竞争者的竞争程度：大部分行业中的企业，相互之间的利益都是紧密联系在一起的，作为企业整体战略一部分的企业竞争战略，其目标都在于使得自己的企业获得相对于竞争对手的优势，所以，在实施中就必然会产生冲突与对抗现象，这些冲突与对抗就构成了现有企业之间的竞争。现有企业之间的竞争常常表现在价格、广告、产品质量、售后服务等方面，其竞争强度与许多因素有关。行业中的每一个企业或多或少都必须应付以上各种力量构成的威胁，除非认为正面交锋有必要而且有益处，否则企业可以通过设置进入壁垒，包括差异化和转换成本来保护自己。当一个企业确定了其优势和劣势时（参见SWOT分析），企业必须进行定位，以便因势利导，而不是被预料到的环境因素变化所损害，如产品生命周期、行业增长速度等，然后保护自己并做好准备，以有效地对其他企业的举动做出反应。

根据上面对于五种竞争力量的讨论，企业可以采取尽可能地将自身的经营与竞争力量隔绝开来、努力从自身利益需要出发影响行业竞争规则、先占领有利的市场地位再发起进攻性竞争行动等手段来对付这五种竞争力量，以提升自己的市场地位与竞争实力。

3.1.4 战略管理的内部环境分析

战略管理的内部环境分析将视角转移到组织内部：组织雇员拥有什么样的技巧和能力？组织的现金状况怎样？在开发新产品方面一直很成功吗？公众对组织及其产品或服务质量的评价怎样？战略管理人员通过回答这些疑问，识别出优势与劣势。

优势是组织可投资开发利用以实现组织目标的积极的内部特征，是组织与众不同的能力，即决定作为组织竞争武器的特殊技能和资源；劣势则是抑制或约束组织目标实现的内部特征。应从如下方面评价组织的优势和劣势：市场、财务、产品、研究与发展。内部分析同样也要考虑组织的结构、管理能力，以及人力资源、组织文化的特征。

针对企业内部环境分析，最为典型的模型方法即为波特提出的价值链方法，如图3-2所示。

价值链把企业内外价值增加的活动分为基本活动和支持活动，基本活动涉及企业生产、销售、内部后勤、外部后勤、售后服务。支持活动涉及基础设施、人资管理、技术开发和采购管理等，基本活动和支持活动构成了企业的价值链。不同的企业参与的价值活动中，并不是每个环节都创造价值，实际上只有某些特定的价值活动才真正创造价值，这些真正创造价值的经营活动，就是价值链上的“战略环节”。企业要保持的竞争优势，实际上就是企业在价值链某些特定的战略环节上的优势。运用价值链的分析方法来确定核心竞争力，就是要求企业密切关注组织的资源状态，要求企业特别关注和培养在价值链的关键环节上获得重要的核心竞争力，以形成和巩固企业在行业内的竞争优势。企业的优势既可来源于价值活动所涉及的市场范围的调整，也可来源于企业间协调或合用价值链所带来的最优化效益。

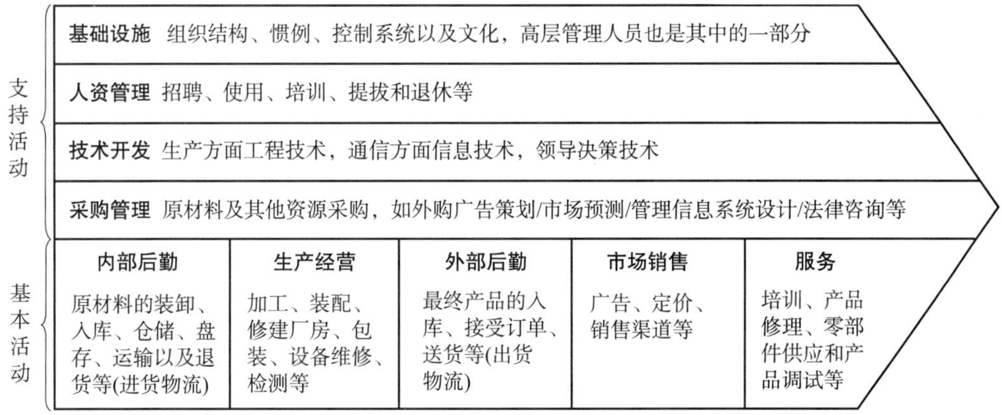

图 3－2　价值链模型

3.1.5　战略选择、实施与评估

在战略选择阶段，战略需要分别在公司层、事业层和职能层设立。

在这一环节中，企业将寻求组织的恰当定位，以便获得领先于竞争对手的相对优势。

3.1.5.1　战略层级

在战略层级中，一般分为公司总战略、竞争战略、职能战略三个主要层级，如图 3－3 所示。

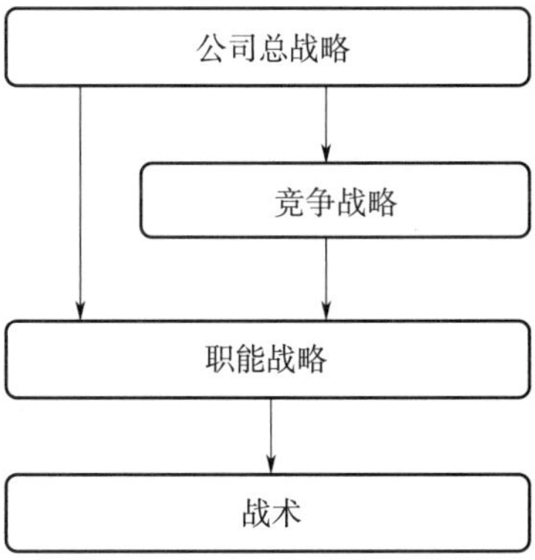

图 3－3　战略层级

其中，不同层级的战略面对的主要问题各不相同。

公司总战略（又称总体战略）：强调“做正确的事情”，如增长（发展）战略、维持（稳定、防守）战略、收缩（撤退）战略。

竞争战略：即“在我们的每一项事业里应当如何进行竞争”，如成本领先战略、差异化战略、集中化战略。

职能战略：即“我们应该怎么支撑总体战略和事业层战略”，如市场营销战略、人力资源战略、财务战略、生产战略、研发战略。

3.1.5.2　总体战略

总体战略根据企业的发展定位与目标，可以分为三个大类，分别为收缩战略、稳定战略和增长战略，如图 3－4 所示。

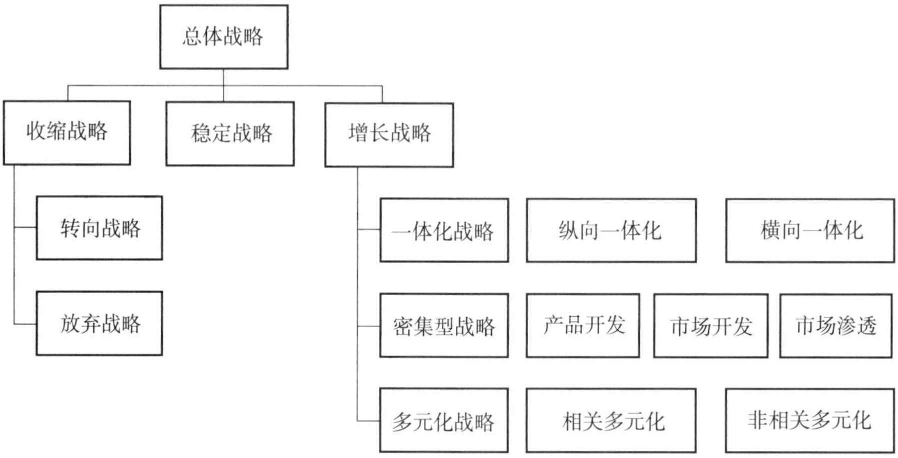

图 3－4　总体战略

（1）收缩战略

收缩战略是指企业从目前的战略经营领域和基础水平收缩和撤退，且偏离起点战略较大的一种经营战略。与稳定战略和增长战略相比，收缩战略是一种消极的发展战略。一般地，企业实施紧缩战略只是短期的，其根本目的是使企业挨过风暴后转向其他的战略选择。有时，只有采取收缩和撤退的措施，才能抵御竞争对手的进攻，避开环境的威胁并迅速地实行自身资源的最优配置。可以说，收缩战略是一种以退为进的战略。

（2）稳定战略

稳定战略是指在内外环境的约束下，企业准备在战略规划期内使企业的资源分配和经营状况基本保持在目前状态和水平上的战略。按照稳定战略，企业目前所遵循的经营方向及其正在从事经营的产品和面向的市场领域、企业在其经营领域内所达到的产销规模和市场地位都大致不变或以较小的幅度增长或减少。

（3）增长战略

增长战略又称发展战略或扩展战略。从企业发展的角度来看，任何成功的企业都应当经历长短不一增长战略实施期，因为从本质上说只有增长战略才能不断地扩大企业规模，使企业从竞争力弱小的小企业发展成为实力雄厚的大企业。

在三类总体战略中，发展战略的内涵最为丰富，根据发展方式的不同，又进一步分为一体化战略、密集型战略与多元化战略。

①一体化战略

一体化战略是指企业利用社会化生产链中的直接关系来扩大经营范围和经营规模，在供产、产销方面实行纵向或横向联合的战略。

②密集型战略

密集型战略是指企业在原有业务范围内，充分利用在产品和市场方面的潜力来求得成长的战略，是将企业的营销目标集中到某一特定细分市场，这一特定的细分市场可以是特定的顾客群，可以是特定的地区，也可以是特定用途的产品等。由于企业目标更加聚焦，可以集中精力追求降低成本和差异化，使自己竞争优势更强。该战略也是在原来的业务领域里，加强对原有的产品与市场的开发与渗透来寻求企业未来发展机会的一种发展战略。这种战略的重点是加强对原有市场的开发或对原有产品的开发。

③多元化战略

多元化战略，就是企业尽量增加产品大类和品种，跨行业生产经营多种多样的产品或业务，扩大企业的生产经营范围和市场范围，充分发挥企业特长，充分利用企业的各种资源，提高经营效益，保证企业的长期生存与发展。

3.1.5.3　竞争战略

竞争战略被认为是企业战略的一部分，是在企业总体战略的制约下，指导和管理具体战略经营单位的计划和行动。企业竞争战略要解决的核心问题是，如何通过确定顾客需求、竞争者产品及该企业产品这三者之间的关系，来奠定该企业产品在市场上的特定地位并维持这一地位。

目前对于竞争战略的研究理论，主要包括基本竞争战略理论、中小企业竞争战略和未开发市场的蓝海战略理论三个主要方向，如图 3－5 所示。

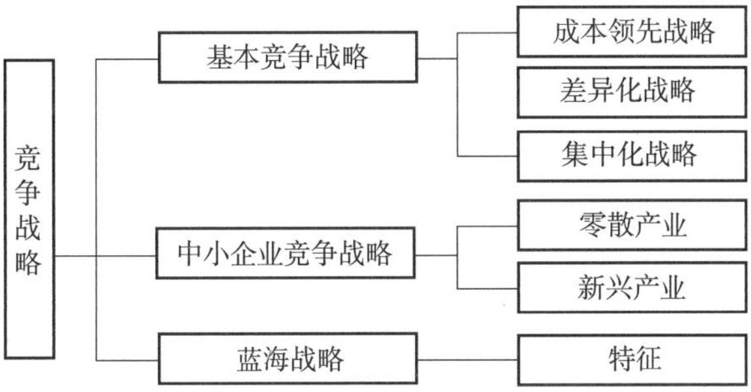

图 3－5　竞争战略

其中，基本竞争战略是竞争战略中最核心的内容，由美国哈佛商学院著名的战略管理学家迈克尔·波特提出。波特指出，基本竞争战略有三种：成本领先战略、差异化战略、集中化战略。企业必须从这三种战略中选择一种，作为其主导战略。要么把成本控制到比竞争者更低的程度；要么在企业产品和服务中形成与众不同的特色，让顾客感觉到你提供了比其他竞争者更多的价值；要么企业致力于服务某一特定的市场细分、某一特定的产品种类或某一特定的地理范围。这三种战略架构上差异很大，成功地实施它们需要不同的资源和技能，由于企业文化混乱、组织安排缺失、激励机制冲突，夹在中间的企业还可能因此而遭受更大的损失。

3.1.5.4 战略选择

战略的本质是选择。企业之所以要做战略，是因为企业的资源和能力毕竟有限，能力不足，不能所有的都选择。

企业战略选择是以市场为主导的；技术逻辑是以科技发展为主导的。对于技术逻辑而言，技术本身的进步就足够了；但对于企业战略而言，技术本身的进步仅仅是必要条件，还必须综合考虑市场竞争等多种因素，才能取得成功。

企业通常通过一系列战略管理模型来进行战略的选择，其中以 SWOT 矩阵模型最为典型。

所谓 SWOT 分析，即基于内外部竞争环境和竞争条件下的态势分析，就是将与研究对象密切相关的各种主要内部优势、劣势和外部的机会和威胁等，通过调查列举出来，并依照矩阵形式排列，然后用系统分析的思想，把各种因素相互匹配起来加以分析，从中得出一系列相应的结论，而结论通常带有一定的决策性。运用这种方法，可以对研究对象所处的情景进行全面、系统、准确的研究，从而根据研究结果制定相应的发展战略、计划以及对策等。SWOT 模型中，S（strengths）是优势、W（weaknesses）是劣势、O（opportunities）是机会、T（threats）是威胁。按照企业竞争战略的完整概念，战略应是一个企业“能够做的”（即组织的强项和弱项）和“可能做的”（即环境的机会和威胁）之间的有机组合，见表 3-2。

表 3-2 SWOT 分析法

	优势(S)	劣势(W)
机会(O)	SO 战略：增长型战略(依靠内部优势，利用外部机会，创建最佳业务状态)	WO 战略：扭转型战略(利用外部机会，克服内部劣势，机不可失)
威胁(T)	ST 战略：多种经营战略(依靠内部优势，回避外部威胁，果断迎战)	WT 战略：防御型战略(减少内部劣势，回避外部威胁，休养生息)

3.1.5.5 战略实施

战略实施就是将公司战略付诸实施的过程。企业战略的实施是战略管理过程的行动阶段，因此它比战略的制定更加重要。

战略实施是一个自上而下的动态管理过程。所谓“自上而下”主要是指，战略目标在公司高层达成一致后，再向中下层传达，并在各项工作中得以分解、落实。所谓“动态”主要是指战略实施的过程中，常常需要在“分析—决策—执行—反馈—再分析—再决策—再执行”的不断循环中达成战略目标。

经营战略在尚未实施之前只是纸面上的或人们头脑中的东西，而企业战略的实施是战略管理过程的行动阶段，因此它比战略的制定更加重要。在将企业战略转化为战略行动的过程中，有四个相互联系的阶段：

一是战略发动阶段。调动起大多数员工实现新战略的积极性和主动性，要对企业管理人员和员工进行培训，灌输新的思想、新的观念，使大多数人逐步接受新战略。

二是战略计划阶段。将经营战略分解为几个战略实施阶段，每个战略实施阶段都有分阶段的目标，相应的有每个阶段的政策措施、部门策略以及相应的方针等。要对各分阶段目标进行统筹规划、全面安排。

三是战略运作阶段。企业战略的实施运作主要与各级管理人员的素质和价值观念、企业的组织机构、企业文化、资源结构与分配、信息沟通、控制及激励制度六个因素有关。

四是战略的控制与评估阶段。战略是在变化的环境中实践的，企业只有加强对战略执行过程的控制与评价，才能适应环境的变化，完成战略任务。这一阶段主要是建立控制系统、监控绩效和评估偏差、控制及纠正偏差。

3.1.5.6 战略评估

战略选择、战略实施、战略评估共同构成战略管理的全过程。企业所在的内外部环境的变动性，决定了要保证战略管理过程的顺利实现，必须通过战略评估体系对制定并实施的战略效果进行评价，以便采取相应的完善措施。可见，战略评估决定着战略管理的成败。

战略评估一词外延十分丰富，不同的人从不同的角度对其可能有不同的理解。但从战略评估总是贯穿于战略管理全过程的角度出发，大体上可把战略评估概括为战略分析评估、战略选择评估和战略绩效评估三个环节。例如，为大多数人所熟悉的平衡计分卡就是实行战略绩效评估的一种有效手段，它被认为是一种新的战略评估和管理系统。

3.2 一流军工企业实践

世界一流军工企业以企业战略目标为牵引，合理选择战略路径，着力强化核心业务，推动企业中长期战略的顺利实现。

3.2.1 雷声技术公司的战略管理实践

雷声技术公司的战略目标是为全球商业、军事和政府客户提供先进系统和服务，致力于成为航空航天和国防领域的领导者，建立新的行业标准。2020 年重组后的雷声技术公司跃升为全球第二大防务承包商和军事装备关键供应商，此次重组是联合技术公司和雷声公司两家防务企业巨头基于技术合作的战略合并，在巩固原雷声公司在雷达、传感器、电子战、防空反导等领域技术优势的同时，引入联合技术公司在电子视觉情报监视侦察系统、军用动力系统和敏捷定位导航与授时等领域的独特优势，实现了核心能力的双向互补，对于其推动定向能武器、高超声速武器和高超声速武器防御系统开发具有重要意义。

3.2.1.1 高度重视战略管理，战略引领能力突出

雷声技术公司的企业愿景是“成就顾客”（customer success is our mission），即以顾客为中心，更具前瞻性地创造和提供超预期的卓越产品和服务。2020 年，雷声公司与联合技术公司完成战略重组，重组后的雷声技术公司确立了“让世界更安全、更互联”的新

的发展愿景，提出“用技术推动探索科学极限、定义航空航天和国防的未来发展”。雷声技术公司在百年发展历程中，高度重视战略管理，敏锐调整战略方向，及时优化产业布局，健强战略支撑力量，经历了初期多元化战略、一体化战略、全球增长战略的历史演变，科学引导企业沿着可持续发展道路前行。

3.2.1.2 敏锐把握时代节拍，做出系列关键战略决策

在雷声技术公司百年的发展历程中，依靠其卓越的战略管理能力，在每一次国际政治、经济、军事形势巨变中，总能把握发展机遇，及时作出重大战略选择，通过企业转型升级实现领跑发展。20 世纪 20 至 30 年代，由成立之初的冰箱业务及时转向电子管业务，并在 20 世纪 30 年代成为世界上最大的真空管制造公司之一。20 世纪 40 至 50 年代，获得磁控管批量生产合同而成功进入军工行业，拓展形成完整的雷达系统研制能力，并开发出第一个可安装制导系统和连续波雷达的 Lark 导弹，成为美军导弹装备的主要供货商。20 世纪 60 年代至 70 年代，结合美国政府“军民分离”国防采办制度政策，雷声公司的业务方向逐渐向民用领域拓展，陆续进入家用电器、教育出版、无线电设备等领域。20 世纪 80 至 90 年代，结合美苏军备竞赛、国防预算大幅提高，以及美国“军民一体化”政策，不再将民用业务作为其核心业务，而是通过收购毕琪飞机制造公司、英国航太商务客机生产线，成功拓展航空领域业务版图。在此之后，雷声公司坚定不移地将航空航天和国防业务作为核心业务，不断巩固拓展核心竞争力，并在过去 20 年中逐渐剥离健康教育出版、家庭电器、供热与空调、地震仪、商业保洁、飞机制造等非核心业务。2020 年，雷声公司放弃当期利益，将剥离原联合技术公司的空调和电梯业务作为对等合并的前提条件，反映出雷声公司持续聚焦军工核心业务的战略定力。更为重要的是，雷声技术公司在每次完成战略选择后，总能围绕不同时期的战略目标和路径，及时调整组织架构、业务布局、管理模式等，匹配战略资源，有效提升核心竞争力，始终朝着战略目标稳步迈进。

3.2.1.3 着力发展战略研究力量，支撑高水平战略管理

为了更好地制定企业发展战略，雷声技术公司持续强化战略支撑力量建设。早在 20 世纪 90 年代，雷声技术公司就建立了战略规划论证室，现为企业战略与发展部，由雷声技术公司高级副总裁担任部门领导，主要任务包括四个方面：一是根据未来战争趋势、客户需求以及业务发展机会，制定装备和技术发展路线图、品牌发展战略等，为公司未来重点发展领域、业务增长方式等作出战略谋划；二是统筹实施企业盈利能力及绩效提升计划，确保企业发展战略落地；三是选择收并购目标并评估收并购机会，推进实施资本运作；四是有机协调生产线、业务部门、供应商及客户团队，实现公司利益最大化。

3.2.2 洛克希德·马丁公司的战略管理实践

洛克希德·马丁公司（以下简称洛·马公司）的战略目标是以创新技术帮助客户实现最具挑战性的目标，成为世界上最好的航空航天、防务和技术服务领域的集成商。在此战略目标牵引下，洛·马公司于 2020 年 12 月收购垂直供应商航空喷气洛克达因公司（以下

简称 AR 公司)，推动洛·马公司大踏步进入火箭领域。AR 公司作为美国最大的液体火箭发动机制造商、第二大固体火箭发动机制造商，在电推进和吸气式高超声速推进技术领域处于行业领先地位。

3.2.2.1　科学制定发展战略，聚焦核心主业

洛·马公司针对"9·11"事件、阿富汗战争、伊拉克战争所带来的环境变化，2001—2003 年采取加强核心业务、剥离非核心业务的竞争策略，对内部资源进行了重组。其加强的核心业务包括导弹防御；空间情报；C4ISR；空中机动飞行器；空中火力发射/精确打击能力领域；F/A-22 猛禽、F-35 联合作战飞机、爱国者先进能力（PAC-3）导弹项目，THAAD，倍增动能杀伤项目以及高空飞艇项目。剥离的非核心业务举措主要包括退出全球通信行业、出售 IMS 等。此外，洛·马公司根据美国国防形势和军方需求的变化，预判联合作战、网络中心指挥和控制以及武装部队集成能力等方面会受到国防部的重点关注。2016 年 8 月，洛·马公司将具有世界领先的专业技术、声誉和覆盖全球的信息系统与全球解决方案业务部（IS&GS）剥离并与乐埃杜斯控股公司进行重组，以便更加专注发展航空和国防业务。

3.2.2.2　紧盯国防需求，打造尖端武器装备

从最早的 Y. 侦察机开始，洛·马公司的臭鼬工厂①一直是孕育世界顶级战斗机的温床。1953 年投入研制的 C-130 运输机至今仍大规模使用。美国的战略导弹威慑力也是依托洛·马公司北极星、海神和三叉戟潜射弹道导弹。美军主要列装的 F-117、F-16、F-22 猛禽战斗机与 F-35 都是出自洛·马公司的臭鼬工厂。除此之外，运载火箭、军用卫星、电子通信系统、辅助航电系统、雷达、指挥控制系统等，占据了世界防务市场的 40%，其著名装备不胜枚举。2015 年洛·马公司的总收入为 461 亿美元，其中 78%为美国政府订单，21%是国际客户订单，1%是美国商业及其他客户订单。

从企业本身来讲，其立足于美国国防领域，发展尖端武器装备是企业战略发展规划的根本。从企业营收上看，也证明了这一发展战略的正确性。美国作为世界军事装备发展最先进的国家，其国防预算持续维持在世界第一的水平。洛·马公司立足于美国军事发展需求的企业核心发展战略无疑是非常准确的。

3.2.2.3　把握军民融合机遇，有效利用军工技术的外溢优势

洛·马公司在军用飞机、导弹、运载火箭、卫星等武器装备领域取得的成绩有目共睹，其业务领域涵盖基本所有细分市场。尽管其在武器装备领域已经处于全球领先地位，有着不可取代的优势，但其企业多元化的发展战略更多的是体现在民用技术领域。

洛·马公司的民用技术已经形成了多个完整的商业民用技术与能力体系。其民用领域的技术涉及信息与计算机技术、新能源技术、先进制造技术、电子信息技术等。

在信息与计算机技术方面，洛·马公司一直是美国政府最大的网络安全系统服务商。

---

① 预先研究发展项目部（Advanced Development Projects），该公司官方认可绰号为臭鼬工厂。

其开发的 Chroma 机场管理系统是目前全球推崇的最优解决方案。Ocean 21 TM 海洋空域交通管理系统集成了多种航空飞行设计概念，主要应用在美国联邦航空管理局、海洋航空管理系统中。其 Skyline 航空交通管理系统在哈萨克斯坦、韩国、新西兰、阿巴尼亚、中国等国家和地区得到广泛应用。

3.2.2.4 注重战略目标制定，打造执行系统

洛·马公司的愿景为“以创新技术帮助客户实现最具挑战性的目标”。为此，在战略制定的工具方法应用、战略闭环管理等方面，洛·马公司开展了大量工作，打造了战略规划与执行系统（SPES），可根据内外部环境的变化进行发展战略的滚动修编工作，快速进行战略调整，有效提升了其战略实施的系统性和联动性，有效将战略规划与预算、人力资源等进行衔接和匹配。

第 4 章　世界一流的产品技术竞争力

4.1　一流特征

产品技术竞争力是指产品符合市场要求的程度，具体体现在用户对产品各种竞争要素的考虑和要求上。产品技术竞争力是企业竞争力的基础和核心，企业竞争力最直接的表现就是产品技术竞争力，企业在其他方面的竞争都是围绕产品竞争而展开的。对于培育产品核心竞争力，从研发的角度来说，早期开展关键技术规划和技术储备至关重要。只有关键技术取得了突破，形成了门槛，才能为产品打造差异化的竞争优势。需要提前做好洞察，充分考虑市场和用户的实际需求，以此为基础进行技术开发。技术规划和开发都是基于产品规划和产品开发的需求，为了快速推出有竞争力的产品，企业需要提前识别产品开发中的技术难点（技术成熟度低），提前进行规划和开发，提前进行技术布局准备。一个企业要想生存、要想持续具有产品技术竞争优势，必须将核心技术牢牢掌握在自己手中。

4.2　一流军工企业实践

世界一流军工企业加紧在专业技术体系、核心优势技术、前沿与颠覆性技术等方面统筹布局，为提升核心竞争力、确立行业领先地位提供了有力支撑。

4.2.1　瞄准客户需求与技术发展前沿，科学确定创新方向与重点

作为世界一流军工企业，洛·马公司把自身的科技创新定位在目标导向的创新，主要瞄准美国国防和军队建设的需求，瞄准具体的武器装备研制开展创新，并根据科技发展趋势和公司发展战略，开展独立科技创新，为目标导向的创新奠定理论基础。坚持客户需求导向使得洛·马公司的科技创新更加有的放矢，科研资源、科研力量的投入都向目标聚焦，具有更高的效率。

洛·马公司把装备需求作为科技创新的基本出发点，积极开展应用导向的科技创新。当美国或盟国根据国家安全和军队发展需求，对自身安全环境的判断，对未来作战和武器装备发展的预测等，提出武器装备需求时，洛·马公司根据自身的技术积累，提出满足需求的武器装备概念、技术途径，参与项目研制任务的竞争，据此瞄准客户需求开展技术创新。除了瞄准客户需求开展需求导向的科技创新外，洛·马公司还把握科技发展趋势，积极自筹经费开展基础研究和前沿探索，为未来科技发展奠定基础。近几年，公司每年都投入 10 亿美元左右的自筹经费，在航空、航天、机器人、先进制造、纳米、量子等基础前

沿领域支持了一系列创新项目，为公司未来可持续发展、抢占科技发展先机奠定了良好基础。此外，着眼于快速弥补公司技术短板弱项，积极并购吸收外来科技成果，不断拓展新的技术发展方向，赢得更加广阔的市场空间和更丰厚的利润。

4.2.2 强化体系布局与技术攻关，塑造企业核心竞争优势

以雷声技术公司为代表的世界一流军工企业高度重视专业技术体系建设，不仅掌握核心专业关键技术，还构建了有效的共性/基础技术共享机制。通过与联合技术公司的合并重组，进一步补强了相关专业技术。雷声技术公司围绕多年发展历程中积累形成的传统专业，持续突破新的原创性技术，不断开发竞争性产品，巩固提升核心竞争优势。雷声技术公司专业技术体系架构见表 4-1。

表 4-1 雷声技术公司专业技术体系（以飞行器技术领域为例）

技术领域	核心技术
飞行器总体	多学科分析(MDA)技术 多学科优化(MDO)技术 基于模型定义(MBD)技术
制导、导航与控制	气动力控制技术 推力矢量控制技术 水下弹道控制技术 多模复合制导技术 制导系统设计与性能 导航系统 飞行控制 自动驾驶仪设计
雷达	天线技术 焦平面阵列技术
发射	垂直发射技术 水下发射技术
电子对抗	量子点阵诱饵 红外导引头干扰装置
导引头	光电导引头 红外导引头 雷达导引头
先进材料	光学陶瓷纳米复合材料 量子点阵材料 形状记忆材料 仿生材料 弹用功能材料 弹上精密部件/元器件材料 半导体材料 复合材料 超材料

续表

技术领域	核心技术
先进材料	树脂基结构复合材料 透波材料 吸波隐身材料 热防护材料
发动机	齿轮传动技术 混合电动推进系统 自适应循环技术
高超声速	高超声速飞行器技术 高超声速防御技术
先进制造	导弹总装技术 增材制造 快速集成样机技术 工业机器人
空间	卫星传感器 GPS 增强有效载荷 卫星数据融合

此外，雷声技术公司经过多年积累，在导弹、先进材料、航空发动机等领域掌握了核心关键技术（表 4-2），有力保证了其在行业内的技术领先优势，为雷声技术公司在激烈的市场竞争中立于不败之地提供了有力支撑。

表 4-2　雷声技术公司核心关键技术

技术领域	关键技术	核心内容
导弹	飞行器总体	多学科分析(MDA)与多学科优化(MDO)技术在总体设计与集成方面优势明显；发展了基于模型定义(MBD)技术，实现了导弹的三维数字化设计-工艺-制造一体化
	制导、导航与控制	制导、导航与控制是雷声技术公司最重要、掌握核心技术最多的专业。在制导控制领域，掌握了气动力控制技术、推力矢量控制技术、水下弹道控制技术等；在精确制导领域，以三模导引头为代表的多模复合制导技术已接近实用化阶段
	先进雷达	掌握火控雷达系统(主要用于防空导弹系统)、舰载指(火)控一体化系统的设计研制技术
	电子对抗	在弹载抗干扰 GPS、对抗反卫星导弹的量子点阵诱饵、红外导引头干扰装置等方面掌握多项核心关键技术
	高超声速	雷声技术公司是美军高超声速吸气式武器概念(HAWC)项目承包商，与诺·格公司组建联合团队共同推进高超声速巡航导弹的研发、制造与集成工作，于 2019 年完成 HAWC 方案的风洞和数值仿真试验，于 2021 年完成自由试飞测试

续表

技术领域	关键技术	核心内容
先进材料	半导体材料	成体系地实现了新一代金刚石基氮化镓（GaN）从材料到晶体管、单片微波集成电路（MMIC）、收发组件及收发集成多信道模块（TRIMM）的全面发展和成熟
	透波材料	在树脂基透波复合材料方面，发展进程已由常规树脂基体复合无机纤维的产品体系，发展为多功能型树脂（低介电型、介电可调型、耐高温型等）复合多种类纤维（有机纤维、无机纤维）的产品体系 在电磁超材料方面，雷声技术公司频率选择性透波或宽频带吸波技术发展足够成熟，广泛应用在导弹、航空飞行器领域中。目前，第二代透波/隐身一体化超材料天线罩技术也日趋成熟，应用于部分新型导弹与隐身战机中 在陶瓷基透波复合材料方面，雷声技术公司的近距离飞行器上可选用石英陶瓷或石英纤维增强二氧化硅材料；中距离飞行器上可选用石英纤维增强二氧化硅、氮化硅等陶瓷材料；中远距离飞行器上可选用氮化物陶瓷材料、石英纤维增强陶瓷基复合材料、氮化硅纤维增强陶瓷基复合材料等，材料体系已经相对完备
	吸波隐身材料	采用吸波能力极强的聚合物复合结构材料，已应用于海军打击导弹（NSM）、远程反舰导弹（LRASM）、联合空面防区外导弹（JASSM）
	热结构复合材料	C/C复合材料作为一种比较成熟的材料体系，广泛用于常规导弹喉衬、燃气舵等构件，正在研发C/C复合材料模拟仿真体系。以SiC/SiC复合材料为代表的陶瓷基复合材料应用于航空发动机领域
航空发动机	齿轮传动涡轮风扇发动机（GTF）	于2016年推出革命性的齿轮传动技术，随后累计投入超过100亿美元，陆续推出48项新技术，实现GTF发动机燃油消耗降低20%、噪声降低75%、氮氧化物减少50%
	电动航空技术	高度重视纯电动发动机、混合动力和氢能动力的研制，投资1.63亿美元积极推进混合电动推进技术和相应的飞行验证计划，预计在2024年开始示范飞行
	自适应循环发动机技术	与美国空军研究实验室合作，将变循环技术引入F-35战机的F135发动机上，打造200 kN推力级的战斗机发动机。与美国海军合作，进一步提高自适应循环技术在未来舰载战术、情报、监视和侦察系统等领域的成熟度

4.2.3 积极广泛布局前沿技术，抢占未来战略制高点

作为美国航空航天与国防前沿领域最具发展活力的领军企业，雷声技术公司曾在2016年发布《面向未来战争——培育新兴技术》报告，提出了重点培育的前沿与颠覆性技术，涉及人工智能、人机交互、无人系统、空间高端制造工厂、3D打印、小型智能化弹药、赛博战、赛博安全、赛博变革、量子计算、轨道炮11个方向，为雷声技术公司抢占未来战略制高点奠定了重要基础。目前，雷声技术公司变革性技术覆盖范围广泛，围绕人工智能、智能雷达、自主协同、反无人机等广泛布局前沿技术领域，为关键技术攻关和完善核心产品体系提供有力支撑。雷声技术公司前沿技术布局情况见表4-3。

表4-3 雷声技术公司前沿技术布局情况

前沿技术	发展现状
可解释性人工智能技术	2017年，获得美国国防高级研究计划局（DARPA）资助，开展可解释AI技术研究，研发可解释性人工智能系统。目前，该技术处于初级开发阶段，后续将实现自我监控、解决各类能力限制因素，使得系统提供的建议更为可信

续表

前沿技术	发展现状
智能雷达	围绕智能化新型雷达，开发具备互连、自主思考、学习、决策能力的新技术。通过机器学习，能够提前预测、实时决策，并实现硬件功能最大化。目前，正在开发一种基于雷达互连的先进架构，从多个角度提供视觉覆盖，并实现系统之间的相互“对话”
自主协同技术	2019年5月，开发了基于开放式体系架构和无人航空系统控制标准的新技术。目前，正在结合拒止环境协同作战（CODE）和“郊狼”（LOCUST）等项目，大力发展自主协同技术，将打造一支由美国海军舰上赛博加固控制站指挥，由空中、水下和水面无人系统组成的无人作战编队
新型发动机设计技术	2020年6月，与美国能源部（DOE）阿贡国家实验室（ANL）达成合作研究与开发协议，利用人工智能技术改进流体力学模型的计算效率，进而改善发动机部件的设计和耐久性
反无人机系统	旨在开发部署一种由人工智能辅助的反无人机系统，以应对小型无人机威胁。通过对人工智能和机器学习算法的升级，实现与指挥控制系统结合，将时敏目标威胁数据提供给决策者。目前，正开发数据融合算法，并利用人工智能技术分析传感器搜集的数据，对关键的作战决策支持数据进行优化处理
红外事件相机技术	2021年6月，获得DARPA价值880万美元的合同，开发基于快速事件的神经形态相机和电子学（FENCE）计划的红外事件相机技术。后续，拟在雷声技术公司位于加利福尼亚州、马萨诸塞州、得克萨斯州、亚利桑那州和纽约州的设施内开展技术研发，预计2025年完成
智能自动识别技术	发展智能自动识别技术，推动人工智能技术在自动识别系统（ATR）中的应用，不断提高武器装备目标检测速度和精度。目前，已开发出基于快速3D目标建模和深度学习的智能自动目标识别方法
网络安全技术	围绕网络战、安全通信与态势感知、网络红军等领域，研究开发突破性的解决方案
定向能技术	开发基于高功率微波、高能激光的技术与装备系统，开展反无人机等领域的试验验证与应用研究，典型产品包括Phaser高能微波系统、高能激光器等。目前，正在加速推进激光武器实战化进程，并同步开发基于定向能的高超声速防御技术
量子工程与计算技术	开展量子计算、经典低温计算、量子材料、量子器件和传感器、光学与集成光子学等技术研发，并应用于计算、传感和通信领域。2021年，与IBM公司签订战略合作协议，围绕航空航天、国防与情报领域，研究开发先进的量子解决方案。目前，双方已组建技术协作团队，重点围绕人工智能、加密和量子技术等领域开展研究

在美国国防部下一代武器开发项目中，雷声技术公司连续成为高超声速打击武器（HSSW）及后续项目、高超声速防御武器概念研究等项目的核心承研单位。在美国国防部联合全域指挥与控制（JADC2）项目的三大主要承研单位中，雷声技术公司仅次于洛·马公司暂居第二，但在支撑体系智能化发展的人工智能、先进通信等技术中处于绝对领先地位。特别是在分散计算（DCOMP）、基于任务定义的多形态计算架构（PCA）、面向任务的动态自适应网络（DyNAMO）、跨域自适应杀伤网（ACK）、对抗环境通信（C2E）等重要领域牵头承担了下一代技术研发任务。

洛·马公司将数字技术如5G、人工智能（AI）和分布式云计算应用于现有国防系统，在增强任务能力和加强全球威慑方面取得了巨大进展。通过全球各地的合作性演习，如“Valiant Shield”和“Project Convergence”，加深与军事客户之间的信任。同时，洛·马公司凭借业界领先的交互操作解决方案填补任务间隙的独特优势，与一些世界领先的商业技术公司，包括英特尔、微软和IBM等，建立了一系列新的战略合作关系。同时，洛·马公司扩展了与NVIDIA的合作范围，包括基于人工智能的环境监测技术，并与AT&T

和 Verizon 合作成功展示了 5G. MIL® 技术。洛·马公司扩展了与微软的合作关系，成为首家在 Azure Government Secret Cloud 内运营的非政府实体。

洛·马公司积极自筹经费，在基础前沿领域开展独立的科技创新，为公司长远发展积累技术基础。此外，成体系建设高水平支撑实验室，为科技创新活动提供全方位支持。在航空领域，建设了飞机系统测试实验室、化合物及黏合剂实验室、飞行测试设备实验室、材料加工实验室、快速成型中心、结构试验实验室、风洞试验实验室等，为航空领域的创新提供平台支撑。在空间领域，建设了能在地面模拟空间操作的空间行动模拟中心，为精密仪器和精确导航系统提供一个超稳定的测试环境。在创新中心构建了一套虚实结合、可灵活配置设施的作战指挥与控制实验室，进行对抗或非对抗试验，以及国家安全保障与城市作战试验。

洛·马公司构建创新中心、海军水面作战创新中心、先进技术实验室、预先研究发展项目部（臭鼬工厂）、先进技术中心、下一代赛博创新和技术中心、动力协同实验室、先进材料和热科学中心等覆盖技术创新和军事理论创新的创新体系。创新中心、海军水面作战创新中心主要瞄准技术和军事的结合，重点根据技术发展趋势研究未来作战概念。先进技术实验室的主要任务是根据科技发展趋势开展基础前沿探索，发展应用技术，推进原型系统验证，奠定未来技术发展基础，促进新技术的尽早应用。预先研究发展项目部是相对独立的创新研发设计部门，主要从事关键航空技术的基础研究、技术开发与装备研制，在隐身、无人控制、信息融合等前沿技术领域进行了长期的探索性、前瞻性研究。

4.2.4 丰富核心产品体系架构，支撑确立市场竞争地位

雷声技术公司的产品体系坚持“核心化、系列化、平台化”的发展思路，通过打造具有核心竞争力的产品，不断巩固和提升市场竞争优势，支撑雷声技术公司在航空航天与国防领域迅速发展成为行业领先的产品与服务供应商。

一是注重明星产品培育。雷声技术公司致力于培育和打造技术水平先进、市场竞争力强的明星产品。例如，“爱国者”导弹解决方案是雷声技术公司主推的导弹防御系统，“毒刺”导弹、“标枪”导弹成为俄乌冲突中的明星产品；SPY－6 雷达是美国海军雷达系列的典型产品；“鬼眼”是美国陆军低层防空导弹防御传感器（LTAMDS）的明星产品；装备于 F－35 战斗机的 F135 发动机以其先进的性能，堪称是工业领域皇冠上的珍珠。

二是推动产品系列化发展。雷声技术公司坚持“基本型、系列化”产品发展路径，不断丰富产品谱系，满足国内外客户需求。例如，在完成“霍克”防空导弹研制后，在积极促进产品出口的同时，形成了“改进型霍克”，并向海外用户提供“霍克”导弹升级服务，进而培育了新的经济增长点。“爱国者”“毒刺”“标准”等系列导弹也均遵循这一发展路径。

三是实现产品平台化应用。雷声技术公司坚持模块化的产品设计思路，把产品打造成模块式平台并将其灵活部署于不同体系之中，进而形成多种武器系统方案。例如，雷声技术公司研制的“郊狼”无人机，形成了“郊狼”基本型、“郊狼”Block 1、“郊狼”Block

2、“郊狼” Block 3 等系列化型号，用于执行监视、电子战和打击等任务，既可以单机飞行，也可以联网组成蜂群，还被美军灵活部署于其他系统，包括：美国陆军将其与 Ku 波段射频系统（一种先进全角度雷达）集成为“呼啸者”反无人机系统；美国海军将其作为“低成本无人机群技术”项目组成部分；美国海军陆战队将其纳入“地面防空”（GBAD）战斗系统；美国空军将其自主性软件模块及抗干扰数据链转化到“金帐汗国”项目。

4.2.5　重点突出、核心在手的产业布局，引领行业快速发展

雷声技术公司明确提出“不会成为武器平台生产商”的发展定位，放弃飞机、地面车辆、舰船平台的科研生产，专注于先进军事攻防技术研发，成为航天防务领域世界一流企业。围绕下一代体系、下一代武器、下一代传感器、电磁频谱与网络攻防等领域，重点发展导弹防御、精确制导武器、指挥控制、传感器、赛博、电子战、空间及通信系统、航空发动机、航空结构与电子设备等业务。

下一代体系方面，雷声技术公司致力于成为体系智能化发展的技术引领者，在美军马赛克战相关项目群中参与面最广、参与度最高，在全部 85 个项目中承担项目达 25 项，数量占比达 30%，远高于洛·马公司、波音公司、诺·格公司、BAE 系统公司等。其中，在 6 项体系架构类项目中，承担了自适应跨域杀伤网（ACK）和跨域海上监视与瞄准（CDMaST）2 个项目；在 14 项指挥控制与作战管理类项目中，承担了联合全域作战软件（JAWS）、支持快速战术执行的空域全面感知（ASTARTE）、拒止环境协同作战（CODE）、进攻性蜂群使能战术（OFFSET）、系统之系统增强小规模部队（SESU）、借助收集与监视实现主动态势感知（COMPASS）、对抗环境弹性同步规划与评估（RSPACE）、分布式战斗管理（DBM）8 个项目；在 19 项通信组网类项目中，承担了面向任务的动态自适应网络（DyNAMO）、水下战术网络体系架构（TUMA）、100G 射频骨干网（100G）、宽带自适应射频保护（WARP）、对抗环境通信（C2E）、快速网络接口卡（FastNICs）、毫米波数字阵列（MIDAS）7 个项目；在 10 项平台与武器类项目中，承担了黑杰克（Blackjack）1 个项目；在 36 项基础技术类项目中，承担了能力感知机器学习（CAML）、可解释人工智能（XAI）、分散计算（DCOMP）、持久性水生生物传感器（PALS）、惯习（Habitus）、理由真相（GT）、高焓孔径技术（HEAT）7 个项目。

下一代武器研发方面，雷声技术公司加速布局高超声速导弹、高超声速防御及定向能武器，致力于塑造未来战争新优势。高超声速导弹领域，雷声技术公司现主导了美军近一半的高超声速武器型号，主要参与了战术助推滑翔（TBG）、高超声速吸气式武器概念（HAWC）、常规快速打击（CPS）、远程高超声速武器（LRHW）等高超声速打击武器项目。目前，LRHW 项目的进展最快，于 2020 年完成助推系统关键地面试验，进入武器系统集成阶段；TBG 先发滞后，飞行试验历经坎坷；CPS 项目因长期获批大量财政支持，已成功完成两次飞行试验，并计划搭载多种水上和水下发射平台；HAWC 由雷声技术公司牵头研制并负责导弹总体，诺·格公司负责研发超燃冲压发动机。2021 年 6 月，雷声技术公司会同波音公司、洛·马公司一起入围美国国防部“南十字星综合飞行研究实验”

(SCIFiRE) 项目，获签总额为3370万美元的超燃冲压动力高超声速巡航导弹合同。2021年9月成功完成自由飞行试验。高超声速防御领域，2022年，雷声技术公司联合诺·格公司，战胜了洛·马公司，赢得了美国导弹防御局（MDA）高超声速武器拦截器合同。同时，雷声技术公司还提出了“非动力学高超声速防御概念”，基于高功率微波武器的非动力学方案，采用定向能武器拦截高超声速目标。定向能领域，雷声技术公司通过长期以来在高功率激光器、光束定向器等技术领域的积淀和储备，成为美国激光武器领域的领军企业之一。雷声技术公司研制的5万瓦级激光器与光束定向器成功集成到DE M－SHORAD系统上，纳入美国陆军的航路点2028/2029计划中。

下一代传感器方面，雷声技术公司通过开发无人机、收购小卫星公司、发展先进传感器技术等，着力赢得未来空基、天基探测能力和无人化装备等发展先机。雷声技术公司作为遥感和无人机系统工程的领导者，将人工智能技术应用于蜂群无人机并占领了领先地位。郊狼（Coyote）无人机属于小型、可消耗和管式发射的无人机，是同等级中最强大的无人机，能够完成地面、空中或舰船部署；有源电子扫描阵列（AESA）雷达是首款无人机载火控雷达系统，首次为无人机提供了获取空中目标火控级别数据的能力；研制的SeaVueXMC海洋监视雷达，成功为美国主力无人机MQ－9B提供配套；为全球鹰Block30系列无人机开发的增强型集成传感器套件（EISS)，包含光电/红外传感器、合成孔径成像雷达和地面移动目标指示器，能够提供大范围区域的高分辨率侦察图像。后续，雷声技术公司将进一步发展无人机系统载荷设备和反无人机系统，拓展以小型无人机为基础的蜂群先进技术，不断强化蜂群自主性、操作系统简化型的软件能力，并持续推进实施“耐消耗”飞机的低成本发展路径。

第 5 章　世界一流的创新能力

5.1　一流特征

创新是一个民族进步的灵魂，是国家兴旺发达的不竭动力。就企业而言，创新也是企业不断发展的不竭动力，企业只有不断创新才会不断发展和壮大，否则，就不可能有生机，甚至会衰亡。

5.1.1　基本概念

最早提出创新概念的是美籍奥地利经济学家约瑟夫·阿罗斯·熊彼特。1912 年他在《经济发展理论》一书中提出“创新”是“建立一种新的生产函数”，并认为创新是经济概念，不同于科学上的发明。他认为，企业家可以进行新产品、新的生产技术或方法、新市场、新的原材料供应渠道、新的生产组织五种情况的生产要素的组合。其实，这里包括了管理创新、技术创新、体制创新等，但没有对创新给出明确的定义。

多位学者对创新的概念予以表述。创新是新事物的开发过程。创新是实施创造力。创新是指新思想、新的产品、新的实践等新事物本身。创新是新的设想被实现并以合适的成本制造出产品，创造出经济社会价值。1992 年世界经济与合作组织给出解释，创新包括了一系列科学的、技术的、组织的、金融的和商务的活动。总之，已有多位研究者为“创新”下过定义，目前还没有统一的定义。

5.1.2　建设理论

目前，针对军工企业的创新主要是技术创新、商业模式创新、管理创新，其中以技术创新为关键，以商业模式创新为核心，以管理创新为保障，统筹加强三大创新，全面提升创新能力。企业是技术创新的主体，创新为企业提供不断进步、不断发展的动力。从企业创新的行为过程看，技术创新和商业模式创新构成了企业的创新行为系统，是企业实现创新产出的主要模式，管理创新构成企业创新的动力系统，围绕企业管理能力的创新能够为技术创新和商业模式创新提供动力和支撑。

技术创新是指创造和应用新知识、新技术、新工艺的过程，其中最重要的是开发和应用技术。企业在确定科技创新的方向时，应围绕核心产业的科技地图，在核心技术、关键技术、一般技术和通用技术四个层次的技术中进行筛选，明确科技创新的技术路线。

商业模式创新是指一个企业创造价值、传递价值以及获取价值的核心逻辑和运行机制，由客户细分、客户关系、渠道通路、价值主张、关键业务、核心资源、重要合作、收入来源、成本结构九个基本要素组成。因此，商业模式创新以价值链为基础，其创新方向围绕价值创造、价值传递和价值获取三个层面的改变进行，每一环节上的创新都可能形成一种成功的商业模式。

管理创新是指构建有效的主体架构，必须发挥其核心的统筹功能，实现部门间横向统筹与企业内部纵向统筹相结合，推动创新平台的建设，构建科学合理、有效的创新管理制度，建立市场化、快速迭代、高效精准的创新流程，以及塑造鼓励创新的良好文化。

随着创新的前沿性、尖端性与复合性特征日益突出，单个企业难以独立完成整个创新过程，开放式创新已经成为企业创新主流，而且开放创新与数字化转型深入发展，颠覆了传统的技术创新模式，创新的竞争更加体现为企业对关键生产要素和战略性资源的掌握与高效利用，通过创新资源的组织方式变革适应不同程度的创新活动与不同类型的技术创新方式。

5.1.3 作用影响

创新是国家强盛之基、民族进步之魂，是提高社会生产力和增强综合国力的战略支撑。创新是一个民族进步的灵魂，是一个国家兴旺发达的不竭动力；自主创新能力是国家竞争力的核心、支撑国家崛起的筋骨。一个国家的自主创新能力，越来越决定国家在国际竞争和世界格局中的地位。一个国家的兴衰绝不是偶然的。国家发展生命周期的核心问题就在于能否创新，能否持续创新，能否比竞争对手更具创新力。一个国家衰败的根源就在于不能创新，压抑创新，以致在冲突和竞争的过程中丧失发展的机遇和动力。不断创新是一个国家迅速发展、迅速崛起、迅速强大的根本动因。对于发展中大国来说，必须使经济建设和国防建设建立在世界最先进的经济技术基础上，把抢占世界经济技术发展的制高点与抢占世界军事力量建设的制高点结合起来，加快推进军事技术自主创新，这是增强综合国力和国防实力的现实需要，也是掌握新时代军事竞争主动权的重要举措。

党的十九大确立了到2035年我国跻身创新型国家前列的战略目标，党的十九届五中全会提出要坚持创新在我国现代化建设全局中的核心地位，把科技自立自强作为国家发展的战略支撑。习近平总书记指出，“创新链产业链融合，关键是要确立企业创新主体地位。要增强企业创新动力，正向激励企业创新，反向倒逼企业创新。要发挥企业出题者作用，推进重点项目协同和研发活动一体化，加快构建龙头企业牵头、高校院所支撑、各创新主体相互协同的创新联合体，发展高效强大的共性技术供给体系，提高科技成果转移转化成效。”科技创新对于实现高水平科技自立自强、向第二个百年奋斗目标胜利进军具有重大意义。

5.2　一流军工企业实践

5.2.1　持续提高研发投入强度，为科技创新注入不竭动力

5.2.1.1　雷声技术公司研发投入持续增长，开展多领域重点布局

2018—2021 年，雷声技术公司研发投入持续增长，从 33.95 亿美元增长至 72.17 亿美元，年均增长 28.58%，保持较高的增长速度。在研发投入强度方面，2018—2021 年，雷声技术公司研发投入强度呈现整体上升态势，2021 年达到 11.21%，较 2018 年提高 1.4 个百分点。可见，雷声技术公司高度重视研发投入，超过 11%的研发投入强度为雷声技术公司关键技术攻关、新产品研发等科技创新活动提供了源源不断的动力，为雷声技术公司持续巩固技术优势提供了有力支撑。重组后的雷声技术公司重点布局导弹防御系统（特别是超声速和未来导弹系统）、定向能武器系统、传感器系统等业务。布局开发基于 5G 的指挥与控制技术，确保美军能够随时随地实现数据访问和共享。布局开发数据分析技术，利用人工智能/机器学习技术将来源于传感器、数据库等的海量数据快速转换为可操作信息，为加速战术边缘指挥和控制决策提供支撑。

5.2.1.2　空客公司在大额亏损状态下仍保持高额研发经费投入

空客公司虽在 2020 年出现大额亏损，但仍保持高额的研发经费投入，2020 年研发经费投入达 32.6 亿美元，其中防务板块投入 7.13 亿美元。同时，空客公司将创新作为企业立足之本，不断加大数字制造领域、人工智能、量子技术等投入力度，并重点关注欧洲空中作战系统、联合作战概念以及无人机系统等领域创新发展。

5.2.1.3　洛·马公司成立创新平台，加大创新研发经费投入

洛·马公司连续三年投入 13 亿美元，特别是对于臭鼬工厂等创新平台的支持没有预算限制，近年来每年划拨 9 亿美元研发经费，且 15%用于基础研究。洛·马公司一方面将装备需求作为科技创新的基本出发点，积极开展以应用为导向的科技创新。另一方面，牢牢把握科技发展趋势，自筹经费积极开展基础研究和前沿探索，持续加大未来技术领域的创新投入，主动将第五代无线技术（5G）应用于网络中心战技术，布局发展 5G 军事网络，着力提升装备整体作战效能。同时，加快形成新概念、新模式和新产品，积极布局人工智能与自主创新、量子技术、定向能解决方案、多域作战和超声速技术五大新技术领域，持续保持行业领先地位。

5.2.2　重视全球专利布局，以知识产权保护促创新发展

雷声技术公司高度关注知识产权布局和保护工作，将其作为保持竞争优势的有效手段。从 20 世纪 80 年代后期至今，雷声技术公司专利申请活动一直较为活跃，累计申请专利 11 万余件，为企业创新发展提供了强劲动力。

5.2.2.1 建立知识产权保护体系，支撑专业技术体系建设

一是构建专业技术体系知识产权保护网。2000年至今，随着军品业务的快速扩张，雷声技术公司的专利申请呈急剧增长态势，年度专利申请量由2002年的1932件快速增加至2019年的7750件。同时，雷声技术公司还注重配合其业务市场拓展，对关键核心技术进行专利地域和技术布局。除美国本土外，雷声技术公司在欧洲地区、加拿大、日本、澳大利亚、韩国、印度、巴西、南非、马来西亚、沙特阿拉伯等10余个国家和地区布局研发生产能力，共申请海外专利23000余件，专利技术方案主要涉及飞行器总体、导航、发动机制造、氮化物半导体器件、电子扫描阵列、光学系统、光学器件、数据处理与传输、推进系统等10余个关键技术类别，为其专业技术体系构建了完善的知识产权保护网。

二是将知识产权竞争作为市场竞争的有效手段。以航空发动机技术为例，普拉特·惠特尼公司对齿轮传动涡扇发动机（GTF）技术采取严格的保护，积极构筑限制其他竞争对手的高准入门槛，一旦发现竞争对手采用其中的设计或技术同源的设计，就尽可能对其实施侵权诉讼。例如，GE公司与普拉特·惠特尼公司围绕GTF技术已开展了多轮专利诉讼，均以普拉特·惠特尼公司获胜告终，极大限制了GE公司GTF技术的发展。

三是重视收并购活动中的专利权收购。对与雷声技术公司核心业务领域相关，且具有优异创新能力和增长潜力的企业，雷声技术公司不仅兼并了这些企业的业务，还尤为重视对企业专利权的收购。以赛博技术领域为例，雷声技术公司在收购BBN技术公司、Technology Associates公司、可信计算机解决方案公司以及黑鸟科技公司等企业的同时，累计收购了这些公司的864件专利，专利技术方案涉及语音技术、数据提取、网络安全、信息防泄漏、机器语言翻译等领域，这些专利收购行为极大地推动了雷声技术公司专业技术体系的建设与完善。

5.2.2.2 聚焦先进制造理念及原材料元器件质量控制，积极布局相关专利

一是不断优化导弹设计制造流程。雷声技术公司2018年至今提交了关于先进设计的相关专利近10件，根据专利公开内容，通过CAVE虚拟现实可视化系统，将产品设计、工厂布局等都转移至虚拟环境中进行。雷声技术公司开发的虚拟现实可视化系统不但可以帮助设计人员更直观地观察导弹内部情形，避免设计失误，还能通过多个系统互联，打破部门间隔阂，实现跨部门设计人员和运营商聚在一起，共同审查并探讨项目不同阶段、不同领域的设计，并通过在虚拟环境进行修改。如图5-1所示，参与人员可在CAVE系统中谈论导弹内部的各种细节。

二是积极推行供应链集成管理。雷声技术公司在2017—2020年提交了11件涉及供应链管理及资产认证技术的专利，披露了公司开发的专用质量认证系统。根据专利披露的内容，雷声技术公司通过两个方面对原材料元器件进行质量管控，一方面是对原材料元器件张贴加密了的NFC认证标签，在关键环节通过专用认证设备对认证标签进行解密审验；另一方面是形成了资产认证系统，对供应链各环节的原材料元器件进行多级认证，通过处理设备将前述不同NFC认证标签全部转发到认证服务器，进行逐级认证，最后集中输出

图 5-1　参与人员可在 CAVE 系统中谈论导弹内部的各种细节

原材料情况。利用专用质量认证系统，雷声技术公司能够有效跟踪部件来源，防范原材料中混入假冒部件，从源头上确保产品质量。

5.2.2.3　善于利用外部资源，联合开展专利布局

一是联合优势大学协同创新。雷声技术公司先后与马萨诸塞大学、密苏里大学、亚利桑那大学、加州理工学院、康涅狄格大学、佐治亚理工学院等高校进行合作，共同申请专利近 30 件。专利技术方案主要涉及材料涂层、半导体器件、光学成像、飞行器整体构造以及传感器等，为提升导弹隐身性能、雷达探测性能提供了重要支撑。

二是利用政府资金支持开展创新。雷声技术公司利用国防部、海军、空军、DARPA 等部门授予项目合同、提供资金支持而产生的专利共 607 件，主要涉及信息传输、数据处理、导航、信号收发、电子扫描阵列、通信网络等技术领域，分布于中国、美国、欧洲地区、韩国、日本等地。

5.2.3　健全完善科技创新机构，为人才创新提供平台载体

5.2.3.1　建立专业化的科技创新机构

雷声技术公司建立了涵盖公司、业务部门的多层级科技创新机构和灵活的创新组织，为各类人员、团队深入开展科学技术研究与探索搭建了丰富的平台载体。一是成立雷声技术公司直属的雷声技术研究中心（RTRC)。雷声技术研究中心作为雷声技术公司的创新中心，孕育了大量人才和技术，源源不断地为雷声技术公司提供创新发展动力，是名副其实的“造血库”。雷声技术研究中心与多个美国联邦机构都建立了合作伙伴关系，包括美国能源部、DARPA、美国空军研究实验室和美国国防部。同时，雷声技术研究中心还通

过与研究型大学和国家实验室合作开展开创性的项目研究，致力于将技术研究转化为具有影响力的解决方案和产品，增强雷声技术公司在创新方面的领导地位。二是成立尖端研发部门——隶属于雷声情报与空间公司的22部。22部是一个神秘的尖端研发部门，类似波音公司的“鬼怪工厂”和洛·马公司的“臭鼬工厂”，旨在研发包括人工智能技术在内的一系列颠覆性技术。2022年5月，雷声情报与空间公司才首次公开22部，此前曾以“先进概念与技术”对外宣传过。该部位于得克萨斯州麦金尼，业务涵盖人工智能、自主任务系统、传感器、量子计算和合成生物学等。这些顶级的专业化科技创新机构，成为雷声技术公司技术孵化、技术攻关、创新成果转化应用的重要载体，为雷声技术公司深度布局前沿技术提供了有力支撑，为雷声技术公司时刻保持技术不对称优势提供了坚强保障。

洛·马公司也很注重科技创新设计，拥有两级创新研发体系，一是在总部设立创新中心，统领各业务部门研究方向；以“臭鼬工厂”为代表的各子公司研发部门则主要负责具体研发工作。研发资金主要来自美国政府，装备研发有坚实的资金保障。二是洛·马公司除了有自己的研发部门之外，还与NASA以及许多大学有密切联系，依托这些机构攻克技术难题。不仅如此，洛·马公司有诸多的工厂，能够迅速将新技术变成现实。值得一提的是，洛·马公司虽然很注重创新，但同时也注重稳健，较少采用过多未经验证的新技术，最典型的就是F-22和F-35，在气动布局上都不如其竞争对手YF-23和X-32那么标新立异，但最终却以技术风险低、易于实现等优势胜出。

5.2.3.2　广泛开展合作，高效整合外部创新资源

雷声技术公司在充分发挥自身创新资源能力的同时，积极围绕公司的发展战略，通过与高校的产学研合作、同小企业合作以及技术引进等途径，高效整合外部创新资源，实现了快速获取技术能力和快速进入特定市场的目的。

（1）产学研合作方面

雷声技术公司将企业需求和高校的技术优势相结合，开展技术创新活动，在全美368所工程学院和大学中，近100家与雷声技术公司开展了合作，起到了优势互补的作用。在产学研合作中，雷声技术公司主要发展与其产品相关的核心技术，利用大学基础技术和应用技术研究能力强的优势，将公司的技术路线图和大学的理论研究战略性地联系在一起。同时，加强双方人才战略的结合，从良好合作关系的大学中发现优秀的人才，在员工招聘、教育培训、人才培养等方面建立长期的战略合作关系，既提高了技术创新能力，又拓展了人力资源渠道。

（2）小企业合作方面

美国拥有众多较强创新能力的小企业，是重大的国防创新资源。雷声技术公司积极参与国防部的小企业创新计划、小企业技术转移计划等，及早介入创新项目开发，加强了与技术创新实力较强的小企业之间的联系。雷声技术公司及时将与小企业合作中获得的先进技术转为产品，为大气层外杀伤器项目、小型机载雷达项目等提供了重要支撑。

（3）技术引进方面

雷声技术公司以国防需求和目标市场为牵引，围绕指控技术、情报信息技术、赛博空

间创新等方面开展收并购活动，高效引进并掌握核心关键技术。以赛博技术领域为例，雷声技术公司收购了包括 BBN 公司在内的数家企业，在语音技术、数据提取、网络安全、信息防泄漏、机器语言翻译等领域迅速形成了技术能力，占领了市场。

5.2.4　培育塑造创新文化，充分激发员工的创新创造活力

5.2.4.1　形成“以人为本，不惧风险”的创新文化氛围

在百年的发展历程中，雷声技术公司提炼了“创新十原则”，并以此推进科技创新工作。即：创新可来自任何员工和部门；创新来自鼓励协作的环境；创新来自需求与奇思妙想的交汇；创新可能存在于其价值未显时；信任对于合作和分享创新至关重要；颠覆性创新来自多元思维的碰撞；颠覆性创新常常被视为不可行、不切实际和无价值；创新之苗脆弱而需扶持；欣赏不同人的迥异创新风格；创新无法预先规划，有赖于鼓励和支持。“创新十原则”的核心思想可以归纳为：全员皆可创新、所有部门皆可创新。雷声技术公司正是在创新工作中坚持“创新十原则”，通过营造创新文化和氛围、促进员工成长，激励员工创新，充分整合利用内外部创新资源，构建了创新驱动的竞争能力。在“创新十原则”基础之上，雷声技术公司还建立了“以人为本，不惧风险”的创新文化氛围，注重员工创新的包容性和多元性，鼓励每一个员工以“能做”（can - do）的创新态度应对挑战，雷声技术公司连续多年获评公平企业。

5.2.4.2　搭建形式多样的科技创新组织

雷声技术公司建立了多层次的创新组织，充分发挥每一个员工的创新潜能。这些创新组织有公司层面的，也有业务部门层面的，形式多样，不拘一格，有助于激发和捕捉自顶向下（top - down）和自底向上（bottom - up）的创新灵感，形成了独具特色的创新网络组织。

（1）公司层面

雷声技术公司的创新组织主要有：雷声认证架构师项目、创新挑战赛、IDEA（识别-发展-展示-行动）项目、技术网络项目、内部合作项目和独立研发项目等。这些创新组织的主要功能在于满足客户要求或者领先客户一步，着眼于下一代和颠覆性技术的研发，激发和挖掘员工的创新潜力，形成创新的问题解决方案。例如，创新挑战赛方面，在应美国国土安全部需求举办的创新挑战赛中，共征集到 230 份技术解决方案。公司从中选择了提供较强竞争力技术方案的员工进一步研讨，深化方案，最终选择了 8 个方案开展进一步完善、分析和问题解决，完成由创新方法向产品概念的转变。技术网络项目方面，雷声技术公司围绕业务领域，建立了包括多功能射频系统、多功能光电系统、信息系统和计算等在内的多个技术网络。技术网络下设技术兴趣小组，每一个小组关注一项特定技术，并和专家面对面交流。每一个技术网络都会针对技术专题举行年会和定期小组会，促进技术发展和知识分享。在过去的十年里，技术网络为研发前沿技术和把握客户需求提供了卓越的工具。

（2）业务部门层面

雷声技术公司的创新组织主要有：任务创新组织、自行车店、快速倡议组织、创新办公室、创新日等。业务部门层面的创新组织的主要特征是紧密结合本业务部门的技术特点和产品发展需求，在需求和创新思想之间搭建桥梁，实现从创新思想到有价值解决方案的转化。例如，自行车店创新组织中，任务项目都开始于头脑风暴（设想阶段），汇聚多元化创新思想，理解问题的关键所在。一旦针对问题的可行方案设想出来，自行车店会组成最精干的团队努力实现方案（创造阶段）。最终（完成阶段），自行车店的创新小组会提交两类主要产品：对已有系统的特定测试组件或原型系统。快速倡议组织中，围绕客户需求，迅速整合拥有丰富经验的领导人才和技术人才，将创新的思想快速转化为可行性方案。

这些多层次的科技创新组织，为雷声技术公司各类人员、团队的创新活动提供了丰富多样的机会和平台，为广泛吸引、撬动并整合各类资源，促进雷声技术公司与外部资源的协同创新提供了重要途径。

第6章　世界一流的国际化能力

6.1　一流特征

6.1.1　企业国际化及国际化能力的内涵

对于企业国际化或国际化经营的定义，在学术界尚未有统一的结论，主要的观点包括：1）企业国际化是指企业有目的地进军海外市场的活动，不仅包含产品的流转，还包含生产要素的流转。2）企业国际化是指企业主动融入海外市场竞争，通过各种资源提升企业自身的经营效益，将运营管理延伸至海外的过程。3）企业国际化是企业边界在世界范围内的扩展和延伸，是企业以国际市场为导向，在世界范围内利用生产要素积极参与国际分工和国际竞争进行规模扩展和结构转换的动态过程。4）企业国际化是由国际分工的产生以及生产社会化所带来的，主要指的就是企业在跨越本国国境的范围内开展经济活动，企业的特点结合了国际性。对比上述几种定义，可以看出，企业国际化经营的本质是企业超越国境线在不同国家开展经营活动。

对于企业国际化能力或国际化经营能力，可以从多个角度看。从资源角度看，能力来源于资源，企业的国际化能力体现在一定的资源基础上，进行国际间的资源配置活动所体现的资源配置效率。从水平角度看，企业的国际化能力体现在跨国开展经营活动的程度和水平。

6.1.2　企业国际化的动因及实施策略

6.1.2.1　企业国际化动因

西方学者从不同理论角度对企业国际化的动因进行了分析研究，主要理论有垄断优势理论、产品生命周期理论、内部化理论、边际产业扩张理论、国际生产折中理论等。

垄断优势理论（代表人物为美国经济学家 Hymer）认为，当今国际市场属于不完全竞争市场，企业在其行业市场内拥有的“特定优势”或“垄断优势”，如技术优势、规模经济优势、资金优势、组织管理优势、信息优势等，企业能够凭借其垄断优势获得国际市场定价权，也能够凭借其特定优势战胜东道国本土企业，进而促使企业产生强烈的跨国经营动机，以便在更大范围内获得超额垄断收益。

产品生命周期理论（代表人物为美国经济学家 Vernon）认为，产品生命周期可分为三个阶段：创新阶段、成熟阶段、标准化阶段。在创新阶段，产品垄断了生产技术，缺乏足够的竞争者，产品异质性程度较高且通常供不应求，企业在本国市场经营即可获取超额收益，因此不会产生强烈的跨国经营需求；在成熟阶段，随着本国市场中竞争者数量增加以及产品生产规模化，产品的需求价格弹性逐渐提高，企业在本土市场的盈利空间不断压缩，而海外市场存在较高需求，由此促使企业产生跨国经营的战略需求；在标准化阶段，企业失去原有的技术垄断优势，市场竞争焦点转移至产品生产成本的竞争，促进企业产生强烈的在全球范围内寻求要素成本更低的区域进行投资生产，由此促使企业国际化经营程度的进一步提升。

内部化理论（代表人物为英国经济学家 Buckley 和 Casson）认为，在不完全竞争市场中，具有垄断优势的企业同外部市场进行中间产品（如生产要素、人力资本、知识产权、核心技术等）交易存在较高的交易成本，为了降低交易成本，企业考虑将原本外部市场中交易中间产品的组织纳入企业内部，以实现外部交易成本内部化。当中间产品涉及海外市场时，国际化经营便成为企业降低外部交易成本的必然选择。

边际产业扩张理论（代表人物为日本经济学家 Kojima）认为，在本国已经处于或即将处于比较劣势的产业（即边际产业）在相对落后的海外目标市场国家仍具有一定的竞争优势，通过将边际产业输出到海外市场，不仅有助于本国产业结构优化升级，还可为相对落后的海外目标市场国家提供其所需的技术、资本与管理，进而实现国内市场与东道国市场双赢的局面，提高企业国际化经营的整体绩效。

国际生产折中理论（代表人物为英国经济学家 Dunning）认为，所有权优势（即包括技术、规模、资金和管理等在内的特定资源优势）、内部化优势（能够降低交易成本的优势）和区位优势（自然资源、地理位置、市场规模、法律环境、产业政策等方面的优势）是决定企业国际化经营行为的核心要素。当企业具备所有权优势、内部化优势，又在东道国市场具有区位优势时，将产生强烈的国际化经营动机。

上述几种理论可对发达国家企业国际化经营动因进行很好的解释，但对于发展中国家企业，可能还存在其他国际化经营动因。由此，在学术界产生了几种针对发展中国家企业国际化经营动因的基础理论，主要包括小规模技术理论、适应性技术优势理论、后发优势理论、产品创新与技术升级理论等。

小规模技术理论（代表人物为美国经济学家 L. T. Wells）认为，世界市场是多元化、多层次的，即使对技术不够先进、经营和生产规模不够大的小企业而言，由于其具有明显的低成本优势，故仍具有很强的国际市场竞争力。

适应性技术优势理论（代表人物为英国经济学家 Lall Sanjaya）认为，生产技术上的原创性研究可以使发展中国家企业具有竞争优势，对技术进行相应改进也同样可以使发展中国家企业具有竞争优势，发展中国家企业在技术引进、消化、吸收和再创新后，可以使其产品符合目标市场国家的市场需求和购买力，从而使其较发达国家企业更具有竞争优势。

后发优势理论（代表人物为美国经济史学家 Alexander Gerchenkron）认为，在相对落后的国家，会产生对经济发展的预期和停滞不前的现实之间的矛盾，这一矛盾必将激起民众要求工业化的强烈愿望，以至于形成一种社会压力，这种压力促使落后国家普遍提出迅速实现工业化的要求，进而产生追赶效应。

产品创新与技术升级理论（代表人物为英国学者 John A. Cantwell 和 Paz Estrella Tolentino）认为，发展中国家技术实力的提升，与其国际直接投资的累积增长有着一定联系，技术实力的积累是国际化经营活动模式和规模增长的重要决定因素。

6.1.2.2 企业国际化战略及实现策略

从战略层面看，企业开展国际化经营也要遵循一定的战略方法。典型的国际化战略包括三种：本国中心战略、多国中心战略、全球中心战略。其中，在本国中心战略下，本土母公司进行集权管控，产品的开发、设计、生产、投入市场等环节经营权高度集中，对外展示统一的形象，所有子公司步调一致，通过发挥企业整体优势提升竞争力，这种方式的优点在于将产品同质化、统一管理，最大限度节约了成本，不足之处是世界各国市场需求不同，同质化的产品不一定能满足海外市场的多元化需求。在多国中心战略下，母公司在掌控生产经营权的同时，给予各子公司一定的自主权，使其能够根据世界各国多元化市场需求，因地制宜地开展生产经营活动，这种方式的优点在于能够满足世界各国市场的多元化需求，不足之处是各子公司之间的联系不够紧密。在全球中心战略下，立足全球视野，围绕国际市场，母公司及其所有子公司能够在全球范围内因地制宜开展经营，这种方式的优点在于既考虑到了世界各国多元化的市场需求，又能够加强各子公司之间的沟通联系，不足之处是对企业管控能力与水平要求较高。

在国际化经营战略指引下，企业进入国际市场的具体策略包括三种：契约模式、投资模式、战略联盟模式。其中，契约模式是指通过签订项目承包、产品出口、资产转让等不同类型合同进军国际市场，具体又可细分为授权经营类、服务合约类、生产合约类等。投资模式是指通过在东道国进行投资活动进军国际市场，具体又可细分为独资运营、合资运营、新设企业、收购兼并等。战略联盟模式是指两个或两个以上企业通过联合与合作的方式进军国际市场，彼此合作、风险共担、利益共享。

6.1.3 世界一流国际化能力的基本特征

6.1.3.1 第三方衡量标准

联合国贸易和发展会议（UNCTAD）使用跨国指数（Transnational Index，TNI）作为衡量一个企业跨国经营程度的指标，反映该企业在海外的经营活动占其全部业务活动的国际化程度。其计算公式为：

跨国指数＝(国外资产/总资产＋国外销售额/总销售额＋国外雇员数/总雇员数)÷3×100%

自 20 世纪 90 年代开始，UNCTAD 每年按照总资产排名发布“全球非金融类跨国公司 100 强”榜单（包含跨国指数及其计算过程中涉及的指标），这一榜单通常与《世界投资报告》同时发布。根据《2022 年世界投资报告》，2022 年排名前十位的全球 100 大非金融类跨国公司分别为英国力拓公司（Rio Tinto PLC，跨国指数 99.7%）、加拿大巴里克黄金公司（Barrick Gold Corporation，跨国指数 98.2%）、爱尔兰美敦力公司

(MedtronicPLC，跨国指数 97.7%)、中国台湾鸿海精密集团（Hon Hai Precision Industry，跨国指数 97.5%)、英国英美资源集团（Anglo American PLC，跨国指数 94.1%)、中国香港长江和记实业有限公司（CK Hutchison Holdings Limited，跨国指数 93.1%)、法国达能集团（Danone Groupe SA，跨国指数 92.4%)、瑞士罗氏集团 (ROCHE GROUP，跨国指数 91%)、瑞士雀巢公司（Nestle SA，跨国指数 90.4%)、英国联合利华（UNILEVER PLC，跨国指数 89.6%)。

中国企业联合会、中国企业家协会自 2011 年开始每年按照总资产排名向社会发布“中国跨国公司 100 大名单及跨国指数”榜单（包含跨国指数计算过程中涉及的指标)。根据 2022 年 9 月 6 日中国企业联合会、中国企业家协会发布的“2022 中国跨国公司 100 大及跨国指数”（2021 年度数据)，2022 年中国 100 大跨国公司海外资产总额为 107510 亿元（首次超过 10 万亿元)、海外营业收入为 77904 亿元、海外员工总数为 1249095 人，分别同比增加 16.63 %、26.66%、5.41%；2022 年中国 100 大跨国公司入围门槛为 134.96 亿元，同比提高 25.57 亿元，提高了 23.38%；2022 年中国 100 大跨国公司的平均跨国指数为 15.59%，同比提高了 0.52 个百分点。中国石油位列第一，连续 11 年蝉联榜首。

6.1.3.2 学术界衡量标准

衡量一个企业的国际化经营能力，最直接的一个指标就是国际化经营收入。具体是指企业在国际市场获得的营业收入，包括产品与服务出口、境外子企业营业收入等。企业国际化经营收入越高，体现企业国际化经营能力越强。但从企业间对比看，由于不同企业的差异性，绝对值的国际化经营收入无法体现企业之间的差异，因此这时可采用“国际化经营收入占企业总营业收入的比重”这一指标来衡量和评价一个企业的国际化经营能力与水平。

从更广泛的视角看，除了国际化经营收入或国际化经营收入占总收入比重指标外，一个企业的国际化经营能力是企业国际化经营战略、国际化产品体系、经营管理能力、人力资源国际化、海外经营风险防控体系、本地化经营能力等多种要素的综合体现，也就是说，企业在上述要素方面越好，其国际化经营能力就越强。

6.2 一流军工企业实践

6.2.1 践行全球中心战略，深化本土化经营

世界一流军工企业贯彻实施“全球中心的国际化战略”，推动国际化经营收入持续增长，以提升海外资源配置效率，实现更好地利用“两种资源”、更好地开发“两个市场”。在全球中心战略引领下，世界一流军工企业瞄准全球市场热点地区，通过本国政府对外军售（FMS）渠道以及企业自身直接商业销售（DCS）渠道积极开拓海外市场。在本土化经营方面，世界一流军工企业通过设立子公司、组建合资企业、成立研究机构等方式，面向

全球设立分支机构，深化海外经营布局，一方面能够更好进入当地市场，可以与当地企业合作开展武器研制项目，另一方面积极寻求和利用满足当地政府将武器装备采购与技术转让挂钩的相关政策。图 6－1 列出了泰勒斯、空客、莱昂纳多、波音、洛·马、BAE 系统、L3 哈里斯、通用动力、诺·格、联合技术、雷声（2020 年联合技术与雷声合并为雷声技术）等全球百强军工企业海外机构布局情况。

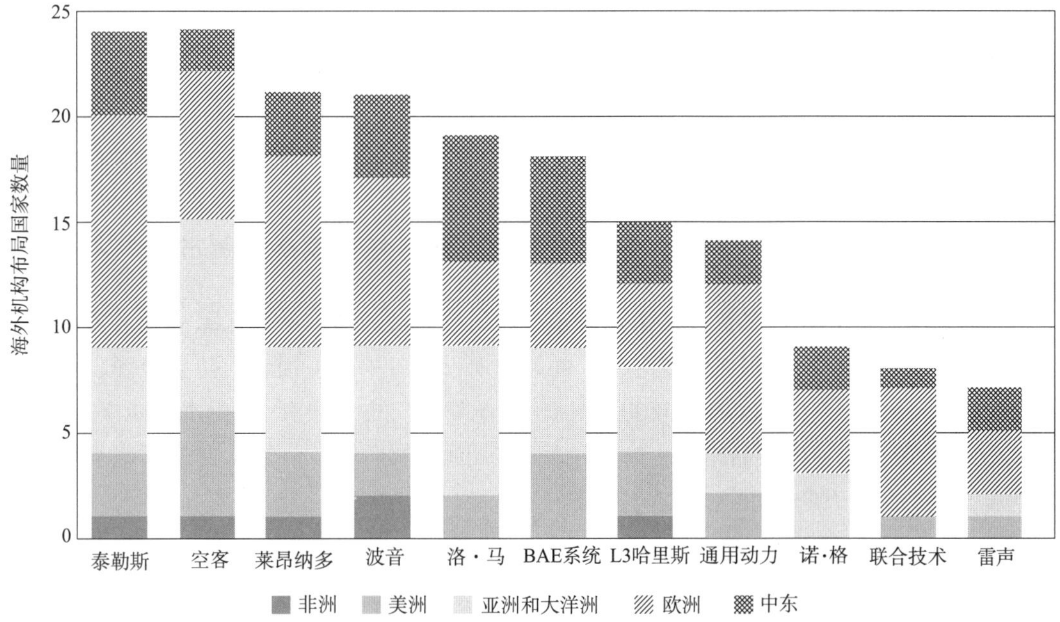

图 6－1　世界百强军工企业海外机构布局情况（数据来源 SIPRI，2019 年）

6.2.2　积极构建稳健的国际化经营发展格局

伴随着全球化浪潮迅猛发展，特别是进入 21 世纪以来，国际政治经济形势动荡不安，各国积极调整军事战略和国防预算，主要军工企业面临严峻的经营风险挑战。为此，世界一流军工企业积极将业务向海外拓展，通过提高国际化经营收入，一方面对冲国内市场营收下滑压力，另一方面积极挖掘海外防务市场潜力，培育新的经济增长点。在这一经营原则指导下，世界一流军工企业坚持走向海外的发展策略，积极适应企业战略需求和时代潮流，形成了较为稳定的国际化经营收入占比，例如雷声技术公司近三年为 39％左右、洛·马公司为 25％左右、波音公司为 40％左右，基本构建了国内外协调发展的业务格局。表 6－1 列出了主要军工企业国际化经营收入情况。

表 6-1 主要军工企业国际化经营收入情况

企业	年度	2020 年	2021 年	2022 年
雷声技术公司	国际化经营收入/亿美元	220.27	243.77	258.84
	国际化收入占比/%	39	38	39
洛·马公司	国际化经营收入/亿美元	163.86	184.39	169.31
	国际化收入占比/%	25.1	27.5	25.7
波音公司	国际化经营收入/亿美元	216.77	231.96	273.74
	国际化收入占比/%	37.3	37.2	41.1

注:数据来自各企业 2022 年年报。

6.2.3 培育打造核心产品体系，瞄准热点地区拓展国际军贸市场

世界一流军工企业将军贸产品作为国际市场的重要敲门砖，研制了系列化、富有国际市场竞争力的核心产品并积极出口海外。例如，现役装备中“爱国者”防空导弹、“毒刺”便携式防空导弹、“陶”（TOW）反坦克导弹、“响尾蛇”空空导弹、“先进中距空空导弹”（ARAAM）等典型导弹产品市场占有率位居国际市场前列（表 6-2），体现了世界一流军工企业导弹产品强大的竞争力和影响力。

表 6-2 雷声技术公司典型产品国际市场占有率情况

产品名称	研制企业	产品类型	市场份额/(套/枚)	全球份额/(套/枚)	市场占有率/%
“爱国者”PAC-3	洛·马公司	远程防空反导武器系统	152	363	41.87
S300/400	金刚石-安泰	远程防空反导武器系统	72	363	19.83
“毒刺”	雷声技术	便携式防空导弹	33319	272589	12.22
“响尾蛇”	雷声技术	近距空空导弹	94300	201907	46.7
“麻雀”	雷声技术	超视距空空导弹	15679	64813	24.19
“先进中程空空导弹”(ARAAM)	雷声技术	超视距空空导弹	14359	64813	22.15
“幼畜”	雷声技术	空地导弹	20802	51886	40.09
“哈姆”	雷声技术	反辐射导弹	3486	7298	47.77
“鱼叉”	波音公司	反舰导弹	3882	24419	15.90
“陶”(TOW)	雷声技术	反坦克导弹	304710	1396030	21.83

在国际市场区域布局方面，洛·马公司的“爱国者”PAC-3 武器系统主要销往欧洲（德国、波兰、荷兰、罗马尼亚等）、中东（卡塔尔、沙特、阿联酋、科威特等）和东亚（韩国、中国台湾地区等）；金刚石-安泰公司的 S-300 主要销往中东（伊朗、叙利亚等）、

中亚（哈萨克斯坦等）、非洲（阿尔及利亚、亚美尼亚、阿塞拜疆等）以及白俄罗斯、中国、越南、希腊等国，S－400 主要销往土耳其、印度和中国等。根据明星产品国际市场结构，世界一流军工企业在国际市场区域布局方面基本覆盖“一带一路”沿线，以中东、中亚、欧洲、北非为主要地区。

6.2.4　有效化解经营风险，确保国际业务可持续发展

雷声技术公司面对的国际化经营风险主要包括两类：一是常态化经营风险，包括法律合规风险与竞争风险；二是不确定性风险，主要为政策变化给企业带来的各类负面影响。常态化经营风险方面，雷声技术公司开展国际化业务需要同时符合美国与客户国家的法律与政策规定，包括进出口控制、技术转让限制、投资、税收、汇率、反腐败等各类法律法规与政策约束。为应对此类风险，雷声技术公司在国际化业务的合规性管理方面投入了大量资源，以避免合规问题对企业造成严重的负面影响。竞争风险方面，面对激烈的市场竞争，雷声技术公司重点提高自身产品竞争力和国际市场营销能力，巩固和提升其国际市场竞争优势。不确定性风险方面，雷声技术公司业务极易受到政策变化影响，特别注重对政策环境的跟踪分析并制定针对性的风险应对方案。例如，雷声技术公司持续跟踪分析英国脱欧对其国际化业务产生的影响，并判断伴随英国脱欧产生的溢出效应会导致成本增加，同时英镑的贬值也会影响到英国的偿付能力。

6.2.5　注重本土化经营，着力提升海外资源配置效率

雷声技术公司始终贯彻实施“差异性国际化战略”，开设了众多的海外公司，推动国际化经营收入持续增长，并加强本土化经营能力，以提升海外资源配置效率，实现更好地利用“两种资源”、更好地开发“两个市场”。

海外业务布局方面，柯林斯航空航天系统公司围绕商业航空的产品与服务，在全球各地设立了大量的分公司；普拉特·惠特尼公司在加拿大设立的分公司承担着小推力发动机的生产与制造业务，对普拉特·惠特尼公司的发动机产品谱系提供了有力补充；雷声情报与空间公司继承了原雷声公司在英国、澳大利亚、加拿大和德国的子公司，开展协同研发任务；雷声导弹与防务公司继承了原雷声公司在沙特和阿联酋的子公司，继续向中东地区重要目标市场国家提供防务产品与服务。

雷声技术公司的国际化经营机构设置如图 6－2 所示。

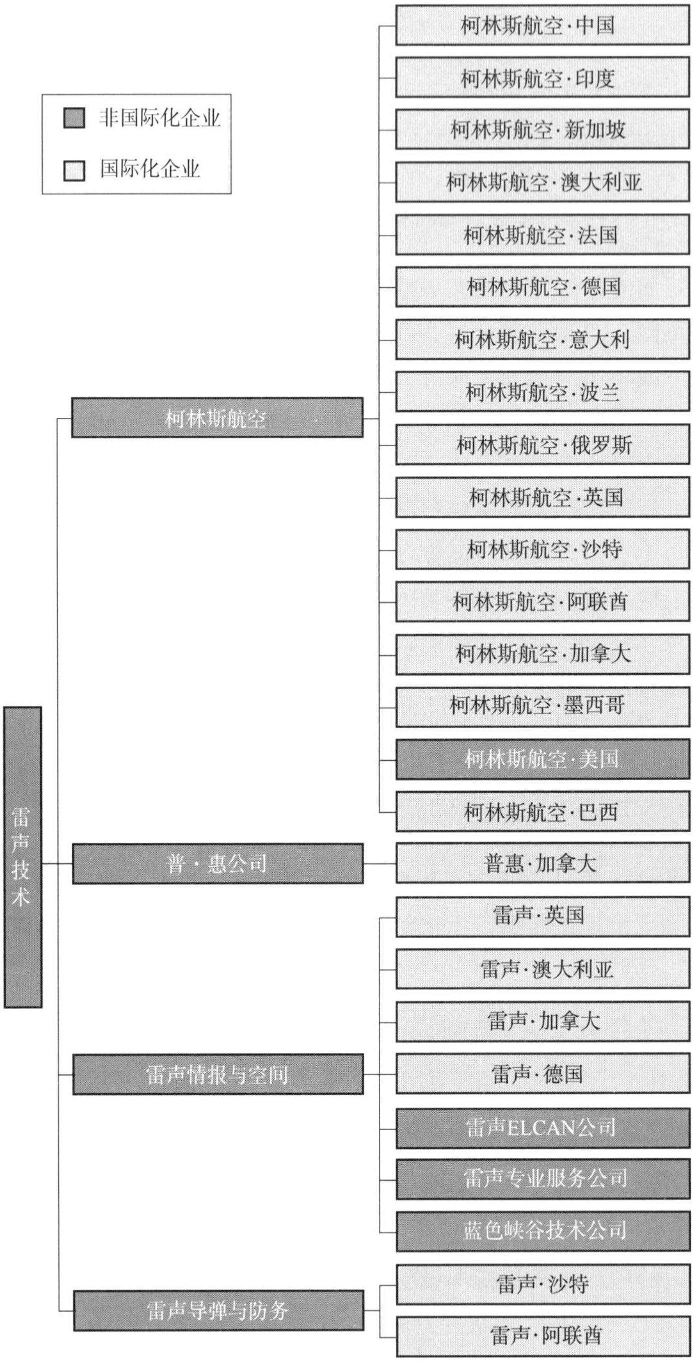

图 6-2　雷声技术公司的国际化经营机构

第 7 章　世界一流的运营管理能力

7.1　一流特征

企业的运营管理能力主要包括质量管理能力、供应链管理能力等。

7.1.1　质量管理

7.1.1.1　质量管理的定义

质量管理就是在一定的技术经济条件下，为保证和提高产品质量所进行的一系列经营管理活动的总称。该管理活动包括质量管理体系的制定、质量的控制、质量的验收与评定等相关内容。

质量管理体系是指在质量方面指挥和控制组织的管理体系，是组织内部建立的，为实现质量目标所必需的、系统的质量管理模式，是组织的一项战略决策。它将资源与过程相结合，是以过程管理方法进行的系统管理。

7.1.1.2　质量管理的作用

实施质量管理体系是适应新发展阶段，全面贯彻新发展理念，努力实现高质量发展的必然要求。质量是企业赖以生存和发展的灵魂，坚持质量第一，用最经济的办法生产最满意的产品，是每个企业所追求的目标。于是，越来越多的企业为了提高质量，实施了质量管理体系。

质量管理体系标准将企业管理以程序制度化，实现“凡事有人负责、凡事有章可循、凡事有据可查、凡事有人监督”的科学管理模式。体系内各环节环环相扣，互相督导、互相促进，管理工作中排除人为因素的干扰，减少工作的盲目性，减少内部推诿、扯皮现象，减少出质量事故和安全事故的概率。因此，实施质量管理体系对提高企业管理水平和质量保证能力有非常重要的作用。

（1）通过引入体系管理理念和管理方法，促进组织管理与市场标准接轨

质量体系管理理论给出任何一个组织应该遵循的八项质量管理原则，包括“以顾客为关注焦点、领导作用、全员参与、过程方法、管理的系统方法、持续改进、基于事实的决策方法、与供方互利的关系”。基于八项质量管理原则建立的质量管理体系，进一步提高管理水平，提高每一个环节的工作质量与工作效率。明确各自的职责与权限，既分工负责，又相互协作和监督，使每一个工作环节都得到规范，从而有利于增强质量意识和服务意识，提高工作效率。

（2）建立自我发现问题、自我完善的机制

质量管理体系的重要要求是“说到要做到”，只有在严格执行之后才能真正给组织活动带来增值。一方面靠管理者通过培训、教育来增强组织自觉执行文件要求的积极性。另一方面，定期由组织内部审核机构对整个质量管理体系运行的符合性、有效性进行评价，找出不符合要求的事实，并举一反三，采取纠正措施防止再次发生。此外，通过国家认证机构每年的审核，对质量管理体系的符合性、有效性进行监督，对不符合程度较为严重的取消认证资格。从外部监督的角度促进组织规范质量管理，严格执行标准、相关法律法规和体系文件的要求。这样，通过建立一个外部和内部相互呼应的管理体系，以发现内部存在的不足，采取纠正措施，并分析预防措施，从而实现整个组织的持续改进。

（3）提高生产率和管理效率，降低生产经营成本

通过执行体系标准，把质量责任从质量控制人员转到生产、施工、技术等各层次人员共同控制，会激发各层级人员的积极性与创造性，使各部门各岗位都清楚地知道自己应该做什么、怎么做，使工作条理性得到加强，设备故障减少、利用率提高，生产和施工事故减少、生产率明显提高。

（4）提高“事前预防”而非“事后检验”的意识

“预防为主”的精神从始至终贯穿于体系中，通过预防不合格现象的发生，能够有效地保证产品和服务质量。质量管理体系认证要求不仅仅局限于依赖产品和服务的最终质量检验来控制，而是更注重影响产品和服务质量的各个过程的控制，包括设计开发、材料采购、工艺策划、生产制造、检验试验、包装贮存、销售运输、安装服务等各个环节进行整体控制。对于施工企业通过进场验收、技术交底、施工日志、安装记录、检验记录、验收等方式实施整体控制。获得了体系认证证书，意味着质量过程经过认证机构的严格审核，能够使产品和服务质量符合标准要求。

7.1.2 供应链管理

7.1.2.1 供应链管理的含义

供应链管理（Supply Chain Management，SCM）是以提高企业个体和供应链整体的长期绩效为目标，对传统的商务活动进行总体的战略协调，对特定企业内部跨职能部门边界的运作和在供应链成员中跨企业边界的运作进行战术控制的过程。

供应链管理就是整合供应商、制造部门、库存部门和配送商等供应链上的诸多环节，降低供应链的成本，促进物流和信息流的交换，以求在正确的时间和地点，生产和配送适当数量的正确产品，提高企业的总体效益。

供应链管理通过多级环节，提高整体效益。每个环节都不是孤立存在的，这些环节之间存在着错综复杂的关系，形成网络系统。同时这个系统也不是静止不变的，不但网络间传输的数据不断变化，而且网络的构成模式也在实时进行调整。

7.1.2.2 供应链管理的特征

1）以顾客满意为最高目标，以市场需求的拉动为原动力；

2）企业之间关系更为紧密，共担风险，共享利益；

3）把供应链中所有节点企业作为一个整体进行管理；

4）对工作流程、实物流程和资金流程进行设计、执行、修正和不断改进；

5）利用信息系统优化供应链的运作；

6）缩短产品完成时间，使生产尽量贴近实时需求；

7）降低采购、库存、运输等环节的成本。

以上特征中，1）2）3）是供应链管理的实质，4）5）是实施供应链管理的两种主要方法，而 6）7）则是实施供应链管理的主要目标，即从时间和成本两个方面为产品增值，从而增强企业的竞争力。

7.1.2.3　供应链管理的内容

作为供应链中各节点企业相关运营活动的协调平台，供应链管理应把重点放在以下几个方面：

（1）供应链战略管理

供应链管理本身属于企业战略层面的问题，因此，在选择和参与供应链时，必须从企业发展战略的高度考虑问题。它涉及企业经营思想，在企业经营思想指导下的企业文化发展战略、组织战略、技术开发与应用战略、绩效管理战略等，以及这些战略的具体实施。供应链运作方式、为参与供应链联盟而必需的信息支持系统、技术开发与应用以及绩效管理等都必须符合企业经营管理战略。

（2）信息管理

信息以及对信息的处理质量和速度是决定企业在供应链中获益大小的关键，也是实现供应链整体效益的关键。因此，信息管理是供应链管理的重要方面之一。信息管理的基础是构建信息平台，实现供应链的信息共享，通过 ERP 和 VMI 等系统的应用，将供求信息及时、准确地传递到相关节点企业，从技术上实现与供应链其他成员的集成化和一体化。

（3）客户管理

客户管理是供应链的起点。如前所述，供应链源于客户需求，同时也终于客户需求，因此供应链管理是以满足客户需求为核心来运作的。通过客户管理，详细地掌握客户信息，从而预先控制，在最大限度地节约资源的同时，为客户提供优质的服务。

（4）库存管理

供应链管理就是利用先进的信息技术，收集供应链各方以及市场需求方面的信息，减少需求预测的误差，用实时、准确的信息控制物流，减少甚至取消库存（实现库存的“虚拟化”），从而降低库存的持有风险。

（5）关系管理

通过协调供应链各节点企业，改变传统的企业间进行交易时的“单向有利”意识，使节点企业在协调合作关系基础上进行交易，从而有效地降低供应链整体的交易成本，实现供应链的全局最优化，使供应链上的节点企业增加收益，进而达到双赢的效果。

(6) 风险管理

信息不对称、信息扭曲、市场不确定性以及其他政治、经济、法律等因素，导致供应链上的节点企业运作风险，必须采取一定的措施尽可能地规避这些风险。例如，通过提高信息透明度和共享性、优化合同模式、建立监督控制机制，在供应链节点企业间合作的各个方面、各个阶段，建立有效的激励机制，促使节点企业间的诚意合作。

7.2 一流军工企业实践

7.2.1 质量管理实践

7.2.1.1 超前实施精益管理，快速响应市场需求

雷声技术公司的精益管理实践为其快速响应、有力满足美军大规模采办、应急采办、国外用户定制化采办需求提供了重要保障，提升了雷声技术公司高质量产品与服务交付能力，进一步巩固了雷声技术公司竞争优势。

(1) 以“柔性生产单元”等为代表的精益制造方式

1993年，美国国防部出台《国防制造企业战略》，建议美国防务企业推行精益生产。同年，美国空军推出精益航空航天计划（LAI），旨在开发企业精益生产实施框架，为企业提供改进研制和生产管理的原理和方法，保持美国航空工业的世界领导地位。

雷声技术公司自20世纪90年代初就加入了美国空军精益航空航天计划（LAI），积极汲取“柔性制造”“敏捷制造”等先进制造思想，紧密结合导弹生产制造流程，对传统的业务流程进行了变革，建立了以“柔性生产单元、多导弹制造设备、导弹敏捷制造工作”等为代表的精益生产方式，有效解决了“小批量、多品种”航天产品降本增效问题。

以“柔性生产单元”为代表的精益制造方式是精益思想在雷声技术公司导弹生产过程中的重要实践。雷声技术公司早在2012年就已经建成世界上第一个用于大型导弹组装的自动化工厂——红石导弹总装厂（图7-1），主要为美军生产标准-3和标准-6拦截弹及关键组件。在总装厂内，雷声技术公司利用“常用功能网格化设计”思想建立了柔性生产单元，对厂区结构进行改进，部署自动导引车、导引头装配机器人、测试机器人等多种机器人与工人协同作业，搭建可移动工作站台，以提高多型号小批量生产效率。通过生产区域优化设计，雷声技术公司节省了约1400 m^2的工厂面积，并将原先分散的3个主要部件生产厂以及所有制导舱段生产厂整合到一起。

以“多导弹制造设备”为代表的精益制造是以“拉姆”和“幼畜”导弹作为两个独立项目实施开展的。在每一个项目中配置独立的试验和组装人员、试验设施及辅助加工设备，开发了两套“多导弹制造设备”，其中一套负责导弹制导和控制舱段生产、组装和测试，另一套则负责导弹总装和交付。“多导弹制造设备”精益制造方式形成了多功能团队结构，提高了人员、设备及设施的使用效率，降低了生产成本。

图 7 - 1　雷声技术公司红石导弹总装厂

以“导弹敏捷制造工作”为代表的精益制造旨在利用过时老旧的导弹零部件和子系统建立模拟导弹敏捷组装的工作站，使员工能够在实际硬件产品中学习实践新技术和新工艺，加强员工对先进制造方式的熟练程度，通过交叉训练的方式熟悉导弹组装过程中的各个环节，促使员工“一岗多能”，确保精益制造计划落到实处，在提高生产效率的同时，大大提升生产线的柔性。该理念已在毒刺导弹的生产制造中得到广泛应用。

（2）以精益六西格玛（6σ）为核心的质量管理模式

雷声技术公司从战略层面推动精益六西格玛管理（图 7 - 2），建立了由公司 CEO 领导、包括 1200 名六西格玛专家及 46000 名专业人士在内的专业化质量管理团队，专门负责实施精益六西格玛管理。一是构建了六西格玛流程改进六步骤，即可视化、任命、规划、描述、提升、成就；二是制定六西格玛课程目录，水平等级包括能手级、绿带级、专家级、大专家级、领导力、网络学习；三是建立了一套完备的六西格玛管理专家培养机制，主要包括：商业战略驱动、培养特定的商业/职能、柔性稳健的课程计划、候选人评估完善机制、清晰的培养路线图等。基于精益六西格玛管理，雷声技术公司不断改进企业调度流程，取得了优异的业务成绩。例如，雷声技术公司在“杜鲁门”号航空母舰导弹系统的安装过程中，通过实施六西格玛管理，实现整个安装过程仅用了 16 周，比以往最短的安装时间缩短 6 个月，部件改装费用比预算降低 12%。

7.2.1.2　系统推进成本管理，确立成本竞争优势

雷声技术公司运用系统工程理论，以按费用设计（DTC）和以费用为独立变量（CAIV）两种成本管理方法协同运用为基础，构建了基于系统工程的成本工程方法体系，为业务部门快速审查项目过程与状态提供指导，以有效降低产品设计、开发和制造成本并实现“第一次把事情做对”。

图 7－2　雷声技术公司六西格玛质量管理程序

一是基于先进成本管理理论开发了成本工程流程，将目标成本引入产品开发过程，以成本和性能权衡分析为抓手，迭代开展成本估算与权衡分析，确保最终实现成本目标。具体包括 7 个步骤：理解成本及性能需求，确定目标成本；分解目标成本；开展产品设计方案分析；估算产品成本；汇总产品成本；判断是否满足成本目标；决策是否接受研判结果，若不接受，则进一步迭代上述步骤。

二是实施工程效能指标计划，设计了成本符合度、成本估算周期等成本工程指标。其中，成本符合度是指实际成本与目标成本的比值，设定不超过 5％、5％～10％之间、超过 10％三个区间；成本估算周期是指成本信息审查周期，设定 1～2 个月、2～3 个月、3 个月以上三个区间。在实施成本工程过程中，对于成本符合度处于 5％～10％之间、超过 10％区间，成本估算周期处于 2～3 个月、3 个月以上区间的，必须分析原因并提出改进措施。

雷声技术公司运用成本工程方法取得了显著成效。例如，基于成本工程流程推动 AIM－9X 研制，在项目初期输入导弹系统、各分系统预期成本，随着研制的推进，成本估算数据逐步细化，逐级生成更为详细的成本估算。最终，AIM－9X 项目成本节约 12 亿美元，得到了军方的高度认可。同时，AIM－9X 不仅国内大量采购，而且还远销海外，得到国际用户的高度认可，国际市场占有率高达 50.97％。由此可见，基于系统工程的成本工程方法体系为雷声技术公司有效降低产品成本、确立成本竞争优势提供了重要支撑，也为雷声技术公司在合同竞标、海外订单争取等方面带来了显著优势。

同时，雷声技术公司为美国弹道导弹防御系统 X 波段地基雷达家族供应了核心部件——T/R 组件。虽然洛·马公司是“萨德”（THAAD）导弹防御系统、“宙斯盾”海基导弹防御系统的总承包商，但雷声技术公司作为关键分包商和核心器件供应商，关键核心技术领先，行业地位突出，产品标准化、可扩展性较好，在降低研发成本的同时，极大地缩短了研制周期。

7.2.1.3　全链条实施价值管理，提升价值创造能力

雷声技术公司在采购环节、设计环节、制造环节、售后服务等方面深挖价值链，在科学选择供应商、利用仿真技术缩短设计周期、构建统一信息管理系统、推行客户快速响应机制等方面开展诸多有益尝试，实现了价值创造能力的不断提升。

（1）采购环节

雷声技术公司采用“最佳价值分析”方法选择供应商。根据供应商的历史交易记录和供货质量情况，对供应商赋予价格影响权重，并将其作为竞争采购时选择供应商的评判标准。

（2）设计环节

采用“立体 3D”及“增强现实”技术，将计算机生成的导弹三维模型、作战场景和系统提示信息叠加到仿真作战场景中，为设计人员提供身临其境感，不仅有助于尽早发现并消除导弹设计缺陷，还大大缩短了产品设计周期。

（3）制造环节

雷声技术公司运用挣值管理为制造资源调配决策提供支持，通过集成制造资源计划系统，对过程能力、工作量、物料的使用等进行模拟，以制定合理的计划安排。

（4）售后服务环节

推行“快速响应倡议”机制。一方面组建由企业高层领导、需求分析、制造、测试、供应链等各环节代表组成的跨职能协作团队，有效解决订单处理、需求反馈、样品设计中存在的流程长、反应慢等问题，进一步提升管理效率，最终实现订单流转时间由 24～60 天缩短到 2～19 天，缩短了 60%以上；另一方面建立快速反应制造区，通过配置高水平的技能人才团队和资源保障手段，快速响应客户的特殊要求。

7.2.2　供应链管理实践

7.2.2.1　实施精简供应商策略，实现利益共享、风险共担

雷声技术公司推行集成供应链管理，采取精简供应商策略，建立了一套完整的供应商管控机制。具体表现在持续优化供应商团队，与能力强的核心供应商建立长期战略伙伴关系并分享商业计划；与供应商共担风险与责任，建立企业工程师团队与供应商团队联系机制；允许供应商进入雷声技术公司内部的材料需求计划系统，及时了解雷声技术公司现阶段及下一步的原材料需求等。通过减少供应商数量，雷声技术公司对供应商管理变得更为有序。通过与供应商建立战略合作伙伴关系，在获得更优惠价格的同时，共同承担项目风险与责任。同时，雷声技术公司持续加强与欧洲企业的交流合作，其三分之二的国际供应商分布在这一地区。充分利用社会资源保障供应链稳定，在研制的导弹武器系统中，很多零部件直接采用先进军民两用商用现货（COTS）产品与技术，大幅降低了研制成本，缩短了研制周期，提升了供应链稳定性。

7.2.2.2　强化供应商评价管理，降低供应链风险

一是建立供应商准入管理机制。雷声技术公司对供应商提出了准入要求，即具备雷声技术公司认可的供应商准入评价初步报告（表 7－1、表 7－2）。该报告可帮助雷声技术公司初步对供应商进行筛选，通过筛选的公司初步具备了向雷声技术公司供应产品的资格。为了优化供应链、精简供应商数量、提高雷声技术公司与供应商的协同能力，雷声技术公司以供应商准入评价得分为依据，制定了涵盖供应商定性与定量评价的供应商能力评价体系，严格把控雷声技术公司供应商产品质量，降低供应链整体风险。

表 7－1　雷声技术公司供应商准入评价等级

供应商评价等级	绩效水平/%
优秀	95.0～100
良好	90.0～94.9
合格	85.1～89.9
不合格	0.0～85.0

表 7－2　雷声技术公司供应商评价体系标准

评级类型	适用性	标准	权重/%
定量评级 SPRR （供应商绩效关系报告）	所有供应商	产品质量	60
		交付周期	40
定性评级 QDI （定性数据输入）	按照每个业务部门计划的要求完成	价格/成本	由相关部门评估员指定权重，权重总计 100%
		计划/交付周期	
		技术与工艺	
		质量/任务保证	
		组织/商业管理	

在此基础上，雷声技术公司构建了数字化供应商评价体系（SRS），搭建了可用于整合产品采购与接收、质量检验、供应商评价的综合型数字化可交互系统。同时，该评价体系也进一步明确了供应商准入流程，提供了上下一致的供应商评级方法，并与供应商共享评价数据与结果，拓展了沟通渠道。

二是实施基于实际绩效的供应商激励制度。为了更好地激励供应商，雷声技术公司实施了“Performance＋”供应商绩效计划。通过供应商绩效管理实现以客户为中心的价值流，发展与供应商的协作关系、战略关系和创新关系，提升企业卓越绩效和竞争优势。雷声技术公司的供应商均可参与“Performance＋”认证流程。该流程包括两个奖项，其中，白金奖——持续授予在公司供应中表现最好的供应商；卓越奖——每年颁发给成本竞争力、技术创新、业务管理和协作 4 个方面表现卓越的供应商。通过实行“Performance＋”供应商绩效计划，雷声技术公司与供应商建立了稳固的战略合作伙伴关系，通过建立供应商评价体系，保证了其单一供应商策略的有效实施。由此可见，雷声技术公司将供应商视为企业的重要资产，通过建立稳定可靠的供应商队伍，持续提高产品质量、合理降低产品

成本，着力提升客户满意度，为雷声技术公司更好地参与市场竞争提供有力保障。

7.2.2.3　防止供应链断裂，提升供应链竞争性和安全性

受新冠肺炎疫情影响，全球航空航天制造业供应链格局面临重大调整，与过去一贯追求低成本的供应链管理策略不同，防止供应链断裂现实问题成为标杆企业的重点关切，如何打造一支兼具竞争性和安全性的供应商队伍成为企业供应链管理的重中之重。

空客公司身处商用飞机领域，在强化供应链管理方面的反应尤为强烈。从空客公司发布的合格供应商目录清单来看，相较于新冠肺炎疫情之前，空客公司进一步推进了一批供应商的优胜劣汰，总体的合格供应商增加约 2.5％，动态维持着供应链的竞争性与安全性。从合格供应商分布地区来看，德国、法国、加拿大和中国的供应商数量显著增加。得益于中国成功的防疫举措，中国合格供应商数量增长 10％，一跃成为空客公司合格供应商数量过百的六国之一，而美国和英国的合格供应商数量有所减少。从供应商供货类别来看，原材料及零部件、机体结构件、供应链和设计服务是空客公司最主要的三类供应商。其中，原材料及零部件供应商较疫情之前有所增加。

洛·马公司将从美国国防部得到的资金支持全部支付供应链，并优先考虑小型和脆弱供应商，以降低供应链断裂给企业生存与发展带来的风险。

第 8 章　世界一流的企业治理能力

8.1　一流特征

8.1.1　企业治理定义

治理结构是一种对公司进行管理和控制的体系，是指由所有者、董事会和高级执行人员（即高级经理）三者组成的一种组织结构，是以实现公司最佳利益为目的，由股东大会、董事会、经理层和监事会构成，通过指挥、控制和激励等活动而协调股东、债权人、职工、政府、顾客、供应商以及社会公众等利益相关者之间关系的一种制度安排。现代企业制度区别于传统企业的根本点在于所有权和经营权的分离，或称所有与控制的分离，从而在所有者和经营者之间形成一种相互制衡的机制，用以对企业进行管理和控制。现代企业中的公司治理结构正是这样一种协调股东和其他利益相关者关系的机制，它涉及激励与约束等多方面的内容。简单地说，公司治理结构就是处理企业各种契约关系的一种制度。

治理结构不仅规定了公司的各个参与者（董事会、经理层、股东和其他利益相关者）的责任和权力分布，而且明确了决策公司事务时所应遵循的规则和程序。公司治理的核心是在所有权和经营权分离的条件下，由于所有者和经营者的利益不一致而产生的“委托—代理”关系。公司治理的目标是降低代理成本，使所有者不干预公司的日常经营，同时又保证经理层能以股东的利益和公司的利润最大化为目标。

对军工企业而言，优化企业治理结构、提高企业治理质量，是企业实现更好发展的现实选择之一。在当今快速变革的环境中，各国的监管机构已提高了对董事会及其委员会和董事个人的要求。新的董事会流程正在出现，新的文化正在确立，以解决“我们如何组建一个更为高效的董事会”。虽然大多数企业的公司治理都日趋成熟，但受运营环境、公司治理结构、公司文化差异等多因素的影响，诸多企业在公司治理问题上仍面临诸多挑战。

目前，有关董事会的以下五个话题被广泛关注：董事会的角色和职能定位；董事会衡量和监控企业业绩的能力；指导战略与监督执行；董事会的风险识别、监控和规避能力；董事会领导团队的人员构成和管理层的继任与发展。

针对以上话题，由于企业情况和国情不同，世界一流军工企业在实践中并没有一套统一的治理模式适用于所有公司的治理问题。但是，对于公司治理的每一环节，有许多一流企业的共性方法值得军工企业借鉴和参考。

总结世界一流企业治理的经验，它们在集团母公司层面建立了外部董事占多数的规范的董事会管理体系，能够充分发挥董事会对重大问题决策、经理层选聘、重大项目投资、大额资金使用和风险管控等方面的作用。母公司及所属企业董事会之间权责明确、运转协调，形成科学高效的集权分权体制。

虽然一流企业的企业治理模式千差万别，但在董事会的运作和管理上却存在着以下 5 个共性的一流特征：

1）多元构成：董事会成员具有不同领域的专业知识和不同的业务背景，通过提出丰富的观点和意见，确保决策的科学性。

2）独立决策：引入独立董事，各成员保持独立性，能够做出客观、公正、符合公司利益的决策。

3）规范运行：董事会工作制度健全，各类委员会设置规范，严格按照公司章程和各项工作制度履职。

4）注重绩效：重视和关注公司的长远利益和绩效，注重决策的战略性与前瞻性。

5）持续学习：构建学习型董事会，强化团队学习，不断做出更高水平的决策。

8.1.2　企业治理内容

（1）股东会

从现代公司治理角度来看，股东大会是公司组织机构中居于最高层次的机构，由全体股东组成，代表公司资本所有者的权益，有权决定公司的重大事项。基于股东大会的特殊地位，股东大会治理结构在整个公司治理中的地位十分重要。企业应该建立起一整套制度和机制规范股东大会的职责和权限，包括有关股东代表制度、股东会召集制度、股东会议事规则、股东会表决制度、股东知情权制度、股东会对董事会授权制度、董事会对股东会报告制度、股东问责制度等。

（2）董事会

公司治理结构中，董事会往往处于公司治理的核心地位，董事会在公司经营管理决策中起到中枢作用。董事会的治理水平也是整个公司治理水平的缩影，董事会制定董事会议事清单，向董事长、经理层授权清单，不断优化权责分配，激发经营活力，充分发挥董事会“定战略、作决策、防风险”作用。董事会治理结构中，主要涉及董事任免、董事权力范围、董事职责规范、董事权力使用、董事会架构、外部董事设计、董事会会议召集、董事会议事方式、独立董事制度设计、董事会表决程序、董事责任、相关专门委员会组成与运行规则等因素，企业应该从制度上对董事会治理给予很好的设计。

（3）监事会

正是因为现代公司治理结构中公司所有权和经营权分离，必然存在所有权拥有者（股东）与利益相关者（经营者）的利益均衡问题。因此，就需要公司对股东大会授权的董事会及董事会授权的经营者进行有效的监督，这就是独立董事或监事会的职能。公司监事会作为公司内部专门行使监督权的监督机构，其职权的充分发挥对公司的正常运行起着很大的作用，是公司治理结构中的重要组成部分。企业应该从制度层面给予很好的设计，以便发挥监事会的监督作用，维护股东和公司的利益。

（4）公司经理层

企业现代化经营需要更高的管理水平和能力，需要在更广的范围内选拔专业管理人才。经理层是基于董事会的委托和授权，并在董事会委托授权的范围内行使职权，是公司日常运营管理的执行机构，其运转质量和效率直接关系公司各项工作的落实和公司经营目标的达成。董事会对经理层实施监督、控制和指导，以实现公司的经营目标。经理层治理结构包括经理层的选拔聘任、激励机制、约束机制、淘汰（解雇）机制、授权机制、职能机制、议事规则等，尤其要清晰划分与董事会职责权限的界限，避免出现董事会与经理层职责权限的交叉扯皮现象，影响公司治理的效力。经理层实行总经理负责制，应明确总经理办公会的议事清单，推动董事会向总经理、经理层授权，推动权力下沉，夯实经理层的经营责任，并对经理层建立有效的激励约束机制。

8.1.3 企业治理关键举措

8.1.3.1 强化董事会战略决策能力建设

在现代企业治理能力建设中，董事会的战略决策作用的发挥，主要体现在战略管理、科学决策、防控风险等方面。企业战略管理重点要在战略分析能力方面、战略选择能力方面和战略实施能力方面，只有提升战略管理的能力，才能赢得未来，实现目标。简单地说，科学决策是符合企业实际的，有利于企业改革发展、稳定地决策，科学决策能力的建设是现代国企治理能力建设方面最重要的一个环节。提高风险防控的能力，首先要把防控风险工作做实做细做好，强化风险意识，同时还要建立和完善防控风险的机制。

8.1.3.2 强化过程控制能力建设

现代企业治理能力建设过程中的过程控制，主要表现在制度体系的建设和内部控制体系的建设两大方面。制度体系的建设是现代国企治理能力方面的基础工作。制度体系建设方面，主要应该从各方面建立一套能够适应现代公司改革、发展、稳定的需要，比较全面系统的可操作性制度体制。内部控制贯穿于企业经营管理活动的各个方面，内部控制的主要内容包括控制环境、会计系统、控制程序三大方面。企业内部控制是现代公司治理能力的一种手段，内部控制有效与否直接关系到企业的兴衰成败。

8.1.3.3 落实责任的执行力建设

制度的生命力在于执行。责任制的落实、执行力的建设是现代公司治理能力建设中的关键环节，在责任制的落实上，人是第一要素，让合适的人做合适的事非常重要，企业的目标任务、规划、愿景等都是要靠人去完成的，因此在现代公司治理能力方面，责任制的落实上，选人、用人、培养人很重要，不仅要重视人才队伍的能力问题，还要重视人才队伍的综合素质和个人品行，责任才能落实，目标才能实现。

8.1.3.4 考核评价能力建设

考核依据企业的规章制度以及与部门、生产经营单位、个人所签订的工作任务目标书或责任书，由企业内成立的考核领导小组组织实施。同时要对考核评价结果进行反馈，与被考核人要充分沟通，对存在的不足问题，要有充分客观理由，并要对今后工作如何改进有明确的意见和建议，同时要对考核评价结果进行严格的兑现，根据目标任务责任书的约定进行奖罚兑现。

8.1.3.5　总结改进能力建设

企业治理能力建设中，总结改进工作的能力建设是最为重要的能力建设，它关系到企业的持续发展和如何更好发展的问题。对总结出来的问题要形成问题清单，谁的问题谁负责，落实到具体的责任人和责任单位，对总结出来的好经验好方法，更要进一步整理提炼，加以推广运用，使之在企业的可持续发展中进一步发挥出应有作用。

8.2　一流军工企业实践

世界一流军工企业通过构建成员多元化的董事会、完善董事会监督架构、健全企业治理制度等举措，着力构建快速响应、高效监督的企业治理机制，引领企业可持续发展。

8.2.1　建立完善的公司治理结构

雷声技术公司坚持“良好的企业治理能够为股东创造更高价值”的治理理念，依托2022 年股东年会组建了新一届董事会。董事会由 13 名成员构成，其中包含美国联邦行政部门和军队的原领导、部分世界一流企业前任高管、哈佛大学教授等高级管理和技术人员。这样多元化的董事会人员结构便于雷声技术公司在保持决策独立性的同时，快速响应政府和军队需求，及时掌握前沿技术发展动态，秉承先进管理理念，为雷声技术公司发展把舵领航。雷声技术公司积极健全董事会监督架构。下设审计、薪酬、财务、治理与公共政策以及特别活动 5 个委员会，对整个公司进行高效监督。

雷声技术公司董事会及相关委员会组成见表 8－1。

表 8－1　雷声技术公司董事会及相关委员会组成

姓名	职务	委员会				
		审计	治理与公共政策	薪酬	财务	特别活动
特雷西·阿特金森*	道富公司退休执行副总裁兼首席行政官	成员		主任	成员	
伯纳德·哈里斯*	维萨里斯风险投资公司首席执行官兼管理合伙人	成员				成员
格雷戈里·海斯	雷声技术公司董事长兼首席执行官				成员	成员
乔治·奥利弗*	江森自控国际有限公司董事长兼首席执行官		成员		成员	
凯利·奥特伯格	罗克韦尔柯林斯公司退休董事长、总裁兼首席执行官				成员	成员
玛格丽特·奥沙利文*	哈佛大学肯尼迪学院教授		成员			成员

续表

姓名	职务	委员会				
		审计	治理与公共政策	薪酬	财务	特别活动
迪内什·帕利瓦尔*	KKR美洲私募股权公司合伙人；哈曼国际退休董事长兼首席执行官		成员	成员		
埃伦·帕夫利科夫斯基*	美国空军将军(退役)、前空军装备司令部司令	成员				成员
丹尼斯·拉莫斯*	ITT公司退休首席执行官兼总裁	成员		成员		
弗雷德里克·雷诺兹*	哥伦比亚广播公司退休执行副总裁兼首席财务官	主任	成员	成员		
布赖恩·罗杰斯*	T. 罗·普莱斯集团公司退休董事长			成员	主任	
詹姆斯·温尼菲尔德*	美国海军上将(退役)、前参谋长联席会议副主席			成员	成员	主任
罗伯特·沃克*	前国防部副部长	成员	主任			成员

注:带*人员为独立董事

洛·马公司建立了完善的公司治理结构，包括设立股东会、董事会和监事会，把现代企业制度运用到企业的组织管理中，保证企业决策和管理的科学性、合理性，且各组成部分权责明确、各司其职、有效制衡、协调运转，形成科学高效的决策、执行、监督体系，保障企业拥有持续竞争优势和卓越价值创造能力，引领企业不断做强做优。

波音公司采用典型的美国式公司治理模式，股权相对分散，机构投资者和基金投资者占股70%，且大部分股东的持股比例都较低。采取“内外结合，刚柔并进”的现代化治理模式，明确划分了股东大会、董事会以及经理人等权利主体的权、责、利，并实现了对经理层的有效约束与激励。

8.2.2 持续完善公司治理管理机制，形成科学管理体系

雷声技术公司建立了一套比较系统、完善的公司治理制度，包括公司治理原则、董事会独立性、董事提名程序、董事投票原则、董事会领导架构、董事会在风险监督方面发挥的作用、董事会沟通机制、董事与委员会评估程序等一系列规定，为建立诚信、问责透明的企业治理实践提供制度保障。目前，在雷声技术公司董事会中，有8人来自原联合技术公司、7人来自原雷声公司，其中首席董事来自原雷声公司。

在洛·马公司的管理结构中，董事会以董事会多数通过决议为准，并设立一个由两名或更多名董事组成的执行委员会，其执行委员会的成员主要由董事会选举产生，在董事会间隔期，执行委员会拥有管理公司业务和事务的权力；同时，公司还设立有审计委员会，商业分类和安全委员会、管理发展和赔偿委员会，以及公司建议和治理委员会，其中审计委员会主要负责协助董事会履行其监督职责，商业分类和安全委员会主要负责协助董事会履行其有关公司机密业务活动和人员、数据和设施安全的职责，管理发展和赔偿委员会的职责是就公司的高管薪酬问题向董事会提出建议，并提出高管薪酬的年度报告，公司建议和治理委员会的职责是就委员会组成向董事会提出建议，并对董事会在公司治理过程中的道德操守、可持续性、员工安全等方面履行监督责任。

第 9 章　世界一流的组织管理能力

9.1　一流特征

企业管理组织结构是指企业为了进行有效管理、实现经营目标和战略目标而建立的一套组织体系，以及在工作范围、任务、责任和权利等方面形成的严密结构。它主要包括以下内容：1）企业领导结构，即企业领导体制或领导制度。在现代公司制企业中，则称为法人治理结构。2）企业管理的层次结构，即企业管理的纵向结构或内部管理体制。实质就是在统一的企业内部需要设置多少管理层次，并赋予它们什么样的责任和权利。3）企业管理和部门结构，即企业管理的横向结构或管理职能机构。实质是根据专业化分工原则，需要设置哪些职能部门来管理各项专业工作。

组织管理的意义主要体现在以下几个方面。

一是提高组织效率和生产力：组织管理可以通过优化企业结构、完善流程和制度等方式，提高工作效率和生产力，从而增强企业的竞争力。

二是优化资源配置：组织管理可以帮助企业合理配置人力、物资、财务等资源，提高资源利用效率，降低运营成本，为企业发展提供更加有力的支持。

三是增强员工归属感和凝聚力：组织管理可以建立一套科学的员工激励和制度体系，提高员工的工作积极性和参与度，从而增强员工对企业的归属感和凝聚力。

四是促进创新和发展：组织管理可以推动企业内部创新和变革，不断完善和拓展企业经营范围和商业模式，为企业未来的发展奠定坚实基础。

五是提升品牌价值和社会形象：组织管理可以帮助企业树立良好的企业形象，提升品牌价值和社会影响力，为企业在市场中获得更有利的地位和口碑。

综上所述，组织管理对企业的发展和长期竞争优势具有重要意义。通过组织管理的完善和体系建设，可以提高企业效率和生产力，优化资源配置，增强员工归属感和凝聚力，促进创新和发展，提升品牌价值和社会形象，为企业持续发展提供坚实支撑。

9.2　一流军工企业实践

9.2.1　建立分工明确、适当竞争的组织体系架构

雷声技术公司采取以事业部制为主、母子公司为辅的组织架构。在公司总部管理职能层面，设有企业战略与发展、运营与供应链、环境健康与安全、全球政府关系、全球安全

服务、全球通信与企业事务、全球人力资源、财务管理、技术与全球工程、企业服务、数字技术组织、技术研究中心等相关职能部门；在业务发展层面，建立了以柯林斯航空航天系统公司、普拉特·惠特尼公司、雷声情报与空间公司、雷声导弹与防务公司四大业务部门为核心，以多家全资子公司、合资公司为补充的业务实体。

在纵向关系上，雷声技术公司按照“集中决策，分散经营”的原则，处理企业高层领导与事业部之间的关系。在横向关系上，雷声技术公司各事业部均为利润中心，实行独立核算。各事业部责、权、利关系明确，组织协调方便，既有利于组织专业化生产，形成经济规模，又使各事业部之间可以有比较、有竞争，有利于充分发挥主观能动性，增强企业活力，促进企业发展，提高企业整体效益。

9.2.2 科学专业、扁平高效的高层领导结构

雷声技术公司高度注重高层领导团队建设，搭建了科学专业、扁平高效的高层领导结构。

在专业化管理方面，雷声技术公司根据企业战略管控及经营发展需求，设立了以一系列首席官为代表的行政管理职位，有效应对外部挑战与决策难题，持续优化企业资源配置，助力推动企业战略实施。在董事长兼首席执行官（CEO）格雷戈里·海斯领导之下，设有首席运营官（COO）克里斯多佛·卡利欧、执行副总裁兼首席财务官（CFO）尼尔·米契尔、执行副总裁兼首席人力资源官（CHRO）丹塔亚·威廉姆斯、高级副总裁兼首席通讯官（CCO）帕梅拉·埃里克森、高级副总裁兼首席技术官（CTO）马克·拉塞尔、首席数字官（CDO）兼企业服务部高级副总裁文斯·坎皮西，由此形成了各司其职、高效合作的组织管理架构。

在扁平化管理方面，雷声技术公司将负责企业经营管理职能的领导、四大业务部门的领导纳入高层领导团队，统一在公司董事长兼首席执行官的直接领导之下，主要包括执行副总裁兼总法律顾问拉贾·马哈拉杰、企业战略与发展部副总裁芭芭拉·博戈诺维、全球政府关系部高级副总裁杰夫·肖基，负责企业运营、供应链、质量、环境健康与安全（EH&S）的高级副总裁保罗·达尔辛，以及柯林斯航空航天系统公司总裁斯蒂芬·蒂姆、普拉特·惠特尼公司总裁谢恩·安迪、雷声情报与空间公司总裁罗伊·阿泽维多、雷声导弹与防务公司总裁韦斯利·克里姆，由此形成了运转高效、快速响应的组织管理模式。

从高层领导任职经历看，雷声技术公司的高层领导团队成员拥有丰富的工作背景和经历，多数成员有着多年在原雷声公司和联合技术公司业务基层历练的经历，对业务管理有着深刻的理解并积累了丰富的工作经验，领导层成员之间分工明确、有机协作、高效融合，成为推动企业经营发展、提升企业经营绩效的关键力量。

第 10 章　世界一流的数字化能力

10.1　一流特征

当前，世界正处于传统工业向数字化工业转型阶段，数字化能力建设的关键是数字化转型。数字化（Digitalization）的概念发端于 20 世纪 40 年代美国提出的采样定理，并在 20 世纪 70 年代随着信息时代的到来而得到逐步发展和应用。数字化是指通过可度量、可识别的数字、数据，把物理系统、行为或流程的相关信息（包括图、文、声、像等）在计算机系统中仿真和虚拟出来，并可对这些数字、数据进行处理、加工、存储、传播、还原。数字化既是一种行为、过程，也是一种结果，它以数字形式高度还原和重构现实世界中的物理系统。促进数据流动与应用，使之成为主要的生产要素，可为某个实体、组织以及整个人类社会的全生命周期发展建设带来系统全面的变革和重塑，实现降本增效、创新突破。

10.1.1　数字化能力构成

数字化能力的建设贯穿于武器装备全生命周期的全过程，该过程是数字化能力的主要体现。针对数字化能力构成，此处按照武器装备全生命周期全过程的构成要素进行阐述。一般包括但不限于以下几个要素：数字化顶层规划能力、数字化设计研制能力、数字化生产制造能力、数字化试验鉴定能力、数字化实战仿真能力、数字化维修保障能力。以数字化设计研制能力为例，其主要是指建立产品研制的虚拟环境，在虚拟环境下通过各种仿真验证工具的应用，及早发现设计、工艺中的问题并大幅减少设计更改，从而在最短的时间内使产品完成生产制造并满足设计性能的相关能力。

以上介绍的数字化建设的相关能力既相互独立，又相互制约，共同构成一个完整的数字化能力体系。从传统看来，按照装备全生命周期的不同阶段演进，这些能力之间存在有规律的递进关系，即从顶层规划能力至维修保障能力在装备全周期中依次发挥作用。从新形势看，随着数字孪生等新型数字化仿真与建模技术的发展与应用，上述六大能力在装备全生命周期中的作用是非线性的，各大能力既串行也并行，相互影响和渗透，共同作用于装备全生命周期的各个阶段和环节。数字化能力构成如图 10 - 1 所示。

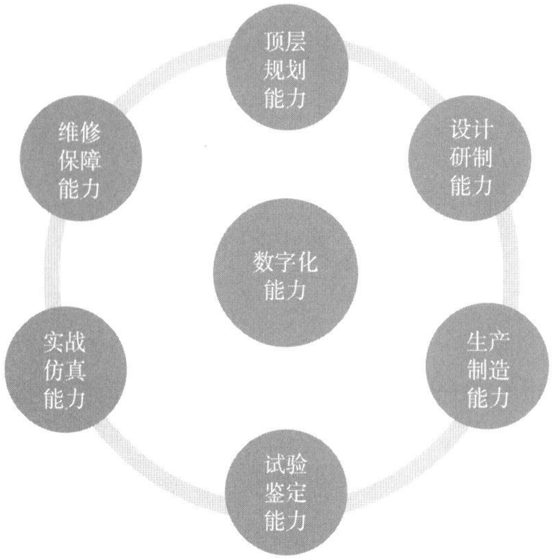

图 10－1 数字化能力构成

10.1.2 数字化能力特点

对于信息化智能化时代军工企业，在完成数字化转型之后，其数字化能力将体现出以下特点：

一是数据成为生产力的核心要素。在信息化智能化时代，数据是一切的主导。随着接入物（互）联网、工业互联网的智能设备、感知设备等不断增加，数据的获取更加简便、快捷，而且成本越来越低。同时，先进的数字化建模与仿真技术发展迅猛，为装备全生命周期管理全过程的虚拟化、数字化奠定了基础。建设数字化能力体系可以通过大数据实时提取关注问题（如装备全生命周期管理全过程）的特征信息，构建数字化三维模型，利用优化和智能算法进行学习，进一步将信息转化为解决问题的知识，而新的知识则融入知识体系转化为新的生产力。

二是生产方式突出更全面、精准地满足客户需求。在数字化军工时代，不仅大批量的生产方式得到优化，且效率也得到了持续提升，多品种、个性化和小批量生产方式将不断涌现。数字化的军工企业将构建敏捷的数字化设计与仿真研发体系，通过有效的产品配置管理和柔性的数字化加工设备与精益敏捷的生产管理，实现规模化定制，高效率低成本满足客户个性化需求，实现精准的产品全生命周期服务，全面提升客户服务质量和水平。

三是经营管理获得更及时的数据分析与决策支持。通过建立数字化军工能力，军工企业可强化集团化运作和集约化经营的优势，实现企业内部精益管理所要求的资源统筹、集中管控、高效协同和透明化管理。这具体表现在军工企业对经营数据的有效利用。通过对企业各个领域、层级业务经营数据的集中管理，充分发挥企业日常研发、制造及经营管理过程数据的价值，借助信息化智能化工具，为企业不同层级的管理人员提供更及时更贴近实际需要的辅助决策支持，真正做到企业管理有的放矢，实现充分授权与有效管控的协调统一，最终实现提高产品质量、降低产品成本。

四是通过协同优化价值链和产业链来提升研制效率。在数字化军工时代，军工企业的边界将发生变化，制造商、供应商、经销商、需求方的关系将更加紧密，四者将基于共同价值和利益，创造一个数字化网络化生态系统。价值链由关注军工企业内部转向企业之外的供销商、销售商，并充分考虑需求方参与共同创造价值，价值共创的体验成了价值的基础。产业链不再以制造端的生产力需求为起点，而是从需求端的价值需求出发提供定制化的产品和服务，并以此作为整个产业链的共同目标，使整个产业链的各个环节实现协同优化。正是由于价值链和供应链能充分发挥社会化分工协作优势，数字化军工企业将能更好、更快、更低成本地服务国防和军队建设。

10.1.3　构建数字化能力的重要性

数字化军工能力是信息化智能化时代的关键能力，对于军工企业的发展至关重要。

一是可大幅提高装备全生命周期的管理效能。数字化军工能力能够大幅提升军工企业满足信息化智能化时代武器装备建设需求的能力。这也是以美国为代表的军事强国于 20 世纪 90 年代后期开始实施装备采办数字化转型的主要原因。以 2018 年 7 月发布《国防部数字工程战略》为标志，美国国防部为实现装备采办全过程的数字化，正在实施数字工程，而数字工程就是适应信息化智能化时代的要求，改革以文本为载体的传统装备采办管理模式，实现装备全生命周期管理过程的数字化、可视化和智能化。通过表 10－1 中对比信息可知，实施数字工程后，美军将建立健全数字化军工能力，进而大幅提升装备采办效能。

表 10－1　数字工程实施前后的美军装备采办管理模式对比

	数字工程实施前	数字工程实施后
采办的方式方法	文档(二维图像),复杂抽象,不易理解	三维模型＋数据,全面直观,便于理解,而且模型与实物之间可互动
采办的数字化程度	基本实现设计和产品的数字化,采用模拟仿真手段	实现采办全过程的数字化,采用数字化仿真手段
采办的数据管理	异构多源、不兼容、不统一	标准化、规范化(即唯一数据源)
采办各阶段关系	相互割裂,呈线性、静态、孤立、非连续性和串联式状态	一体化程度高,呈线性或非线性、动态、互动、连续性和并联式状态
采办效能	未实现完全的数字化,不能满足信息化智能化战争采办需求,总体效率低下	基本实现数字化、可视化和智能化,能满足信息化智能化战争采办需求,总体效率较高

二是能够大幅提升装备质量。数字化能力建设可赋予军工企业强大的数字化装备质量管理能力。数字化质量管理是在现代装备管理技术的基础上，综合运用计算机、数字化、网络通信以及先进制造等一系列现代化技术，建立数字化质量管理信息系统为核心的管理工具，量化管理对象与管理行为，覆盖产品全生命周期质量管理的各个阶段，实现质量管理过程的数字化、网络化、集成化以及规范化。当前，数字化质量管理正成为推动产品质量持续改进和不断提升的新技术。

在装备研制质量控制过程中，数字化军工能力体系所采用的数字孪生技术可用于开发装备的虚拟样机，实现装备物理参数的精确化和可视化，并验证其设计精确度，减少返工率；模拟、仿真和验证装备在不同作战环境下的性能和表现，可提升装备研制的准确性和作战适应性。同时可以建立数字化的虚拟生产线，进行生产过程仿真、数字化生产、关键指标监控和过程能力评估，从而降低装备研制成本、加速新装备列装和战斗力形成。

在装备保障质量控制过程中，通过现役装备的数字孪生体，保障部门可优化维修保障策略，实施远程监控和预测性维修；构建针对不同作战场景、不同生产过程的经验模型，优化装备生产指标，改进装备质量，避免装备故障发生；精准掌握装备使用反馈和需求，避免研发和列装的决策失误。

10.1.4 构建数字化能力做法

当前的百年未有之大变局对我国军工企业是机遇也是挑战。一方面以美国为代表的发达国家军工企业数字化能力建设快速发展为我国军工企业发展建设指明了参考方向，另一方面又给我国军工企业带来巨大压力。当前我国数字化能力建设与美国等发达国家存在差距，处于相对落后的状态，为满足国家战略要求，提升国家竞争力，突破部分西方国家对我国战略封锁。可通过以下几点加快我国军工企业数字化能力的建设。

一是加强战略统筹与规划，加速推进数字化军工能力建设。以习近平强军思想为根本遵循，以夯实打赢信息化智能化战争的基础为基本目的，对标国外先进军工企业，制定我国军工企业数字化军工能力建设的发展战略规划。军工企业数字化能力建设是一项复杂的系统工程，涉及人、组织、管理、技术、知识、环境等多个影响因素，且各因素之间相互作用、紧密耦合，传统的决定论已经难以解决这类复杂系统的问题，必须站在系统的高度，考虑复杂系统的不确定性、非线性、涌现性等，从系统整体上解决问题。同时也是一项长期的战略行动，需要长期投入和着眼于企业的长期绩效提升，并且根据环境（包括市场和技术）的变化和建设的进展，及时调整探索的方向、步长，不断优化整体解决方案，从而确保建设目标的实现。

二是加强标准模型的开发与应用，强健数字化基础设施。当前我国军工企业现有的数字化基础设施建设与应用水平不高的现状制约了我国数字化能力的建设与发展，而推动数据和数字模型的标准化规范化则是解决这一瓶颈问题的根本途径。因此，建议军工企业引入模型驱动的架构（MBD）等关键技术，通过开发“唯一数据源”，即权威、标准和统一的基础数据和数字模型，使数据与模型统一标准，以此强健数字化基础设施应用。

三是加强社会化协作，推动供应链价值链数字化。当前我国多家军工企业被美国列入科技封锁黑名单，我国军工更是应该突破传统的自我配套、自成体系的发展思路，探索数字化转型与安全保密之间的平衡点，突破企业边界、开展社会化协作，成立数字化制造联盟，推动供应链、价值链的数字化和一体化。

10.2　一流军工企业实践

10.2.1　加强顶层设计与统筹规划，积极响应军事变革与战略转型需求

标杆企业将信息化建设视为提升制造能力和技术水平的重要手段。

洛·马公司开创了网络化、数字化全球协作和虚拟企业联盟模式，其联合攻击战斗机团队借助于“基于模型的企业（MBE）”模式，项目研制周期缩短 50%。在数字工厂建设方面，臭鼬工厂将建造真正的无人机系统作为数字孪生的实体模型，并由技术方向公司（TDI）的发动机提供动力。

雷声技术公司积极响应新军事变革和战略转型需求，大力推进 5G 技术应用，信息化研制模式取得显著成效。同时，将信息化视为实现项目、工程、企业运营间连通的最好方式，通过构建信息化协同工作平台和虚拟样机在产品研制全生命周期中的融合应用，实现武器装备的数字化设计、数字化制造以及数字化服务保障，提高武器装备研制水平。

空客公司设立了数字化转型办公室，推进数字孪生在飞机全生命周期的研究应用，收集、整合飞机制造资源、气象、空管、航空公司等合作方数据，以云计算、存储为基础，通过人工智能和机器学习建模，打造了空客公司数字孪生平台，通过模型预测生产中的瓶颈，有效优化运行效率。

10.2.2　加强先进企业数字化管理变革，提升运营与管控效能

标杆企业雷声技术公司将企业管理信息化、数字化、智能化视为提升企业运行能力和效率的重要手段，积极响应信息化变革和数字化转型需求，大力推进企业数字化管理并取得显著成效。

在计划管理方面，雷声技术公司建立了先进的计划与进度管理系统，通过持续开展顾客满意度的调查工作，并结合反馈意见不断改进，实现了供应商/顾客参与新产品开发、关键供应商基于看板原则的准时供货等功能模块开发，实现与顾客及供应商数据和信息交换目标，确保研制生产计划任务能够按期高效开展。

在产品全生命周期管理方面，雷声技术公司于 2010 年起开始部署 PLM 软件——Windchill 作为其全球产品开发管理的基础平台，建立了通用的产品展示形式，优化产品的创新和设计环境。在此基础上，又先后建立了产品数据管理（PDM）系统、产品信息管理（PIM）系统、电子商务系统，最终实现与政府的承包商综合技术信息服务网（CITIS）之间的加密连接。雷声技术公司在改进型海麻雀（ESSM）项目上成功应用了电子商务模式，通过利用上述平台将 ESSM 的所有合同数据包安全可靠地发送至项目办公室。

在物流管理方面，雷声技术公司开发了物流管理系统（ISCM），实现从基础制造到传递运输的全过程实时管理。ISCM 系统综合了财务、会计、固定资产、质量及生产计划管

理等应用，具备生成采购清单、应付账款及存货信息等功能。

在企业资源管理方面，雷声技术公司采用主流的 ERP 软件——SAP 及 Oracle 进行经济运行管理、商务管理、人力资源管理等业务。同时建立了集分析工具、地理查询工具和知识管理工具于一体的集成环境系统——DUKE 系统及其数据挖掘系统，为企业提供决策支持。

10.2.3 构建数字化系统工程体系，提升产品实现能力

雷声技术公司通过构建信息化协同工作平台、推动虚拟样机在产品研制全生命周期中的融合应用，广泛采用快速原型、虚拟试验、虚拟制造等先进数字化设计和制造手段，实现装备的数字化设计、制造与保障，提高装备研制水平。

一是打造以“产品 V 型设计系统”（图 10－2）为核心的系统工程模式，使产品研制降本增效。雷声技术公司采用“产品 V 型设计系统”进行产品开发设计，V 型图涵盖从最初的用户需求到设计、开发、交付等产品研发的全过程，是基于多学科的系统方法。面向入门级系统、软件和硬件工程目标受众，雷声技术公司通过开发系统工程原理（PoSE）课程来介绍 V 型图及其应用。

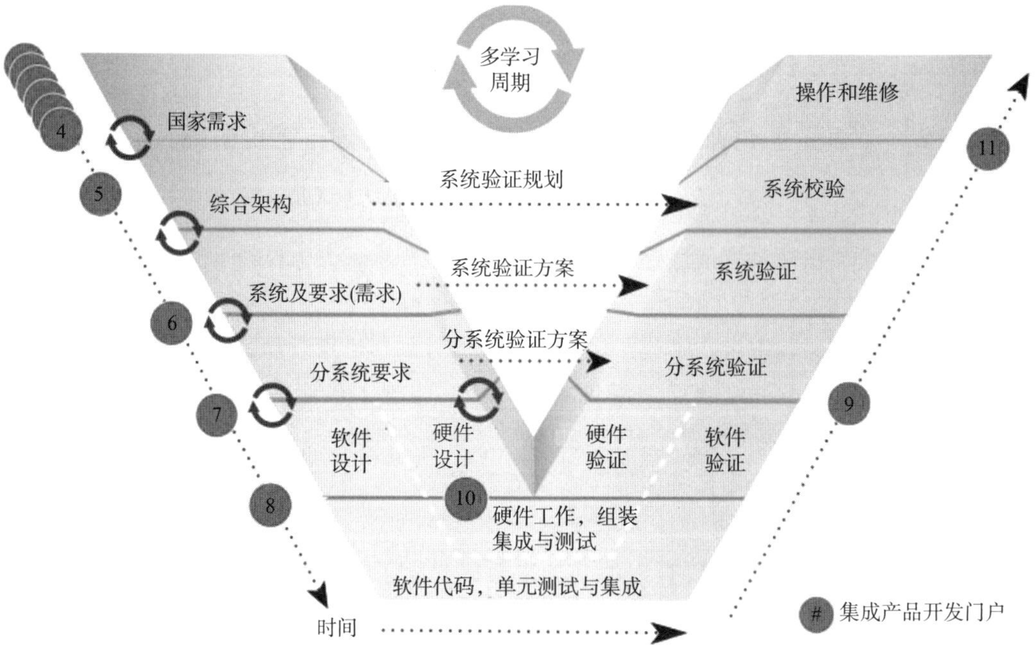

图 10－2　雷声技术公司“产品 V 型设计系统”

二是采用并行工程的思想建立集成产品开发等模式，提高产品开发速度和成本效益。雷声技术公司运用并行工程的思想建立了集成产品开发（IPD）模式，便于“产品 V 型设计系统”更好地实施，以拿出更好的解决方案满足用户需求。通过建立多层次的集成产品团队（IPT）为组织保障，将多学科、跨部门、跨企业协同的组织模式应用到所有项目中。

同时通过建立基于模型企业（MBE）及产品线工程（PLE）模式以支撑“产品 V 型设计系统”能够更好地实践，如图 10 - 3 所示。

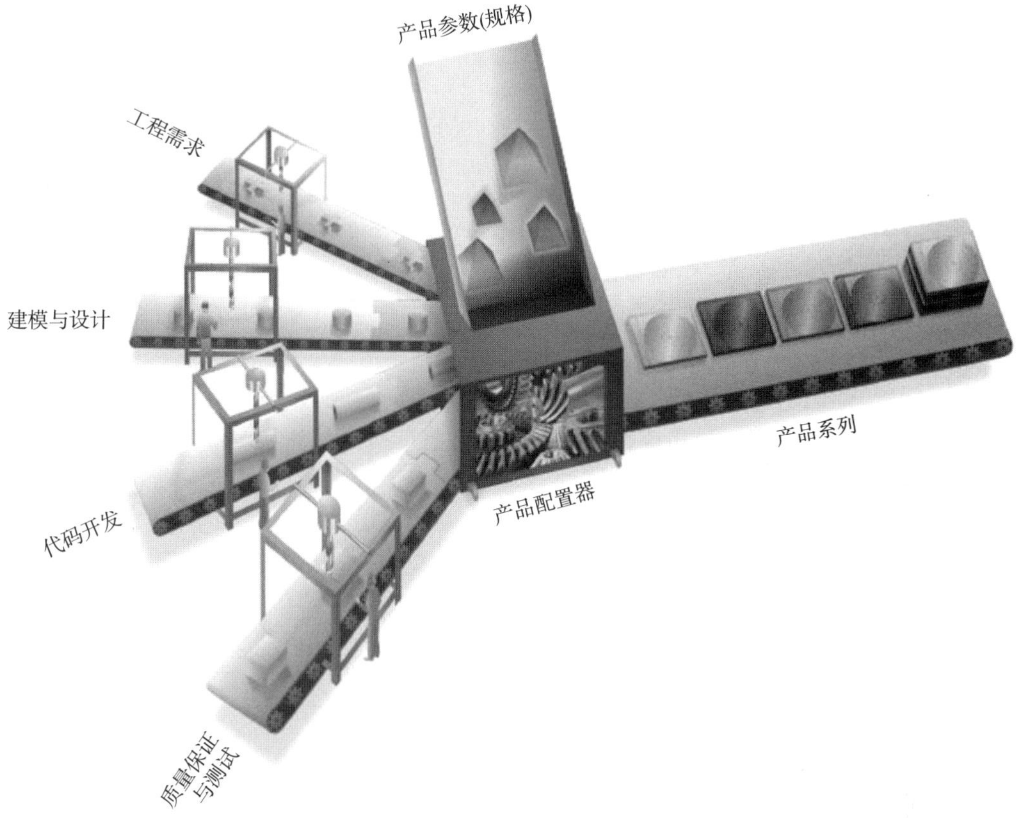

图 10 - 3　雷声技术公司“产品线工程（PLE）”方法

10.2.4　创新数字化协同设计研发平台，打造数字化的产品全生命周期管理流程

一是雷声技术公司通过开发洞穴式自动虚拟环境系统（CAVE），将 3D 建模、虚拟现实和远程协作技术综合应用于导弹研制过程，实现创新产品协同设计，为工程师创造身临其境的设计与工程环境。CAVE 是一种由投影显示和硬件交互终端等感知器件组成的沉浸式虚拟现实显示系统，通过融合高分辨率立体投影技术、多通道场景同步技术、音响技术、传感器技术，形成一个立体三维环绕影像虚拟环境系统。将该系统运用到导弹研制环节，可以设计导弹的弹体结构和内部元器件布局，实现高效可靠的导弹产品设计。此外，设计人员通过运用 CAVE 系统可开展异地在线导弹设计讨论或战场环境模拟，真正实现实时异地协同设计的目的。通过利用 CAVE 系统对高超声速空射武器概念（HAWC）原型机飞行试验进行仿真，可以大大提高模型保真度以及预测准确性，同时能够发现风洞试验中存在的异常情况，将产品设计开发、试验、测试时间缩短 30%以上。沉浸式设计中心的协作、互动与虚拟场景如图 10 - 4 所示。

图 10-4 沉浸式设计中心的协作、互动与虚拟场景

二是雷声技术公司通过开发基于模型的数字线程（MBDT），以数字方式串联建模工具和流程，在产品全生命周期中形成唯一、连续的知识链，使得模型标准、库和工具可以实现跨客户、跨工程、跨制造和售后市场链的关键信息交流。例如，雷声技术公司通过数字线程提升整个供应链的联通性，大大减少供应周转时间，将交付效率转化为产品竞争力。同时，通过连接成本模型，帮助军方更精准地了解未来数十年的生产、运营和维护成本。

10.2.5 加强增材制造技术、专用装配机器人等应用，提高导弹结构制造与装配效率，降低产品误差

一是雷声技术公司在导弹部件的制造中通过使用增材制造技术，实现复合材料涂装、异种气动外形、成型方式效果等方面的快速制造，同时通过增材制造技术一次成型，实现结构、动力、材料环境特性等参数要求，尤其是在电子电路、结构件等制造中进行大量应用。当前，雷声技术公司已实现在整个产品开发周期内应用增材制造技术，例如早期方案论证阶段的模型和验证样件的开发；产品装配和集成阶段的工具、夹具的生产评估和现场测试阶段的样件、设备的开发；老旧替代件的快速生产等。在“爱国者”导弹、“神剑”精确制导炮弹等装备制造过程也应用了增材制造技术，实现了制造工艺与流程的创新。如图 10-5 所示为采用增材制造技术打印的“神剑”炮弹零部件。

二是雷声技术公司凭借导弹总装厂自动化能力优势，开发定制了专用装配机器人，机器人可以利用机械运动优势，实现高精度重复装配工作，在高度自动化的生产制造中实现人力解放。通过在末端执行器配备视频检测系统，实现安装过程中不断校准误差，保障产品的精细化装配效果。在“小直径炸弹Ⅱ”制导段测试单元的装配、检测流程中，雷声技术公司利用 Fanuc 六轴机器人将各种零部件传送到各个制造单元和测试单元，并在超净间实现各类产品的准确移动、装配，如图 10-6 所示。

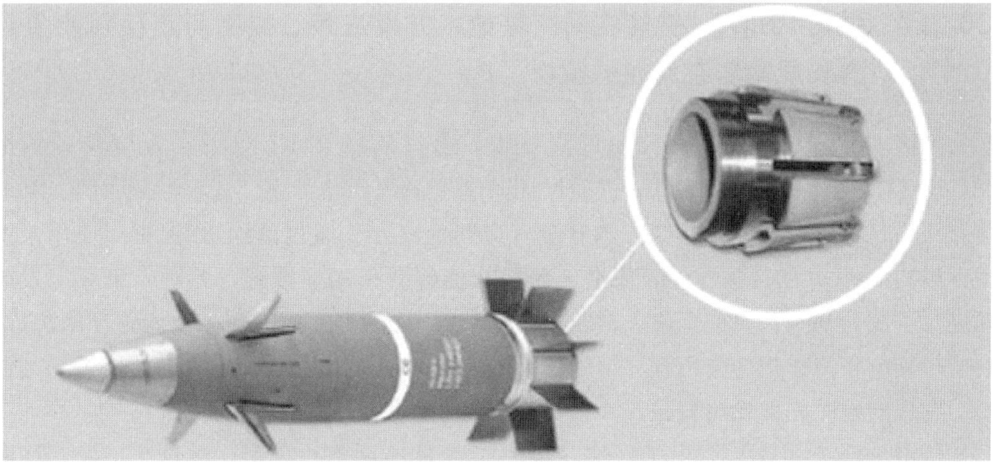

图 10-5　采用增材制造技术打印的“神剑”炮弹零部件

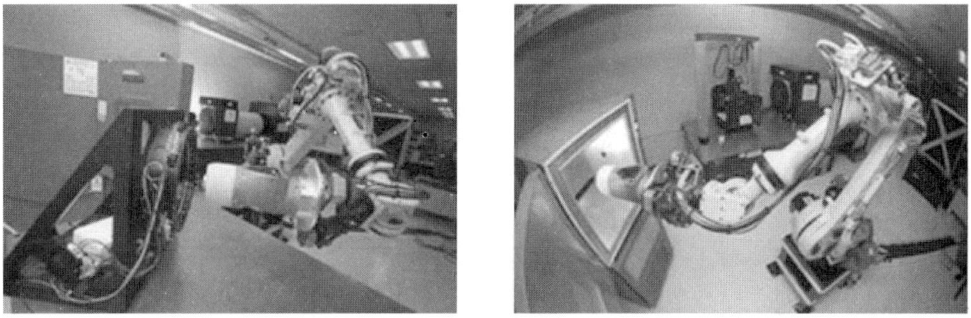

图 10-6　利用专用机器人装配导弹

10.2.6　加速推进多种信息化研制模式建设，扩展数字化生命周期，增强临界产率

洛·马公司作为航天防务公司代表，不仅积极响应新军事变革和战略转型需求，同时大力推进多种信息化研制模式的开展与建设，并取得显著成效。

一是洛·马公司联合攻击战斗机（JSF）项目开创了网络化、数字化全球协作和虚拟企业联盟模式，其 JSF 团队借助于“基于模型的企业（MBE）”模式，实现了项目研制周期缩短 50%，人员和工时减少 50%，工装比 F-22 减少 50%，制造和装配成本比 F-22 降低 30%～40%。

二是洛·马公司通过扩展 PLM 数字化产品生命周期管理，解决研发中心管理软件的应用问题，进而在整个产品价值流内有效执行构建、生产、管理等流程，增强生产制造周期中协同与创新。同时还能够打破地域限制，提供设计及构建能力，满足航空公司全球市场提出的要求，增强工程与制造部门间的协同，进而缩短变更所需的时间，增强临界产率，成功地对一个拥有世界各地的客户且客户要求各不相同的高度复杂战斗机产品的过程及数据进行管理。

10.2.7 强化 BMC、“智能空间”等技术方案应用，提高问题预判能力，促进长周期复杂问题的解决

一是洛·马公司为满足新飞机的高要求，通过依靠 BMC Atrium 配置管理数据库（CMDB）解决方案存储 IT 信息，进而保证其制造系统操作无误。通过利用 BMC Atrium 发现和依赖映射（ADDM）解决方案管理资产间的交互，通过 ADDM 捕捉旧应用系统的数据存储到 CMDB 的数据库中，使洛·马公司能够获得相应数据，并对未来可能发生的问题进行了成功预判。当前，洛·马公司正在实施 BMC ProactiveNet 性能管理解决方案，达到监控其电子工作指令应用程序部件的目的，同时能够向生产线上的工人提供详细制造步骤，发现问题时立即发出警报。

二是洛·马公司在沃斯堡工厂部署了 UBI 智能空间解决方案，通过该工业互联网解决方案，结合模型和数据，对实际生产研制的流程和移动资产进行定量定性分析。同时，“智能空间”还为制造商的工业 4.0 战略提供了一个基础平台，通过建立一个实时镜像生产环境的数字孪生，将现实世界中的活动与制造系统相连接，实时监测三维空间中的交互，使用空间事件来控制流程并使环境根据工人移动做出反应，解决了航空航天制造商面临的许多长周期和高复杂性的问题，提高生产效率，减少因生产延误带来的巨大损失。

10.2.8 积极搭建先进生产设施，加快生产速度，提高生产质量

洛·马公司通过智能工具、联网机器、联网供应链以及 AR/VR 对工厂进行彻底变革，以加快生产速度并提高生产质量，并在美国建设 4 家数字工厂。这些工厂可以连接到智能工厂框架（IFF），IFF 是一个边缘计算平台，可通过物联网实践保护、扩展和标准化设备连接。4 家数字工厂集成了洛·马公司先进制造能力的三个特征：智能工厂框架；技术赋能的先进制造环境；灵活的工厂结构，具备满足日益繁重的生产制造任务所需的速度和敏捷性。数字工厂详细信息如图 10－7 所示。

一是航天器、测试、组装和资源中心（STAR）。由洛·马公司太空团队在佛罗里达州泰特斯维尔设立，该工厂负责猎户座航天器外壳隔热罩和后壳面板的组装和测试、机组模块的制造和测试、推进控制和生命支持系统的组装和测试、地面保障设备的生产。

二是 SkunkWorks 数字工厂。2021 年 8 月，洛·马公司在其位于加利福尼亚州帕姆代尔的园区和 SkunkWorks 总部完成了先进制造设施的建设。这座占地 215000 平方英尺的智能、灵活工厂拥有数字化基础，可以整合智能制造组件，并以经济实惠的方式快速提供尖端解决方案，以支持美国及其盟国。

三是导弹装配 4 号大楼（MAB4）。由太空、导弹和火控（MFC）部门联合建造，位于亚拉巴马州的考特兰，该工厂配备工业机器人、智能扭矩工具、AR 设备等。洛·马公司旨在将该工厂建设成高超声速导弹生产中心。

四是联合空对地防区外导弹（JASSM）工厂。由 MFC 部门在亚拉巴马州特洛伊市建设，以扩大 JASSM 的总装能力。

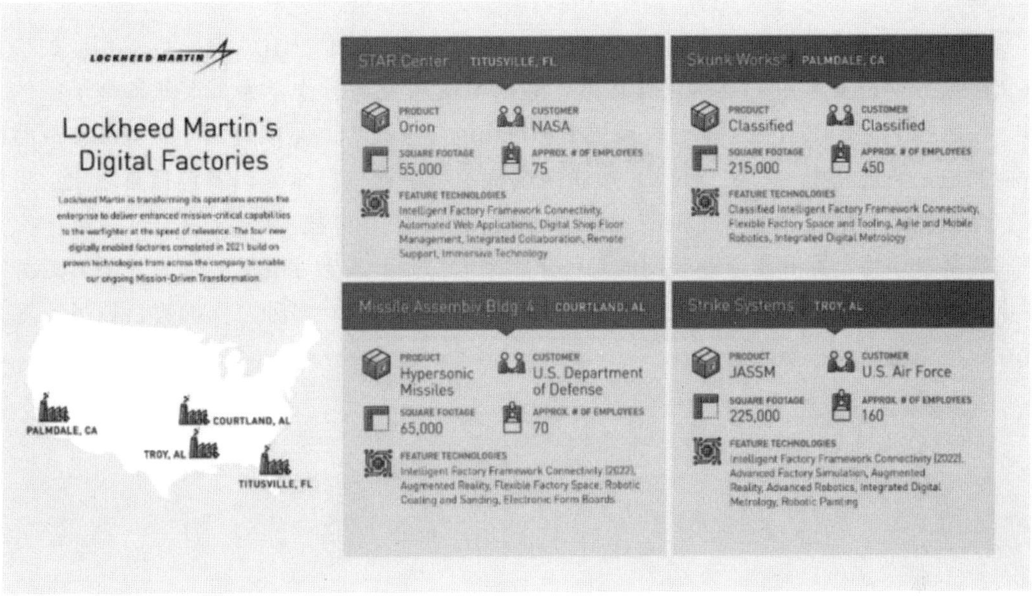

图 10－7　数字工厂详细信息

10.2.9　持续开展以数字样机、三维模型为核心的数字化并行工程，提高产品研制协作效率

波音公司是世界上最早应用数字样机技术的企业，在波音 777 研制中，该公司采用数字化技术构建了包含 300 万个零件的波音 777 数字样机模型，用以取代制造物理样机，并基于数字样机进行零件装配干涉预检查和可靠性、可维护性的仿真，使设计工程师和制造工程师可基于数字样机开展并行工程，把飞机在制造、装配和飞行过程中可能出现的问题尽量解决在制造前、装配前和试飞前。波音公司与美国空军合作构建了 F－15C 战斗机机身基于数字样机和数字孪生技术的“自主式保障系统”，通过实时技术状态和使用健康数据，实现对机身结构进行跟踪、管理和预测，即可预测结构组件何时到达寿命期限，调整结构检查、大修和备件更换时间。同时，波音公司“德尔它－4”火箭制造与装配过程，以及泰勒斯-阿莱尼亚航天公司卫星设计研制过程均通过数字样机技术等三维数字化手段取得显著效果。

2021 年 5 月，波音公司宣布首架 T－7A“红鹰”高级教练机在不到 30 分钟内实现了前后机身对接，这与传统的对接流程相比，耗时减少了 95%，且飞机质量还显著提高，充分验证了利用数字工程技术后获得的优势。

另外，SpaceX 公司通过采用西门子公司 NX 和 Teamcenter 软件实现产品设计仿真和产品数据管理的标准化。NX 支持 SpaceX 公司从设计到制造的整个流程集成，增强其在整个企业范围内有效利用信息的能力；Teamcenter 是全球应用最广泛的产品全生命周期管理软件，支持 SpaceX 公司有效管理产品设计数据和技术规格，降低开发成本，提高协作效率。

雷声技术公司还围绕运营、制造、售后等相关环节加强信息化工具开发应用，加快数字化转型。一是实施基于云的业务运营，通过与微软公司合作，为员工配备基于云的工具、技术和平台，以增强协作、提高效率和市场响应速度。二是实施基于工业 4.0 战略的智能制造，通过利用物联网（IoT）和联网设备等数字通信技术，以及包括自动化、机器人、虚拟现实和闭门加工（closed - door machining）在内的先进制造技术，创建一个完全集成的制造环境，提升制造和装配的现代化水平。三是开发数字化售后服务工具，为客户提供飞机发动机维护定制化解决方案和服务，该工具包含 70 多种不同的售后服务，客户可在线按需选择维护解决方案。

第 11 章　世界一流的品牌能力

11.1　一流特征

11.1.1　基本概念

目前，人们比较认同美国著名营销学家菲利普·科特勒的定义："品牌是一种名称、名词、标记、符号或设计，或者是它们的组合运用，其目的是借以识别某个销售者或某群销售者的产品或劳务，并使之同竞争对手的产品或劳务区别开来。"

11.1.1.1　品牌概念辨析与分类

(1) 品牌与商标概念辨析

商标是指商品生产者或经营者为使自己的商品在市场上与其他商品生产者或经营者的商品相区别，而用于商品或其包装上的，由文字、图案或文字和图案的组合所构成的一种标记。一般，商标经过国家商标管理机构审核注册后，其商标所有人就有了使用该商标的各项权利。商标受法律保护，未经许可其他人无权使用，具有排他性。商标与品牌的关系可以总结如下：

一是品牌无须注册，品牌标识一经注册就成为商标，从这个意义上讲，商标是受法律保护的品牌。商标是通过形象、生动、独特的视觉符号将产品的信息传达给顾客，其目的是将不同的产品区别开来。一般情况下企业注册商标都作为品牌标识，是品牌的一部分。品牌则不同，品牌一旦得到市场认可便有了价值。除商标标识外，品牌还强调定位、核心价值、个性等信息，传达给目标市场，使顾客据以识别和认同。

二是商标权有国界，品牌使用无国界。商标具有专用性，在同一国家，同一商标只能有一个商标注册人在指定的商品上注册并持所有权，不能有多个注册人。同时，商标获得注册后，商标注册人依法取得商标所有权，其他人未经商标所有人同意不准使用，否则构成侵权。品牌则不同，可以多人使用、可在多国使用。

三是品牌代表的是文化与价值承诺，商标则更突出其法律上的排他性。品牌比商标内涵更加广泛，是一种文化与个性的代表，从消费者的角度讲是服务与品质的象征，得到的是消费者的信赖与忠诚，而商标则只是一个具有排他性的法律认可的标识。

(2) 品牌与产品

品牌与产品是具有相关性又相互区别的两个概念。

产品主要体现其功能属性，是现实存在的，产品可以有品牌，也可以没有品牌。品牌是存在于消费者心目中的某种情感、感受、偏好、信赖的总和，品牌的形成基于产品，也基于整个营销、服务等环节。

11.1.1.2 企业品牌战略概念

凯文·莱恩·凯勒认为：品牌战略的本质是围绕“以顾客为本的品牌资产”而进行建立、评估和管理的一系列行为。以顾客为本的品牌资产就是由于顾客对品牌的认识而引起的对该品牌营销的不同反应。与无品牌的产品相比，顾客更倾向于品牌产品，并会对它的市场营销做出较积极的反应。为了从品牌上获得一系列潜在的利益，企业应当懂得如何建立、衡量和管理品牌资产。凯文·莱恩·凯勒认为战略品牌管理涉及创建、评估及管理品牌资产的营销计划和活动的设计和执行，其流程包括四个步骤：识别和确立品牌定位和价值、计划和执行品牌营销活动、评估和解释品牌业绩、提升和保持品牌资产。他同时提出了两个重要的战略工具：品牌-产品矩阵和品牌等级，通过定义各种品牌和产品的关系，系统地阐明品牌战略。

余阳明、姜炜在《品牌管理学》一书中指出，企业品牌在塑造的全过程中，必然会随着外部环境的变化而采取不同的品牌战略，这些战略有：在具备了内外部条件的情况下进行内部规模扩大化或者外部兼并和联合（扩展战略）、在残酷的竞争环境下采取维持经营战略以及迫于内外部的不得已因素而采取的防御和收缩战略，也可能是这些战略的组合。

李刚、伍静（2007）认为，所谓品牌战略是指企业通过创立市场良好品牌形象，提升产品知名度，并以知名度来开拓市场，吸引顾客，扩大市场占有率，取得丰厚利润回报，培养忠诚品牌消费者的一种战略选择。品牌战略是现代企业市场营销的核心。他们认为，构筑一个成功的品牌需要从品牌定位、产品研发、质量保证、宣传策划、形象维护等方面入手。品牌战略的实施要和企业核心竞争力的提升同时进行。

张毅、龙新桥（2008）认为，品牌战略是企业为了提高企业产品的竞争力而进行的，围绕着企业及其产品的品牌而展开的形象塑造活动。同时，他们认为品牌战略包括本土化战略和全球化战略、市场竞争战略、可持续发展战略以及多元化战略。

钱若（2005）认为，品牌战略是指企业以品牌的营造、使用和维护为核心，在分析研究自身条件和外部环境的基础上所制定的企业总体行动计划。其本质就是将品牌作为核心竞争力，创造差异化的竞争战略。

张凤凉、张犁军（2009）认为，品牌战略是指将品牌作为核心竞争力，以获取差别利润与价值的企业经营战略。其本质是创造差异化的竞争战略，使企业在产品、技术与服务日趋同质化的社会背景下，谋求以品牌创造差异化来占领市场。

周弋洋、易卉（2009）认为，品牌战略是企业以品牌的营造、使用和维护为核心，在分析研究自身条件和外部环境的基础上所制定的企业总体计划。品牌战略是通过品牌管理来提高产品竞争力的策略，即通过创立品牌，提高产品和企业的知名度，靠品牌来开拓市场，增大市场份额，提高产品的市场占有率。

LouCooper（2010）认为，对于期望融入全球品牌中的品牌，可以采取五种品牌战略，包括创建强有力的以及持续的品牌文化、开展无尽的营销、以企业内部为中心、引入全球结构、视顾客为合作伙伴。

11.1.2 建设理论

对品牌创建、品牌传播、品牌维护与品牌提升的全过程进行理论分析。

11.1.2.1 品牌创建

品牌创建包括品牌设计、品牌化决策、品牌定位、品牌个性。

品牌设计是指利用图案、文字、文字加图案合理搭配色彩等方式对品牌标志（品牌标识）进行设计，使其能够给予消费者和社会公众视觉上的冲击力。

品牌化决策是指决定企业是否使用品牌，使用哪种类型的品牌，怎样安排品牌组合结构，如何扩展品牌等一系列决策的过程。

品牌定位是指建立一个与目标市场相关的品牌形象的过程与结果，即为某个特定品牌确定一个适当的市场位置，使商品在消费者的心中占领一个有利的位置，并与其建立一种内在的联系，当某种需要一旦产生时，人们就会先想到某一品牌。

品牌个性是指与品牌相连的一整套人格化特征，是品牌与现在和将来的消费者相联系的纽带。

11.1.2.2 品牌传播

品牌传播是指品牌所有者找到自己满足消费者的优势价值所在，用恰当的方式持续地与消费者交流，促进消费者的理解、认可和信任，产生再次购买的愿望，并不断维护对该品牌的好感的过程。

11.1.2.3 品牌维护

品牌维护包括品牌资产评估、品牌保护与危机管理。

品牌资产从财务会计角度是指品牌在市场上给产品价格或销售额所带来的增值，最终反映为企业财务报表或金融市场的价值增值；从消费者视角是指消费者与品牌之间的关系，是基于消费者对品牌的认知、认同和忠诚而存在的；从品牌力视角是指消费者对某个品牌形成的概念对其购买决策的影响程度。

品牌资产评估是指对品牌的价值做出合乎情理的评价，使品牌资产化。

品牌保护与危机管理是指企业针对外部环境的变化给品牌带来的影响或危机状态，所进行的维护品牌形象、保持品牌市场地位的一系列活动的总称。

11.1.2.4 品牌提升

品牌提升包括品牌延伸、品牌运营、品牌国际化。

品牌延伸是指借助原有的已建立的品牌地位，将原有品牌转移使用于新进入市场的其他产品或服务，以及运用于新的细分市场之中，以达到以更少的营销成本占领更大的市场份额的目的。

品牌运营是品牌外部扩张的重要途径，一种是运营品牌资产进行品牌联合、品牌特许经营、授权经营，另一种是品牌利用资本市场进行扩张，包括企业通过上市实现品牌扩张，通过品牌并购实现品牌扩张。

品牌国际化，又称品牌的全球化经营，是指将同一品牌以相同的名称、标识、包装、广告策划等向不同的国家、地区进行延伸扩张的一种品牌经营策略，以实现统一化和标准化带来的规模经济效益和低成本运营。

11.1.3 作用影响

中央全面深化改革委员会第二十四次会议审议通过的《关于加快建设世界一流企业的指导意见》中提出："要加快建设一批产品卓越、品牌卓著、创新领先、治理现代的世界一流企业。"将建设世界一流企业作为行动纲领提出来，为加快建设世界一流企业指明了方向，也进一步明确了世界一流企业的评判标准。可以看出，品牌卓著是世界一流企业发展的必要方向。

品牌是企业乃至国家竞争力的重要体现，也是赢得世界市场的重要资源。品牌，是企业重要的无形资产，是企业走向世界的通行证，是体现国家核心竞争力的有力名片。所谓卓著，是优异而显著的意思。优异说的是内涵，品牌的内涵应该蕴含优秀的文化内容、思想内容、精神内容、质量内容；显著说的是品牌的声誉，好品牌应该家喻户晓，应该世界闻名，应该成为世界市场的一面高高飘扬的旗帜。产品卓越是品牌卓著的基础，品牌卓著是产品卓越的助力。

经分析发现，影响企业品牌建设的因素主要包括企业战略、企业文化、企业产业与产品格局、企业管理架构与管控模式等多个方面。企业战略对品牌建设的影响主要表现在：品牌建设必须以企业的发展战略为依据，根据企业在未来一段时间内的发展目标、发展重点、发展途径来设定未来一段时期内企业品牌建设的目标、重点以及途径。企业文化对品牌建设的影响主要表现在：企业文化是品牌形成和传播的基础，品牌标识的设计、品牌的核心价值主张都要与企业文化相对应、相匹配。企业产业与产品格局对品牌建设的影响主要表现在：企业品牌建设必须与产业、产品格局相适应，若企业经营范围较为单一、产品种类不多，则可以考虑采取单一品牌；若企业为企业集团，产业领域广泛，产品种类较多、相关性差，并且产品档次参差不齐，则很难实现单一品牌模式，目前国内多数国有大型企业都采取混合的品牌模式，进行分类管理，逐步过渡。企业管理架构与管控模式的影响主要表现在：企业管理架构是企业设置品牌管理组织架构的基础，企业的管控模式也决定了品牌的管控模式，若企业为财务管控，则品牌管理很可能采取分权管理的模式，若企业为经营管控，那品牌管理则最可能是集中管理的模式，若企业为战略管控，那企业的品牌管理则会比较复杂，要恰当把握企业集团总部管理的集权程度以适应企业的管控模式。品牌能力建设是一项系统工程，对于企业而言，由于企业发展各具形态，品牌管理也难以照搬其他企业的管理模式，必须从影响企业品牌建设的因素入手，通过全面、细致、科学的分析来确定与企业管理体制、产业发展特点相适应的发展模式。

11.2　一流军工企业实践

11.2.1　紧密围绕企业战略转型来转变品牌发展观念

在 20 世纪 90 年代，当全球最初的新军事革命思想提出来时，主张的就是停止把军工企业看作是飞机的制造者、舰船的制造者，而是转型为军事服务体系供应商。洛·马公司与其他顶级防务合同商一样深刻地体会并参与其中，大刀阔斧地进行变革，该公司深刻明白，即便是军事竞争也早已不是单件兵器对单件兵器的竞争，而是全价值链对全价值链的竞争，是企业品牌对企业品牌，是产品品牌对产品品牌，是研发能力对研发能力，是制造体系对制造体系，是产品系统对产品系统，是平台对平台的竞争。如今的洛·马公司是世界最大的防务合同商之一，同时可以说是世界上最大的软件公司，因为它每年编写的代码已经超过微软。

波音、空客公司在进行品牌建设的前期通过市场调研、对特定目标市场地区的了解和专业的品牌研究机构分析，明确了企业的使命、价值观和品牌理念，这些有利于企业的品牌定位和推广。具体情况见表 11－1。

表 11－1　波音公司及空客公司品牌使命及价值定位

	波音公司	空客公司
使命	领导航空工业，永为先驱，应付重大挑战与风险	制造最好和最安全的航空器
价值观	领先、诚信、品质	安全、品质、性能
战略	良好的运转核心业务，将优势融入新产品和服务，开拓和探索新领域	为满足航空公司和运营商的需求，生产出最先进的飞机系列
品牌战略	以多元化和全球化支撑品牌影响力，驱动资产、拓展新领域，保持领先	以高科技和高安全性能，打造航空运输行业和航空旅行领域全球最有影响力的国际化知名品牌
主要理念	未来“点对点”的城市间模式才是民用航空市场的主要需求	未来主要以航运枢纽城市为中心的超远程中转飞行，因而海量运力是发展关键

11.2.2　根据企业的发展情况对公司品牌实施动态优化调整

在品牌结构方面，由于洛·马公司原主要业务是航空、电子、信息技术、航天系统和导弹，因此其品牌结构为“一牌多品”＋“独立品牌”模式；臭鼬管理模式——具有世界影响力的高度自治管理模式，主要在臭鼬工厂出品相关产品上使用。在品牌建设方面，洛·马公司并未放弃原洛克希德公司与马丁·玛丽埃塔公司品牌形象，其新的品牌 logo 继承了两家公司的原名称，其品牌一直保持延续性有利于客户认可公司重组后各领域的相关产品；同时，该公司对新 logo（品牌）赋予了全新的企业使命及品牌核心价值观——“我们永远不会忘记为谁工作”（延伸含义：为美国国防事业工作），该企业使命及品牌核心价值观助力洛·马公司在美国国防市场和世界防务市场占据领导地位。具体情况见表 11－2。

表 11－2　洛·马公司品牌优化过程

洛克希德公司原品牌	马丁·玛丽埃塔公司原品牌	洛·马公司现在品牌	企业使命及品牌核心价值观	独立品牌	
				logo	说明
20 世纪最初使用	马丁飞行器公司				臭鼬工厂企业品牌及对外宣传 logo
	马丁公司				
20 世纪 70 年代使用	马丁·玛丽埃塔公司		我们永远不会忘记为谁工作		臭鼬工厂出品相关产品 logo

波音、空客公司的品牌建设注重市场变化、目标国（地区）的国别政策和风土人情，对品牌推广实行动态调整，以便建立良好的企业全球化品牌形象。其实施重点是：以品牌驱动资产；以品牌全球化为目标，树立企业品牌公益形象，打造全球企业公民。

11.2.3　构建系统完善、反应快速的公司品牌应急处理机制

波音、空客公司都具备完善的危机处理机制和紧急处理方案，以便应对突发情况，维护品牌形象，减少企业损失。其一般分为三个步骤：快速反应、积极处理、危机公关。例如，波音公司品牌危机处理方式，具体情况见表 11－3。

表 11－3　波音公司品牌危机处理方式

快速反应	第一时间发布紧急通知； 坦诚的态度
积极处理	严格的技术保障体系； 进行安全检查； 无偿提供备换部件
危机公关	畅通的信息反馈系统； 敏捷成熟的公关技巧

11.2.4 组建科学规范的公司品牌专业管理团队

波音、空客公司为便于品牌建设各方面管控及企业整体整合时（如 2014 年 5 月 EADS 更名回空中客车公司并对下属企业进行调整）的品牌战略调整，建立了一支包括企业高管、公关部、市场营销部、产品售后部和外部专家组成的具有较强“专业性”的国际化品牌团队。其管理模式通常为“自上而下”模式，其品牌建设、实施、推广等情况一般直接向企业决策层汇报，便于企业高层“自上而下”对品牌进行管理。

第12章　世界一流的人才竞争力

12.1　一流特征

12.1.1　一流企业人才建设的重要性

党的二十大报告指出“教育、科技人才是全面建设社会主义现代化国家的基础性、战略性支撑”。坚持科技是第一生产力、人才是第一资源、创新是第一动力，深入实施科教兴国战略、人才强国战略、创新驱动发展战略，开辟发展新领域新赛道、不断塑造发展新动能新优势。在当前国际国内新形势下，我国企业面临着新的重大发展机遇与严峻挑战，从战略高度进行人才建设，制定企业人才队伍建设机制，对于一流企业人才的培育与发展提供重要的支撑和保障，对于促进企业科技创新、催生组织文化、提高企业核心竞争力、实现企业可持续发展有着重大的现实意义。

（1）人才建设是提升企业核心竞争力的核心保障

人才已成为企业发展的核心竞争力。伴随着以知识为基础的经济时代的到来，科学技术日新月异，知识推陈出新的周期不断缩短，人才的作用愈来愈凸显。知识时代谁掌握了核心技能，谁拥有更多的人才，谁就能抢占先机，拥有主动权和竞争力。习近平总书记指出，经济全球化表面上看是商品、资本、信息等在全球广泛流动，但本质上主导这种流动的力量是人才、是科技创新能力。因此，无论是国有或民营企业，都应将人才建设作为第一要务，要以人才兴衰关乎企业兴衰的理念，大力营造“聚天下英才而用之”的良好氛围，以强有力的人才队伍为企业发展提供支撑。

（2）人才建设可以有效配合企业经营战略

企业人才建设是程序与活动的集合，它通过人力资源部门和直线管理部门的努力来实现企业的战略目标，并以此来提高企业目前和未来的绩效及维持企业持续竞争优势。人才建设与企业经营战略配合，可以帮助企业增加利用市场的机会，提升企业内部的组织优势，帮助企业实现其战略目标。目前，我国部分一流企业建立起的战略性人才建设机制，通过对人才数量和质量的要求，将吸纳进来的人力资源进行优化分配，一流企业人才建设对确保企业获得相应技术人才并保证企业稳定发展起到重要的保障作用。

（3）人才建设可以驱动企业科技创新

“创新驱动实质上是人才驱动”，要实现科技创新重大突破就不得不重视创新型科技人才队伍的建设。企业在创新实践中发现人才、在创新活动中培育人才、在创新事业中凝聚人才，必须大力培养造就企业内部的规模宏大、结构合理、素质优良的创新型科技人才，以“高端引领、整体推进”的工作方针去推进企业人才建设。目前，我国高层次创新人才特别是一流的科技领军人才仍显匮乏，高端创新人才稀缺成为短板，一流企业人才建设对于推进产业结构优化升级、转变经济发展方式起到重要推动作用。

（4）人才建设可以催生企业组织文化

一个组织的文化强有力地影响着组织建设与人才建设，人才机制建设实践将会随着组织文化的变化而改变。组织文化的一部分是通过诸如选拔、培训、补偿和留住员工等人才建设机制来管理的。文化是保证企业可持续发展必备的恒久支持力量。企业要想取得持久的成功，必须培育、发展并整合企业核心文化。目前，我国部分一流军工企业的企业文化理念、方法和流程等已基本上与国际接轨，国外许多成熟的做法我们也运用效仿，但存在“形似而神不似”的问题。要开创一流企业人才队伍建设新局面，关键是要结合国情和企业实际，将这些好的理念有机地融入企业的发展战略，这对于形成一个既有战略引导，又有具体措施支撑方法的企业文化体系具有指引作用。

12.1.2　一流企业人才建设的基本内容

完整的人才建设管理体系包括人才梯队资源池、人才选拔机制、人才培养机制、人才管理机制、人才激励机制和人才文化建设六个部分。

12.1.2.1　人才梯队资源池

人才梯队资源池按职位类别/通道建立，如管理类、研发技术类、质量管理类、项目经理类等。原则上每个通道、每个层级都可以建立一个资源池，但从管理成本考虑，企业一般关注重要的、高层次的资源池。管理类每个层级可以建立资源池，研发技术类三级或四级以上每个层级可以建立资源池。资源池中人选的来源无外乎两个：通道之内和通道之外。人才梯队资源池是按通道、分级别建立的。每个资源池需要多大的“容量”，即资源池的人员数量是由企业对该类、该层级人员总需求以及总需求与人才梯队的比率所决定的，如很多企业采取 1∶（1～3）的人员比例，即总需求为 N 的话，则资源池中人数为 N～$3N$。人员总需求根据公司战略和业务战略制定的人力资源规划所确定。例如 GE 的接班人计划采用 1∶3 的比例。资源池中人员数量的上限，就是人才梯队资源池的容量。资源池现有人员与资源池容量的差距，就是资源池人员需求缺口。从资源池的人数规划可以看出，“好钢要用在刀刃上”，企业并不是高级的人才越多越好，而是各个层级的人员都需要。当人才梯队资源池人数接近最大“容量”时，提高任职资格等级标准，或者在任职资格等级认证时，控制升级的人数，或者提高资源池的入池标准。

12.1.2.2　人才选拔机制

人才选拔的机制来源于两个：任职资格体系和绩效管理体系。只要具备任职资格某个类别、某个级别（或胜任力要求），且达到一定绩效水平的员工，才能够进入资源池。人才梯队资源池是一个宽进严出的系统，它就像一个不停摆动的筛子，员工在这里要么进步，要么就被淘汰，没有第三个选择。资源池是一个人才培养的熔炉，而不是“保险柜”，不进则退是这个系统最基本的出发点。同时，资源池也是一个开放、包容的系统，这一轮被淘汰的人，改进后有可能再进来，而进来了仍然有可能被再次淘汰。企业通过人才梯队资源池不断地培养后备人才、不断地筛选后备人才，大浪淘沙，周而复始，从而不断地提高企业后备人才能力的“水平面”。

资源池建立后，后备人才的“入池”、培养和筛选淘汰是一个长期的、例行化的工作。经过任职资格体系的建立和从资源池中选拔人才两个逆向的过程，基于工作的人力资源管理体系与基于能力的人力资源管理体系之间就建立起有机的联系，从而实现了真正意义上的“人与职位”的动态匹配。

12.1.2.3 人才培养机制

人才培养机制是从各个层级培养梯队人才。梯队人才建设只有从底层开始，并在各个层级开展卓有成效的务实工作，才能确保业务需求的全面和持续满足。例如，2010年IBM出台的第三个领导力框架，是针对全球40万名全体员工，即IBMers，而不仅仅面向管理层。人才是从基层开始成长的，只有经过多岗位、多层级的锻炼，才可能进入高层团队。基层这个底盘越坚实，中高层就有了更多选择的可能性。特别是对于那些以使用内部人才为主的企业来说，从基层抓梯队建设就更为必要。而且，不能出现5年左右不进新人的现象，否则，就会出现人才断层，靠拔苗助长的方式使用人才是有风险的。企业不可能在各个层级、各类岗位的梯队建设上平均用力，而是将主要资源集中在关键的战略性岗位的梯队建设上。即便是在这些岗位上，也会从关键岗位的下几个层级着手进行人才规划、盘点和培养工作。例如，联想集团2006年开始的高管后备梯队建设工作，确定了两类战略性关键岗位：一类是职能类领导岗位，把直接向CEO汇报和隔级向CEO汇报的岗位定义为关键岗位；另一类是经营类领导岗位，包括从CEO岗位向下看三个层级。

12.1.2.4 人才管理机制

人才建设与企业理念深度融合。纵观苹果、谷歌、惠普等齐聚硅谷的世界级科技创新企业，无一不把“人才第一”作为企业发展的首要理念，无一不高度重视人才建设对企业生存发展的关键作用。可以说对于人才队伍建设，这些企业永远是“不用扬鞭自奋蹄”，他们从人员选拔录用、培养培训、奖惩激励等方面建立了一整套严格制度。以IBM为例，全公司43万名员工，软件设计师就有6万多，遍布全球各研究中心的科学家有3000多，强大的人才队伍保证了公司持续不竭的创新力，仅2016年IBM发明专利就达8088件，平均每天22件。

12.1.2.5 人才激励机制

人才梯队资源池的建设和管理是各级管理者和中高级专业人士至关重要的一项例行化工作。为了激励他们对人才的培养，可以采取以下措施：

一是培养和激励机制设计的直接目的是调动科技创新人才的创新积极性，其最终目的是实现企业科技创新的总目标，谋求组织利益和个人利益的一致，因此要在企业创新驱动的总目标引领下构建科技创新人才激励和培养机制。如将人才梯队资源池建设的结果作为管理者/专业骨干年度综合评价的一项指标；人才的培养和选拔，可以作为管理者/专业骨干任职资格标准的一项内容，而且级别越高，其在任职资格标准中所占的权重就越大。

二是培养和激励机制设计的核心是科技创新人才的开发和培养、职业生涯管理、团队管理、薪酬管理和绩效考核。这五部分内容构成了培养和激励机制的主体，以此构建企业科技创新人才培养和激励机制的框架。例如，为了激励人才梯队资源池建设，企业可以设定一些单项奖，如“育才奖”和“伯乐奖”等，每年评选出优秀的部门和个人给予专项奖励等做法。

三是激励机制运行的最佳效果是在较低成本的条件下达到激励相容，即同时实现科技创新人才的个人目标和企业创新发展的组织目标，使个人利益和组织利益达到一致。

12.1.2.6　人才文化建设

支撑人才梯队建设不是孤立存在的，需要配套机制和文化环境的支撑。在配套机制中，鼓励各级管理者培养人的制度非常重要。例如，华润集团《人力资源政策指引》第四部分“人才发展”中明确规定：人才后备计划是培养组织发展能力的重要工作，是推动组织长期进步的系统保障。有意识、有计划地培养后备人才，是主要负责人的重要责任。为了推动各级管理者培养人才，花旗银行制定了一种特别监督手段：把高级经理们所主管的部门能够为董事会输送人才的数量作为衡量其经营业绩的一个依据，即除了基本的经营业务指标外，花旗把如何对待下属作为考评经理人员的一个重要标准。仅有制度是不够的，还需要把投资于人的理念进行宣贯，确保各级管理者从内心里认同人才梯队建设的战略价值。

企业多元文化促进人才素养多方位提升。许多科技企业在人才招录、管理、激励等方面形成了自身的多元文化。以谷歌为例，对人员招录，注重的是素质而非经验。每次招聘都会成立一个多部门组成的招聘委员会，在现场面试环节注重有激情、有洞察力、学习能力强等特质。一旦确定录用，部门及岗位则由被招聘者选择。即便自己选岗，公司内部仍每年举办一次大型人才交流活动，以让人才自由流动。对评价体系，是由 6～8 人的领导同事评，上级主管仅为之一，评价周期半年。通过评价，员工每 2～3 年晋升一次，收入包括工资、奖金、股票等。在员工随后的工作过程中，公司 3000 多名培训专家不断为其培训充电。企业以“远见＋权威”的理念和自由支配部分工作时间的做法，鼓励员工不断创新，从而使高端人才不断涌现。当前，拼发展就是拼人才的观念已深入人心。

构建多元企业文化是激发人才活力的重要保证。企业要激发员工持久不衰的活力，必须有与之相适应的企业文化，企业文化实力和竞争力是企业做强做优的引领和支撑。这种文化应包括创新为要、诚信经营的企业宗旨，平等机会、多元考核的晋升机制等，以营造出让人才心情舒畅的工作环境。正如 IBM 推崇的“让快乐走向成功更为便捷”，只有注重和突出每个人才的价值，企业才能凝聚团队力量，在竞争中处于不败地位。对于企业文化的构建，我们有着西方国家所没有的优势，比如基层党组织、工会等都能发挥独特而至关重要的作用。要积极引导企业中的基层党组织、工会，以创新精神丰富拓展企业文化，提高企业人才的凝聚力和向心力，激发人才活力。

12.2 一流军工企业实践

12.2.1 人才结构与人才资源

洛·马公司的人员数量截至2019年年底达到110000人左右，从人均营业收入来看，洛·马公司一直位于国外军工企业前三位，2015—2019年五年间基本保持在300万元以上。从人均利润来看，洛·马公司的平均人均利润较高，达到36万元。从人员薪酬来看，洛·马公司新入职担任航天工程师的大学毕业生基本工资约为7.5～9.5万美元，硕士毕业生约为9.5万美元，加上年度绩效可达10万美元（此为按照每周工作时间40小时计算，如有加班，视情况年薪可达14万美元）。另外，据《今日美国》新闻报道，洛·马公司某CEO在2012年的薪酬总额为2384万美元。

以波音公司为代表的国外标杆企业高度重视技术工程师的培养，为专业技术人员设置了“波音技术研究员计划”副技术研究员（项目专家水平）、技术研究员（公司级专家水平）、高级技术研究员（行业或国家专家水平）等三个层级。同时，波音公司为技术人员规划合理的职业发展路径，让技术人员能够得到快速发展，并获得受人景仰的企业地位和丰厚的报酬，鼓励其潜心钻研，为企业发展作出更大贡献。

雷声技术公司作为一家全球性技术型和创新驱动企业，高度依赖受过高等教育和技能熟练的员工队伍。截至2022年年底，雷声技术公司员工总数约为18.2万人，包括约5.5万名工程师。海外员工5.46万余人，分布于54个国家，约占员工总数的30%，其中，欧洲员工14%，亚大地区员工8%，加拿大员工4%，中东和北非地区员工1%，其他地区员工3%。雷声技术公司高度重视具有技术、工程与科学背景及实践经历或兴趣的人才引进。例如，面向在校学生，启动实施注册学徒计划，为其提供在职工作经验和指导，涉及精密装配、电子测试等技能岗位，在计划前五年内通过宣贯本公司的商业航天奋斗目标，去吸引更多有创业激情的年轻人才加入企业。雷声技术公司制定了持续性的大学人才计划，与20余所“战略学校”合作，在招聘、教育、技术研发等方面与高校建立了长期的战略合作关系，并通过各类人才引进，建立后备人才库，加强核心技术人才储备，高度重视人才专业能力培养和职业发展规划。雷声技术公司旗下设立专业的人才培养机构——雷声职业服务公司，提供专业化的人才教育与培养解决方案，提供导师教授、网络授课、虚拟教室等多种形式的培训，并为想要重返学校攻读新学位的员工提供奖学金或认证。

SpaceX公司着力建设一支精英型人才团队。一是以理想、情怀和高薪为手段，从洛·马公司、波音公司、诺·格公司等传统知名航天企业猎取行业领军人才，吸纳了许多具有理论知识和工程经验的成熟航天科技人才，利用这些人才的经验和资源促进企业快速发展；二是利用“旋转门”机制，聘用美军退役军人承担咨询或研制任务，通过有军方背景的人才，在引入先进技术和管理经验的同时，发挥这些人才的咨询和“翻译”作用，更好地理解军方意图和需求；三是以成立之初在硅谷创业成功的影响力，“简单、可靠、低成本”理念的感召力，商业航天奋斗目标的诱惑力，吸引有创业激情的年轻人才加入企业。

12.2.2　人才激励政策

洛·马公司专门设立了针对全公司最优秀的 1% 科技人才的荣誉称号“Fellows”，每年专门授予那些在专业技术领域作出杰出贡献的科技人才。

波音公司制定了完善的人才激励政策，采用现金奖励、共享价值信任奖、员工激励计划、专项奖、波音股票购买选择权等多种奖励方式，表彰取得突出成就的个人或团队，吸引、留住高潜能人才和关键技术人才。

雷声技术公司通过构建多元激励机制为技术人才规划合理的职业发展路径，让技术人才能够快速成长，鼓励其潜心钻研，为企业发展作出更大贡献。雷声技术公司建立技术人员荣誉计划，用于奖励具有突出技术贡献的个人。该计划主要从技术技能、领导力和企业贡献三个方面进行评估，按贡献从小到大分为 10 级。候选人被严格限定为技术工程人员中经验丰富、贡献突出的高级工程师。获奖者可得到现金奖励、荣誉证书、教育与培训费用资助、晋升一级工资、事迹宣传等。注重以股权激励为主的中长期激励，广泛使用股票期权、限制性股票、骨干员工持股甚至全员持股的中长期激励方式，提高员工忠诚度，以实现留住人才、激发人才工作热情的目的。

12.2.3　人才培养环境

洛·马公司非常重视员工培训和继续教育，该公司制定了相应的政策，由人力资源部的高级经理专门负责执行，主要形式包括：在职培训计划、业余培训计划和学费补偿计划。洛·马公司还创立了针对管理层的培训课程，每年培训百余次，8000 人参加，参与人员包括初期、中期、新经理、资深经理、董事、副总裁 6 个层次，同时还实行岗位轮换、技术培训等。此外，洛·马公司一直采用圆桌会议式师傅带徒弟的方式，积极将有益的经验和知识传授给年轻人，从而使整个公司的技术得到延续和提升。

洛·马公司是全美入门级人才的第二大雇主，每年招聘超过 4400 人。公司非常注重课程开发、课堂演示、支持学生的项目和活动等，目前与洛·马公司建立密切关系的高校已超过 80 所。洛·马公司积极赞助地方促进学生数学和科学教育的“全国工程师周”（National Engineers Week）活动，全美国有数千学校、企业、社会团体参与这一活动。在活动中，通过让学生参观公司实验室、了解工程师的工作、举办互动比赛等活动，促进家长、老师、学生认识到技术教育以及数学、科学和技术知识等的重要性，激发年轻人追求工程技术职业，从而储备后备技术人才。

第 3 篇

“世界一流”典型企业篇

第 13 章　洛克希德·马丁公司

洛克希德·马丁公司（Lockheed Martin，以下简称洛·马公司）成立于 1912 年，愿景是“以创新技术帮助客户实现最具挑战性的目标”。作为全球最大的军工企业，洛·马公司占据着美国国防部每年采购预算 1/3 的订货，控制了世界防务市场 40%的份额，几乎包揽了美国所有军用卫星的生产和发射业务。根据美国防务新闻网站公布的世界百强军工企业名单，洛·马公司连续 28 年蝉联第一。2022 年，洛·马公司位列世界品牌实验室发布的“世界品牌 500 强”排行榜第 157 位。

13.1　发展历程

13.1.1　两大企业同年创立，专注各自优势领域并驾齐驱

1912 年，23 岁的艾伦·劳希德（Allan Loughead）和弟弟马尔科姆·劳希德（Malcolm Loughead）（图 13－1）筹集 1200 美元成立了“艾尔科”水上飞机公司（Alco Hydo－Airplane），公司以两人名字中各取的两个字母命名；1916 年更名为洛克希德飞行器制造公司；1926 年重新注册为洛克希德（Lockheed）飞机公司。一战期间，洛克希德飞机公司为美国陆军生产 MB－1 大型双翼轰炸机。1932 年，格罗斯兄弟（罗伯特与科特）收购了洛克希德飞机公司并沿用了公司名称，成为洛克希德公司“二次创业”的创始人。1939 年，公司股票在纽约证券交易所上市。二战期间，洛克希德公司共制造了 19278 架飞机，占二战期间美国飞机制造总量的 60%。人员规模从 1938 年的 2500 名扩张到了 1945 年年初的 60000 名。1943 年，公司创建了鼎鼎大名的“臭鼬工厂”。

1947 年开始的冷战引发了新一轮军备竞赛，与二战时期的规模扩张不同，冷战时期军备竞赛对技术含量和创新能力的要求越来越高。1953 年，洛克希德开发了至今仍在大规模使用的 C－130 大力神运输机。1956 年，洛克希德开发了北极星潜射弹道导弹，后来又开发了海神和三叉戟导弹。1976 年，“臭鼬工厂”开展第一代低可侦测性飞机的研究。其他产品还包括两倍声速战斗机 F－104，美国最大的 C－5 银河运输机。

在洛克希德公司初创的同一年，26 岁的格伦·马丁创办格伦·马丁飞机公司。1915 年，该公司推出第一个产品——G 型水上飞机，在旧金山举办的巴拿马太平洋博览会上，通过搭载游客升空浏览的方式赚到他人生中的第一桶金。1950 年马丁公司推出 Matin404 民用客机，计划在航空领域占有一席之地，但完全竞争不过道格拉斯、波音等后辈，后其放弃民用机业务逐渐转向航空领域，成为航空业先驱。1961 年，马丁公司和玛丽埃塔公司合并，更名为马丁·玛丽埃塔公司。1968 年收购了以制造航空器闻名的哈维铝业，1992 年收购了 GE 航天。如图 13－2 所示为马丁飞机公司等待接收的 B－26 轰炸机。

图 13 - 1　洛克希德飞行器制造公司创始人劳希德兄弟

图 13 - 2　二战期间马丁飞机公司等待接收的 B - 26 轰炸机停在公司行政大楼前

13.1.2　老牌军火企业强强合并，开启世界一流军工企业传奇之旅

冷战后，由于美国国防预算的削减，各军工企业掀起了并购高潮。1995 年 3 月，洛克希德公司和马丁·玛丽埃塔公司这两家老牌军火企业合并成立洛克希德·马丁公司（简称洛·马公司），如图 13－3 所示。1996 年，洛·马公司收购了劳拉公司的防务电子和系统分部后，成为全球最大的防务合同商。20 世纪 90 年代，洛·马公司凭借 F－22 把呼声最高的 F－23“黑寡妇”斩落马下，诺·格从此退出战斗机研发领域。21 世纪初，洛·马公司再度凭借 F－35 的前身 X－35 将波音的 X－32 打倒，成为美国空军第一大军火采购商。2015 年，洛·马公司以总价超过 80 亿美元完成对美国直升机制造龙头——西科斯基飞机公司的收购。西科斯基主要从事军事和商业直升机的研究、设计、开发、制造和支持，主要产品有黑鹰、海鹰和商用直升机等。自此，洛·马公司建立了完整的航空业务格局，在战斗机、运输机、直升机制造方面都形成了具有代表性的产品，成为名副其实的军工霸主。

整体来看，洛·马公司从飞机业务发家，经过不断发展，历经多次重大兼并收购，把握关键机遇，不断丰富业务板块，最终成为军工产业巨头。

图 13－3　合并之后的洛·马公司

13.2　经济运行

在营业收入方面，2022 年洛·马公司营业收入为 659.84 亿美元，同比下降 1.58%。新冠肺炎疫情之前，洛·马公司营业收入增长势头明显，疫情之后增长速度有所放缓，近五年复合增长率为 5.25%，如图 13－4 所示。洛·马公司连续八年蝉联美国防务新闻网全球军工企业百强榜首。其中，F－35 战机是洛·马公司收入占比最大的项目。

在营业利润方面，2022 年洛·马公司营业利润为 72.19 亿美元，同比下降 2.17%。近五年来营业利润呈现波动趋势，2018—2021 年期间营业利润稳步增长，2022 年营业利润有所下滑，整体来看增长趋势明显，近五年营业利润复合增长率为 5.28%，如图 13－5 所示。

在营业收入利润率方面，2022 年洛·马公司营业收入利润率为 10.9%，同比下降 0.99%，近三年变化不大。近五年，洛·马公司营业收入利润率基本维持在 10%～13%之间，呈现波动变化趋势，如图 13－6 所示。

在资产负债率方面，2022 年洛·马公司资产负债率为 29.40%，同比增长 28.10%。近五年洛·马公司资产负债率呈现波动变化趋势，由 2018 年的 31.43%下降到 2021 年的 22.95%，2022 年由于负债大幅度增加，导致公司资产负债率出现明显提升，如图 13－7 所示。

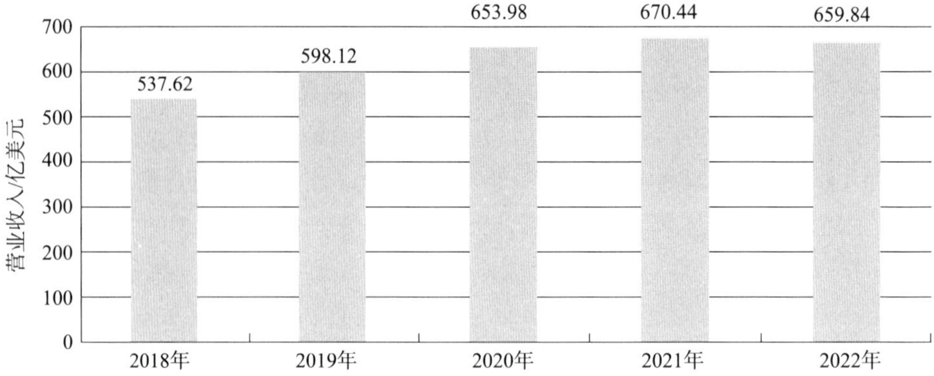

图 13-4　2018—2022 年洛·马公司营业收入

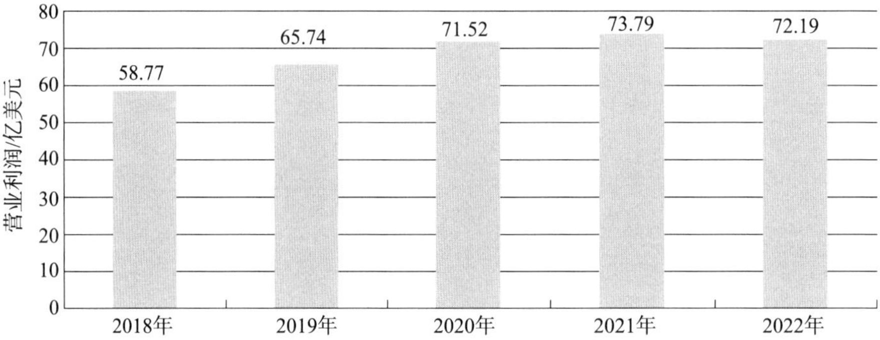

图 13-5　2018—2022 年洛·马公司营业利润

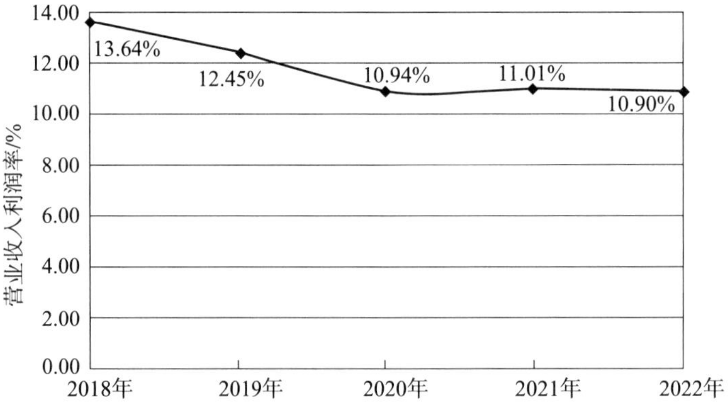

图 13-6　2018—2022 年洛·马公司营业收入利润率

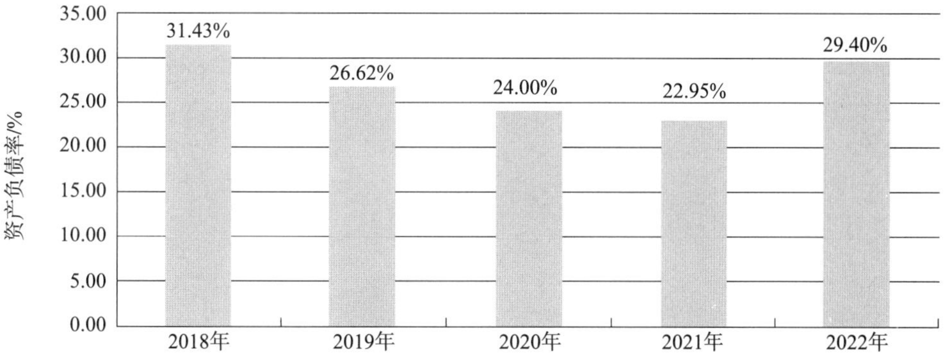

图 13－7　2018—2022 年洛·马公司资产负债率

在人均利润方面，2022 年洛·马公司人均利润为 6.22 万美元，比 2021 年的 6.47 万美元的近期最高值下降 3.86%。2022 年一方面由于洛·马公司利润略微下滑，另一方面由于洛·马公司人员少量扩张，导致人均利润出现下滑现象。近三年洛·马公司人均利润均高于 6 万美元，如图 13－8 所示。

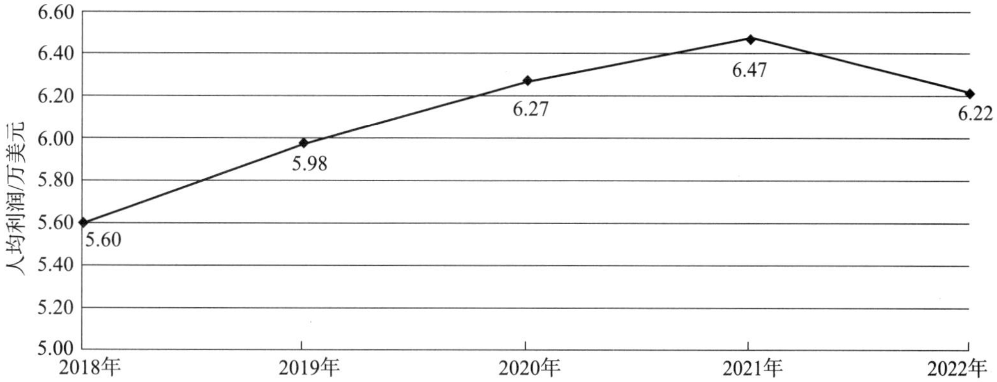

图 13－8　2018—2022 年洛·马公司人均利润

13.3　业务板块

洛·马公司是全球最大的军工企业，其核心业务涉及航空、电子、能源与环境、信息与技术服务、航天系统和导弹等领域，其产品几乎涉及防务领域的主要方面，特别在航空、航天、精确打击等方面具有强大的实力。当前，洛·马公司拥有四大类主营业务，分别是航空（Aeronautics）、导弹与火控（Missiles and Fire Control）、旋翼和任务系统（Rotary and Mission Systems）、航天（Space）。

13.3.1 聚焦传统优势领域，推动四大业务并行发展

从营业收入构成来看，航空业务收入占比最高，约为 40.90%，其次是旋翼和任务系统业务，占比约 24.47%，航天业务占比约 17.48%，导弹和火控业务占比为 17.15%，如图 13-9 所示。

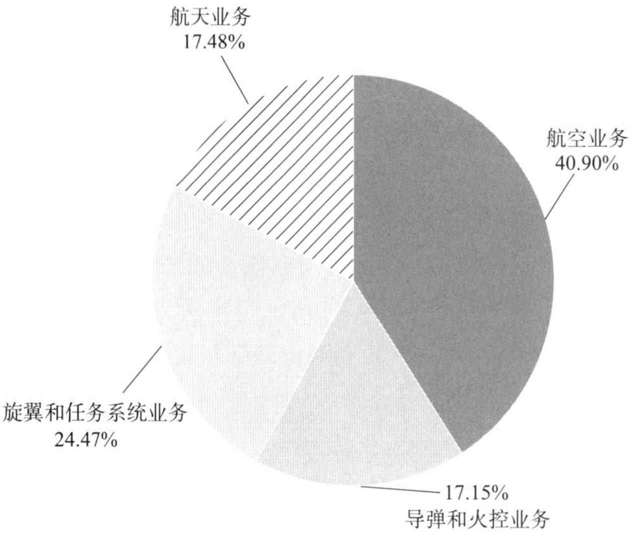

图 13-9 2022 年洛·马公司四大业务营业收入占比

13.3.1.1 航空业务

2022 年，洛·马公司航空部门实现营收 269.87 亿美元，同比增长 1%，F-35 战机销售收入占洛·马公司航空业务收入的 66%，国际贸易收入占航空部门总销售额的 33%。近几年，洛·马公司航空部门国际贸易收入占比维持在 30%以上。洛·马公司航空部门的营业收入利润率基本保持稳定，虽然 F-35 战机分批次价格持续降低，但生产效率提升和规模效应起到良好对冲，2022 年，洛·马公司航空部门营业收入利润率为 10.6%。

航空业务是洛·马公司第一大主业，业务包括战斗机、运输机、无人机等先进军用飞机的研发设计、生产制造和维护升级。航空部门先后研发了 P-38 闪电战斗机，P-80 战斗机（美国空军第一款喷气式战斗机），F-117“夜鹰”作战飞机（世界第一款隐身作战飞机），F-22“猛禽”隐身战斗机（世界第一款五代机），F-35“闪电Ⅱ”联合攻击战斗机，C-130“大力神”运输机，C-5M 战略运输机等各种军用飞机，为美国空军装备和空中作战力量的发展做出了重要贡献。F-35 是近几年来受到广泛关注的机型，其起源于 F-22，一架 F-22（双发高隐身性第五代战斗机）的造价，与同等重量的黄金基本相当，差不多在 2 亿美元，F-35 外形类似 F-22 的单引擎缩小版。机长 15.67 米，机高 4.33 米，翼展 10.7 米，机翼面积 42.7 平方米，空重 13300 千克，最大起飞重量 31800 千克，最大速度 1.6（马赫），实用升限 18288 米，航程 1200 海里。之后洛·马公司分别设计出

F－35A 陆基型、F－35B 垂直起降型、F－35C 舰载型。

航空部门拥有洛·马公司享誉全球的臭鼬工厂（SkunkWorks），主要从事研究和开发高性能飞机。该公司的航空产品在美国和其他 70 多个国家的国防安全中发挥着重要作用。洛·马公司目前拥有大约 25000 多名在先进飞机设计和生产、改装和支持、隐形技术和系统集成方面具备专业知识的员工。高素质专业人才和相关完善的配套设施使得洛·马公司在世界航空工业中占据着领先地位。

2022 年，洛·马公司航空部门成绩斐然。美国国防部和洛·马公司签订了一项 300 亿美元的合同，生产和交付多达 398 架 F－35 战斗机。其中包括在美国、国际合作伙伴和其他国家售出的飞机。因为主要盟国仍将先进的第五代战斗机作为他们空中力量的解决方案，国际上对 F－35 战斗机的兴趣日益增加。2022 年 9 月，瑞士议会批准了购买价值约为 62.5 亿美元的 36 架 F－35A 的要约和承诺函（LOA）。同样在 2022 年，芬兰和德国分别签署了购买 64 架和 35 架 F－35A 的协议。希腊向美国正式提出了购买 20 架 F－35 的请求，捷克政府也提出了购买 24 架 F－35 的请求。加拿大与美国政府进入采购程序的最后阶段，向洛·马公司购买 88 架 F－35 战斗机，供加拿大皇家空军使用。航空业务部门与行业伙伴、空军研究实验室和 DARPA 的客户一起进行了高超声速喷气式武器的测试。此次的飞行速度超过 5（马赫），高度超过 65000 英尺，这表明吸气式高超声速系统是一个具有成本效益的解决方案，能解决全球安全领域日益增长的威胁。F－16 战斗机在国际上的需求呈强劲增长趋势。2022 年 6 月，约旦签署了一份购买 8 架新 F－16 Block 70 战斗机的要约和承诺函，飞机将在该公司位于南卡罗来纳州格林维尔的工厂制造。2022 年 11 月，保加利亚签署了一份要约与承诺函，准备为其机队采购 8 架 F－16 喷气式飞机。目前，第一架新型 F－16 Block 70 战斗机在格林维尔完成了最终装配、检查以及涂装阶段，并在 2023 年 1 月成功进行了首飞。

随着航空业对于空中机动性的需求持续增长，2022 年 3 月，洛·马公司航空部门向德国交付了第 500 架 C－130J 以及 3 架 C－130J－30。此外，洛·马公司航空部门为印度尼西亚提供的 5 架 C－130J－30 已经开始投入飞行。2022 年 10 月，澳大利亚国防部宣布将寻求更换和扩大其目前由 12 架 C－130J－30 组成的中型空中机动机队，预计购买总共 24 架新型 C－130J－30。如图 13－10 所示为最新的 F－16 Block 70 战斗机。

13.3.1.2　导弹和火控业务

2022 年，洛·马公司导弹和火控部门实现营收 113.17 亿美元，同比下降 3.22％。2022 年导弹和火控部门营业利润为 16.35 亿美元，同比下降 0.79％。2022 年导弹和火控部门营业收入利润率为 14.40％，是洛·马公司营业收入利润率最高的部门。

洛·马公司导弹和火控部门主要提供导弹防御系统，战术导弹和空对地精确打击武器系统，任务行动支持，工程支援和一体化服务。当前，其产品主要有爱国者－3 和末段高层区域防御系统等导弹防御系统、多管火箭系统、地狱火空对地导弹、联合空对地防区外导弹和标枪战术导弹等火力打击装备。主要为军方开发、制造和保障先进的战斗系统、导弹系统、火箭系统、载人系统和无人系统，这些系统主要面向美国陆军、海军、空军、海

图 13－10　最新的 F－16 Block 70 战斗机

军陆战队、美国国家航空航天局和数十个外国盟友。同时还为全球民用核电行业和军用绿色动力计划提供产品和服务。目前洛·马公司导弹与火控部门拥有 50 多个产品和服务线，在 50 多个国家/地区开展业务。

洛·马公司致力于为美国军队和其盟友提供重要的作战能力。2022 年，洛·马公司导弹和火控部门因为乌克兰提供重要的作战能力而成为全球瞩目的焦点。2022 年 5 月，拜登总统正式访问导弹和火控部门，参观了“标枪”反坦克导弹的生产线，并会见了导弹和火控部门员工。美国已经承诺向乌克兰提供超过 5500 枚“标枪”反坦克导弹。2022 年 8 月，负责采办与保障的国防部副部长比尔·拉普博士和负责采办、后勤和技术的陆军助理部长道格·布什对洛·马公司导弹与火控部门进行访问期间，参观了高机动性火箭炮系统、M270 多管火箭炮系统的生产线。洛·马公司导弹与火控部门已开发出一款可将现有射程提高一倍的新版联合空地导弹（JAGM），并在 2022 年 11 月在加利福尼亚州进行 16 千米的飞行试验。JAGM 导弹将取代美国军机上携带的“地狱火”导弹，并将会首先列装在 AH－64E“阿帕奇”攻击直升机和海军陆战队的AH－1Z“蝮蛇”直升机上。新版联合空地导弹射程更远，对于军方能够在距离敌方位置更远的地方（即在敌方武器系统的射程以外）实施作战至关重要。此外，洛·马公司导弹和火控部门研制的下一代战术红外搜索和跟踪（TacIRST™）传感器也在两次飞行测试中获得了成功，引导一架洛·马公司“佩刀”（Sabreliner）无人机作为代理战斗机与五架飞机之间共享威胁探测数据。

13.3.1.3　旋翼和任务系统业务

2022 年，洛·马公司旋翼和任务系统部门实现营收 161.48 亿美元，同比下降 3.82%。2022 年旋翼和任务系统部门营业利润为 16.73 亿美元，同比下降 6.95%。2022 年旋翼和任务系统部门营业收入利润率为 10.40%，低于航空部门和导弹与火控部门。

旋翼和任务系统（RMS）部门主要开展直升机、濒海作战系统、水下战系统、雷达、电子战系统等武器装备的研究、生产与服务。当前，其主要产品有黑鹰和海鹰直升机、CH－53K 重型直升机、VH－92A 型运输直升机、“宙斯盾”海基导弹防御系统、濒海战斗舰、鹰眼雷达系统、空间栅栏系统。拥有 1000 多个项目，包括直升机系统、综合防空和导弹防御系统、沿海作战系统、海底作战系统、雷达系统、电子战系统、C4ISR 系统以及训练和后勤系统等。RMS 业务服务于美国空军、美国陆军、美国海岸警卫队、美国海军陆战队、美国海军和导弹防御局，以及其他情报、民用、商业和国际军事客户。

洛·马公司被美国导弹防御局选作关岛防御分层系统架构的核心组件供应商。旋翼和任务系统将提供和集成宙斯盾作战系统，基于远程雷达的新型 TPY－X 雷达完成指挥、控制、战斗管理和通信（C2BMC）系统的连接。通过开放的任务系统架构，集成包括 Sentinel A4、THAAD 和 PAC－3 MSE 在内的多个原始设备制造商的最佳系统。该项目为作战和联合部队的交互操作性建立了新的标准。2022 年，洛·马公司旋翼和任务系统旗下的三款重要旋翼飞机（CH－53K® 直升机、作战救援直升机和 VH－92A 总统直升机）实现了初始作战能力（IOC）。2022 年 4 月，美国海军陆战队宣布 CH－53K 重型运输直升机实现了初始作战能力。海军陆战队的领导层充分肯定了 CH－53K 在全球范围内的重要作用，为部队提供了更大的作战半径和灵活性，能够执行远征性的装甲车辆、装备和人员的运输任务。美国海军 2022 年 12 月份宣布 CH－53K 将全面投产，预计将在未来几年把生产量增加到 20 架直升机/每年。2022 年 10 月，美国空军宣布 HH－60W Jolly Green II CRH 实现了初始作战能力，验证了该平台具备了美国空军救援队的部署和战备能力，加强了洛·马公司和空军之间的合作。

13.3.1.4　航天业务

2022 年，洛·马公司航天部门实现营收 115.32 亿美元，同比下降 2.39%。2022 年航天部门营业利润为 10.45 亿美元，同比下降 7.85%。2022 年航天部门营业收入利润率为 9.10%，是洛·马公司营业收入利润率最低的部门。

洛·马公司在航天领域主要的业务包括卫星和航天器的设计和制造，并提供全球通信、天气预报、太空探索等相关的服务。航天类产品有“大力神”火箭、“三叉戟”潜射弹道导弹、末段高层区域防御系统（THAAD）以及各种类型的通信卫星、气象卫星、侦察卫星等。其中“三叉戟”导弹是美国海军唯一一款潜射弹道导弹。此外，洛·马公司火箭和卫星系统则几乎包揽了美国所有军用卫星的生产和发射业务。

随着世界各国对于月球探索事业逐步提升了浓厚兴趣，美国国家航空航天局（NASA）也制定了重返月球的相关计划。为此，洛·马公司的航天业务部门提出了相关方案。其中比较有名是的“门户”（Gateway）计划的载人深空前哨站——cislunar 太空栖息地原型，以及用于“阿尔忒弥斯”（Artemis）登月计划的着陆器的建造。前者是一种轨道空间站，将用于探索核心技术、接口，并为远离地球家园的扩展任务提供必备的生活物资，以便于人类更好地执行探测月球任务。对于“阿尔忒弥斯”计划，洛·马公司将与蓝色空间公司合作，共同完成月球着陆器的建造工作。

2022 年 11 月 16 日，由洛・马公司建造的猎户座探险级航天器在 NASA 的阿尔忒弥斯 1 号任务中成功发射，并完成了为期 25.5 天的任务，最终在加利福尼亚海岸着水，旨在推动人类对月球和其他星球的探索。洛・马公司宣布与亚马逊和思科展开合作，将语音技术和视频协作引入月球。洛・马公司将 Callisto 技术整合到 NASA 的阿尔忒弥斯 1 号无人机任务中，为了解航天员如何从远距离语音技术、人工智能和基于平板的视频协作中受益提供了机会。洛・马公司团队获得了与太空发展局签署的原型协议，将设计和建造 42 颗小型卫星，用于支持 JADO（联合全域作战）连接作战和促进军队更大范围的态势感知。美国太空军天基红外系统（Space Based Infrared System，SBIRS）计划中的第六颗，即地球同步轨道 6 号（GEO－6），已加入卫星组网，该卫星配备了强大的红外监视传感器。随着位于亚拉巴马州亨茨维尔市的下一代拦截器（NGI）导弹系统集成实验室正式开工，NGI 团队成功验证了原型通信无线电技术。2022 年 9 月，澳大利亚政府与洛・马公司签订合同，以建立南半球定位增强网络，该项目将提供一个信号增强型全球定位系统和伽利略全球卫星导航系统，从而提高澳大利亚和亚太地区的定位精度和数据完整性。

13.3.2 调整产业结构，强化核心业务营收能力

洛・马公司在 2012 年以 2.6 亿美元收购了 Chandler/May 公司、CDL 系统公司以及 Procerus 技术公司等几家企业。2013 年，洛・马公司以 2.7 亿美元收购英国公司 Amor Group，旨在通过收购强化其在信息技术与能源市场的竞争能力。2015 年，洛・马公司以共计 90 亿美元的价格购入联合技术公司旗下西科斯基公司。西科斯基主要从事军事和商业直升机的研究、设计、开发、制造和支持，主要产品有黑鹰、海鹰和商用直升机等。此次收购进一步扩大了洛・马公司在商业和国际市场中的业务。之后，洛・马公司将先前的任务系统与培训（MST）业务与西科斯基公司合并。另外，从信息系统与全球解决方案（IS&GS）部门以及导弹与火控部门并入新的业务，包括政府的赛博安全解决方案和任务支持服务，由此组成了洛・马公司的旋翼和任务系统部门。经过整合，新部门主要涉及的业务包括：C4ISR 与水下系统，综合作战系统和传感器，船舶和航空系统，西科斯基公司，培训与物流解决方案。

13.3.3 合理分配资本占比，谋划资本营收布局

从业务营收来看，洛・马的收入主要来自一些国家的军工产品营收和民营产品营收，其中军工产品营收仍然是它最大的收入来源，这也使得洛・马公司能够借助军事业务成为全球最大的军火商；从营收占比来看，军工产品销售额比重很高，美国每年约三分之一的装备采购费用都落入洛・马公司手里，而洛・马公司的年度营业收入中的 70%以上来自美国本土，其次是欧洲、亚太地区和中东地区。从资本支出来看，洛・马公司的大部分资本支出主要用于设备、基础设施建设和信息技术。同时，洛・马公司通

过技术转让，推动军品和民品的融合，面对民品业务的显著增长，空天防务领域受政策影响面临困境的市场状况，洛・马公司灵活调整经营方向，在顶层设计上开始注重民用航空、新能源、医疗信息业务与空天防务技术的融合，促进军品技术向民品市场转化，增加公司的资本营收。

第 14 章　雷声技术公司

雷声技术公司是世界第一大导弹制造商，是仅次于洛·马公司的美国第二大航空航天与国防企业。2022 年实现营业收入 670.74 亿美元，位列世界百强军工企业排行榜第 2 位，近五年营业收入复合增长率约 18%；2022 年实现净利润 53.27 亿美元，近五年净利润复合增长率近 40%。雷声技术公司是美国航空航天与国防前沿领域具有发展活力的领军企业。雷声技术公司的明星产品“爱国者”防空导弹、“霍克”防空导弹、“毒刺”防空导弹、“标枪”反坦克导弹、“响尾蛇”空空导弹、SPY-6 雷达、“鬼眼”低层防空导弹防御传感器、“郊狼”无人机、“黑鹰”直升机、F135 发动机等，为美国国防和作战体系构建提供了重要支撑。

14.1　发展历程

14.1.1　初创发展阶段（1922—1939 年）

紧盯市场和行业需求，以创新为敲门砖，开发革命性替代产品，实现商业成功和多元化发展。

14.1.1.1　以原创的整流器产品起家并获得成功

雷声公司原名美国电器公司，由劳伦斯·马歇尔（Laurence K. Marshall）、瓦内瓦尔·布什（Vannevar Bush）和查尔斯·史密斯（Charles G. Smith）于 1922 年在马萨诸塞州剑桥成立。公司起初瞄准家用电器即将普及的市场机遇，主要开展冰箱业务，专注于新型制冷技术，但未能取得突破，继而转向电子管业务。通过技术创新，开发了一种基于气态（氦）整流器的电子管，使得将家用交流电转换为直流电成为可能，并于 20 世纪 20 年代将收音机带入数百万家庭。1925 年，公司更名为雷声制造公司，开始以“雷声”品牌销售电子管，取得了商业成功。

14.1.1.2　通过收并购向产业链上游多元化拓展

为实现规模经济获取竞争优势，雷声公司采取横向一体化战略，加快业务领域布局。1928 年，雷声制造公司和美国电子管与交换机制造商 Q. R. S. 公司合并。到 20 世纪 30 年代，雷声制造公司已经发展成为世界上最大的电子管制造公司之一。1933 年，雷声制造公司通过收购变压器、电力设备和电子汽车零部件生产商 Acme Delta 公司实现业务多元化。

14.1.2　快速发展阶段（1939—1980 年）

抢抓世界军事和经济发展机遇，以军用雷达产品为切入点，成功进入军工领域，实现军民产业协同发展。

14.1.2.1　以雷达产品成功跻身军工领域

雷声制造公司利用二战契机成功进入军工领域。1941 年，美国签署《租借法案》，军备出口量和军工产业利润大幅增长。同一时期，英国物理学家发明了能够显著提高雷达探测能力的磁控管，一个英国代表团秘密携带这一“宝物”横渡大西洋，说服美国开展大规模生产，美国政府随即发动本土企业着手开展磁控管批量生产。雷声制造公司积极响应，在麻省理工学院辐射实验室的支持下，获得了磁控管批量生产合同，并率先生产出舰载雷达系统，尤其是用于潜艇探测的雷达系统，成功进入军工行业。1945 年，为扩大其在电子领域能力，雷声制造公司收购了海上安全设备的领先制造商 Submarine 信号公司。二战结束时，雷声制造公司在美军磁控管供应量中的占比达到 80%，并从磁控管业务拓展形成了完整的雷达系统研制能力，在美国政府承包商中谋得了一席之地。

14.1.2.2　瞄准导弹系统迅速做强军用产业

1946 年，英国时任首相丘吉尔在美国发表“铁幕演说”，正式拉开冷战序幕，美苏持续增加国防开支，推动军工产业重心转向航空、航天、电子等领域，不遗余力地开展军备竞赛。雷声制造公司把握这一机遇，于 1948 年任命美国四大家族之一的“亚当斯家族”成员、美国第六任总统的玄孙——查尔斯·弗朗西斯·亚当斯四世出任新总裁（亚当斯四世于 1960 年成为雷声制造公司董事长，执掌雷声制造公司长达 20 余年），其家族权势及政府关系，为雷声制造公司拓展军工业务发挥了巨大作用。这一时期，雷声制造公司加大投入开发尖端武器，于 1950 年开发出第一个可安装制导系统和连续波雷达的 Lark 导弹，成为美军导弹装备的主要供货商，并获得了开发 AIM-7“麻雀”空空导弹和 MIM-23“霍克”地空导弹的军事合同。凭借这些导弹合同，雷声制造公司稳固了在美国军工行业的地位。围绕美国政府国防需求，雷声制造公司进一步扩大电子战、电子通信等业务范围。1956 年，雷声制造公司建立电磁系统部门，进军电子战领域。1959 年，雷声制造公司收购了 Apelco 应用电子公司，大大增加了其在商业海上导航和无线电设备领域的实力。1959 年，雷声制造公司更名为雷声公司。

14.1.2.3　坚持多元化战略积极拓展民用产业

20 世纪 60 年代至 70 年代，受美苏争霸及越南战争影响，美国在军费开支上的过度消耗开始力不从心。1960 年，美国政府根据“先军后民、以军带民”的政策建立了“军民分离”的国防采办制度，旨在让军工市场完全独立于民用市场。受政策影响，雷声公司的业务方向逐渐向民用领域拓展。一是基于在二战后利用磁控管技术发明的微波炉产品，雷声公司在 1965 年收购了冰箱和空调制造商 Amana 冷藏公司，并于 1967 年开始利用 Amana 品牌及其分销渠道销售家用微波炉，之后逐步发展成为微波炉市场的主导制造商。

二是积极拓展民用产业，雷声公司在1966年通过收购华盛顿希思出版社进军教育出版业；收购McGraw-Edison家用电器公司，研发Speed Queen系列洗衣机和烘干机，使雷声公司名声大噪。

14.1.3 业务扩张阶段（1980—2019年）

紧跟美国国防战略调整，以收并购为手段，快速做强做优航空航天与国防领域核心业务。

14.1.3.1 以收并购为手段拓展航空业务

20世纪80年代之后，里根政府加剧与苏联开展军备竞赛，大幅提高国防预算，并将“军民分离”政策调整为“军民一体化”政策。随着美国国防战略政策的转变，雷声公司进一步转变发展战略，不再将民用产业作为其核心业务，并为落实美国政府实施的军民一体化政策，于1980年收购了从事公务机、涡桨飞机、活塞发动机飞机制造、飞机服务保障及飞机租赁业务的毕琪飞机制造公司，于1993年收购了英国航太（BAe）商务客机生产线。基于这两项资本运作，雷声公司于1994年成立了雷声飞机公司，成功拓展航空领域业务版图。

14.1.3.2 实施一体化战略加快航天与国防电子业务发展

冷战结束后，美国国家战略转向以经济建设为主，军费削减。美国政府于1992年开始开展军工产业重组，通过财政政策扶持和放松反垄断政策促进军工企业兼并重组。在美国政府政策影响下，雷声公司在美国国防部采购费用锐减60%的形势下，坚定地巩固和扩大军工核心业务，剥离非核心业务，推动军用技术向民用领域转化，不断巩固拓展核心竞争力，加快航天及国防电子领域业务发展。

在巩固扩大军工核心业务方面，雷声公司于1992年收购了设计和生产红外器件及焦平面阵列探测器的AMBER工程公司；于1995年收购了专门从事C4ISR业务的E-系统公司；于1996年收购了Chrysler技术公司的飞机改装和国防电子业务。1997年，雷声公司收购了导弹领域的两个主要竞争对手的相关业务，一是德州仪器公司的军工与电子业务（包括精确制导武器、反辐射导弹、机载雷达、夜视系统、电子战系统等相关业务），二是以95亿美元并购了休斯飞机公司的航空航天与国防业务。在实现导弹业务整合基础上，于1999年成立了雷声导弹系统公司，进一步巩固了其在导弹领域的优势地位，雷声公司随后发展成为世界第一大导弹制造商。

在剥离非核心业务方面，雷声公司在20世纪90年代逐渐剥离了Amana制冷公司、地震仪服务公司，以及健康教育出版、家用电器、供热与空调、商业保洁等非核心板块，并退出了个人快速运输业务。

在推动军用技术向民用领域转移转化方面，雷声公司利用军用雷达技术开发了机场多普勒气象雷达；利用潜艇声呐技术开发了商业捕鱼设备；将红外夜视设备推广应用于汽车驾驶、治安、搜索与救援以及工业领域；基于军事通信技术开发了商业全球定位系统接收机、卫星电视接收机；基于砷化镓单片微波集成电路技术开发了新一代数字手机等。

14.1.3.3　多措并举做强做优航空航天与国防业务

为确保 21 世纪的绝对军事优势，美国大力推行以信息技术为核心的军事战略，实施第三次“抵消战略”，持续推进军事和商业技术体系的融合进程。雷声公司通过一系列资本运作、业务架构重组、国际化经营等举措，加快推动航空航天与国防业务发展。

在资本运作方面，围绕网络信息产业链优质资产，雷声公司于 2009 年收购了 BBN 技术公司，于 2010 年以 4.9 亿美元收购了应用信号技术公司。2014 年，雷声公司收购了在网络持续监视、安全战术通信和网络安全方案方面具有行业引领地位的黑鸟技术公司，使其在网络安全、传感器通信等关键技术领域迅速取得优势地位。2015 年 5 月，雷声公司以 19 亿美元收购了网络安全公司 Websense，并将其与雷声情报信息与服务部门的雷声网络产品业务合并，组建了雷声 Websense 公司，并与私募股权基金 Vista 联合成立雷声网络公司。2015 年 10 月，雷声公司以 6200 万美元收购了托管安全服务解决方案和网络安全服务提供商 Foreground Security 公司。2016 年 1 月，雷声公司收购了防火墙提供商 Stonesoft 公司以及 Forcepoint NGFW 公司，并将其商业网络安全业务整合成立 Forcepoint 公司。这一系列的资本运作，在实现雷声公司网络信息产业布局的同时，也为其把握信息时代发展机遇，加速推动航空航天与国防业务信息化、智能化发展奠定了坚实基础。此外，雷声公司早在 2011 年就收购了专业从事机载电子战、定向能和脉冲功率研究的凯泰克公司（Ktech Corp)，获得了研制高功率微波武器的核心技术，成功进入非动能杀伤武器领域。目前，定向能已成为世界一流航天防务公司纷纷布局、全力推进的重点领域。

在业务架构重组方面，为了更好地应对美国国防预算预测难度加大、竞争性采购日益常态化、来自国内外竞争对手甚至供应商的市场竞争日趋激烈、“民参军”导致的市场份额分流等外部环境带来的挑战，雷声公司结合网络中心系统和技术服务两个业务部门营收负增长的实际，于 2013 年对业务架构进行重大调整，将原来的综合防务系统、情报与信息系统、导弹系统、网络中心系统、空间与机载系统、技术服务 6 个业务部门整合为 4 个，即：将网络中心系统的 C4I、作战与感知系统、综合通信系统业务分别整合至综合防务系统公司、导弹系统公司、空间与机载系统公司；将技术服务、情报与信息系统合并为情报信息与服务系统公司。这一调整为雷声公司每年节省成本 850 万美元，削减约 200 个岗位。

在国际化经营方面，雷声公司依托在英国、澳大利亚和加拿大等地的海外子公司，围绕中东、北非等热点地区，加大海外业务拓展，国际化经营收入占比持续提升，为其对冲美国军费下降风险、保持企业营收与产能提供了有力支撑。

在剥离非核心业务方面，为了进一步聚焦政府与国防领域核心业务，雷声公司于 2000 年、2002 年和 2007 年，分别剥离了工程建设公司、飞机集成系统资产、飞机制造公司及飞行解决方案公司，进一步退出民用市场和商业航空市场，显著提升主业集中度和资源配置效率。

14.1.4 战略重组阶段（2020 年至今）

打破发展与竞争困境，以强强联合为路径，及时实施战略重组，进一步做强做优做大航空航天与国防主业。

14.1.4.1 联合技术公司简介

联合技术公司源于 1929 年成立的联合飞机与运输公司。1934 年，联合飞机与运输公司因美国政府反对航空公司和飞机设备制造继续联合而分组，形成了联合技术公司、波音公司和联合航空公司。

联合技术公司在近 90 年发展历程中，实施了多次收并购，为其拓展业务领域、提升产业核心竞争力提供了重要支撑。其中，2005 年，收购了凯德消防安全公司，成立联合技术消防安防公司，扩大其在安防领域业务范围；2012 年，收购了零部件制造商古德里奇公司，成立联合技术航空系统，扩大其在航空领域业务范围，同年，为满足市场上不断增加的楼宇整体解决方案需求，将开利公司和联合技术消防安防进行整合，成立联合技术环境、控制与安防公司；2015 年，由于西科斯基直升机公司“平台整合商”企业定位与联合技术公司“系统提供商”定位不匹配，且直升机业务及其盈利能力表现出低成长性，虽然西科斯基直升机公司拥有 UH－60 黑鹰直升机等多种享誉世界的产品，还是被果断剥离。

2018 年，联合技术公司作为全球多元化制造企业，已发展成为世界最大的制造公司之一，主要为全球航空航天和建筑业提供高科技产品和服务，业务领域涵盖航空发动机、商用航空设备和系统、电梯、扶梯和自动人行道、暖通空调和制冷系统、消防和安防设备、楼宇自动控制设备、其他航空和建筑工业产品。同时，雷声公司是联合技术公司重要的合作伙伴。

14.1.4.2 与联合技术公司强强合并重组

在英国脱欧、欧洲国防企业对美支持力下降、美国国内财政赤字持续膨胀的大背景下，雷声公司和联合技术公司同时面临着来自国内外竞争对手日益严峻的挑战。在国内，波音公司赢得美国国家防御项目的部分合同、洛·马公司研发中程增程防空系统，对雷声公司在防空导弹领域的主导地位产生了一定冲击；联合技术公司在迫于美国《反托拉斯法》① 政策压力而与波音公司拆分后，近年来在商业市场遭到波音公司、空客公司的严重挤压。在国际市场，雷声公司和联合技术公司遭受欧洲国防企业的市场竞争。为了打破各自的发展困境，2019 年 6 月，雷声公司和联合技术公司宣布启动实施对等合并协议。

（1）业务调整重组

合并重组前雷声公司和联合技术公司拥有明确的业务架构。雷声公司设有综合防务系

---

① 《反托拉斯法》：是美国限制垄断、保护竞争的各种法规的总称，基本法规由 1980 年颁布的《谢尔曼法》、1994 颁布的《克莱顿法》和《联邦贸易委员会法》构成，其他法规包括 1936 年颁布的《罗宾逊-帕特曼法》、1974 年颁布的《贸易法》部分条款等。

统、情报信息与服务、导弹系统、空间与机载系统、Forepoint 等部门，其中综合防务系统部门重点发展防空导弹、陆基/海基雷达、指控系统等业务；情报信息与服务部门重点发展导航、训练、后勤、空中交通管理系统等业务；导弹系统部门重点发展导弹、智能弹药、动能杀伤器、定向能、作战传感器等业务；空间与机载系统部门重点发展情报监视与侦察、电子战、通信、空间系统等业务；Forepoint 部门重点发展关键基础设施安全、企业信息安全等业务。联合技术公司设有开利、奥的斯、柯林斯航空航天系统、普拉特·惠特尼等部门，其中开利公司重点发展暖通空调、制冷、楼宇自动化、消防安全等业务；奥的斯公司重点发展电梯、自动扶梯、移动人行道等业务；柯林斯航空航天系统公司重点发展航空结构、航空电子设备、内饰、任务系统等业务；普拉特·惠特尼公司重点发展航空发动机、辅助动力装置等业务。

合并重组过程中联合技术公司方面对原有业务进行独立拆分。联合技术公司将其业务拆分为三个独立运营的公司。其中，新的联合技术公司（包含柯林斯航空航天系统公司和普拉特·惠特尼公司）是航空和国防工业领域的卓越系统供应商；奥的斯公司是世界领先的电梯、自动扶梯和移动人行道制造商；开利公司是全球暖通空调、制冷、楼宇自动化、消防安全及安全产品的供应商。联合技术公司将奥的斯公司和开利公司这两个与国防领域关联度不高的业务部门独立出去，是雷声公司同意与联合技术公司对等合并的前提条件，反映出雷声公司持续聚焦主业的战略导向。

合并重组过程中雷声公司方面进行业务重组。雷声公司将其情报信息与服务部门、空间与机载系统部门以及 Forcepoint 部门合并为雷声情报与空间公司；将综合防务系统部门与导弹系统部门合并为雷声导弹与防务公司。

合并重组过程中雷声公司和联合技术公司进行相关业务剥离。由于雷声公司的机载战术无线电业务，以及联合技术公司所属柯林斯航空航天系统公司的军用 GPS 和大型天基光学系统业务，在美国只有雷声公司和联合技术公司两家单位运营。作为美国司法部反垄断审查通过的重要条件，雷声公司和联合技术公司将两业务剥离，由英国 BAE 系统公司分别以 2.75 亿美元和 19.25 亿美元收购，进而确保两公司对等合并的实现。如图 14－1 所示为雷声公司与联合技术公司合并示意图。

合并重组后雷声公司并入新的联合技术公司，新的联合技术公司成为名义上存在的公司，并更名为雷声技术公司，将其总部迁至沃尔瑟姆。原联合技术公司股东持有雷声技术公司 57％的股份。在经济规模上，雷声技术公司成为仅次于洛·马公司的美国第二大航空航天与国防企业。

合并重组后雷声技术公司拥有四大业务部门，即柯林斯航空航天系统公司、普拉特·惠特尼公司、雷声情报与空间公司、雷声导弹与防务公司。其中，柯林斯航空航天系统公司、普拉特·惠特尼公司源自原联合技术公司；雷声情报与空间公司主要依托原雷声公司的情报信息与服务部门、空间与机载系统部门以及 Forcepoint 部门组建而成；雷声导弹与防务公司主要依托原雷声公司的综合防务系统部门与导弹系统部门组建而成。

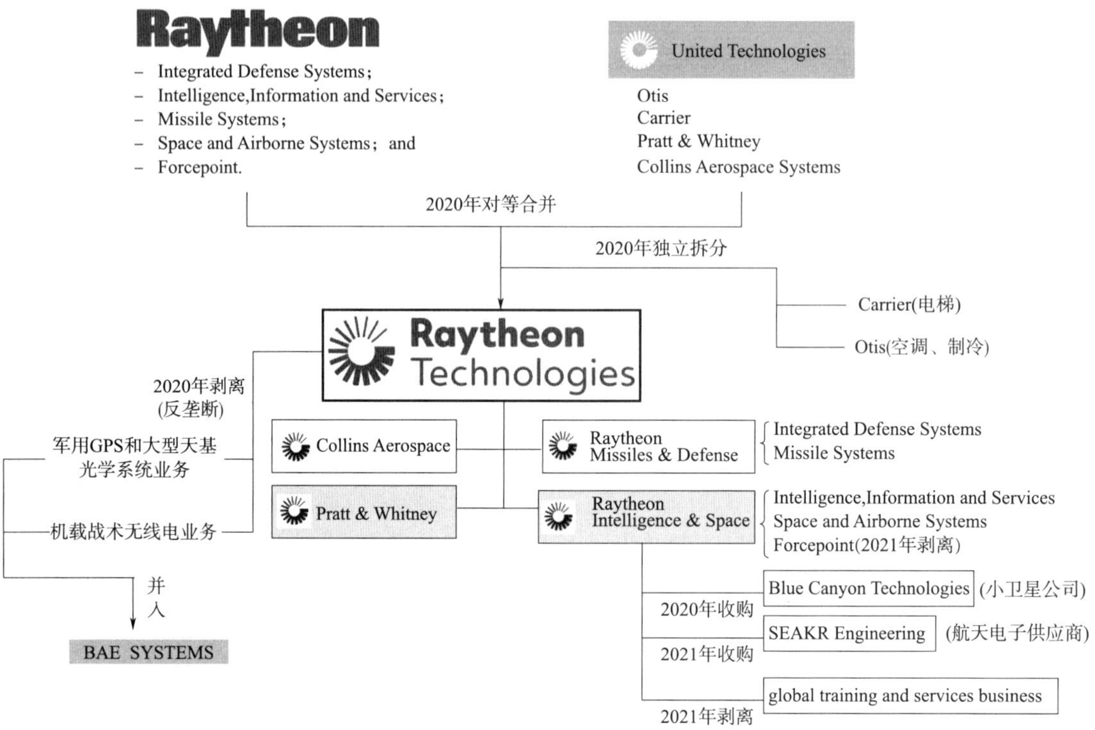

图 14-1　雷声公司与联合技术公司合并示意图

（2）高层人事调整

2020 年 4 月，雷声公司和联合技术公司完成合并重组，雷声技术公司董事长兼首席执行官由原联合技术公司董事长兼首席执行官格雷戈里·海斯担任。原雷声公司首席执行官托马斯·肯尼迪则担任执行董事长。高层人事调整反映出在两家企业合并重组过程中，是以联合技术公司为主进行整合的，也体现了雷声公司在逆境中敢于先破而后立的坚定决心和魄力。

14.1.4.3　持续走聚焦主业之路

完成合并重组后，雷声技术公司围绕航空航天与国防领域，继续走主业聚焦之路。雷声技术公司充分发挥国防和商业航天领域技术优势，从以导弹武器装备为代表的军品运营商转型为专注航空航天和国防领域的技术型企业，将业务扩展至以航空发动机为代表的商用航空领域，将普拉特·惠特尼公司 F-35 战斗机的发动机与原雷声公司的爱国者导弹防御系统以及雷达、导弹和网络安全领域的专业技术相结合，形成新的专业竞争优势。同时，在巩固雷达、传感器、电子战、导弹防御系统等优势领域的同时，引入联合技术公司在电子视觉情报监视侦察系统、军用动力系统和敏捷导航定位与授时等领域的独特优势，实施了导弹领域产业链上下游的整合，实现了核心能力的双向互补，对于推动高超声速武器、高超声速防御系统、定向能武器等研发具有重要意义。

此外，雷声技术公司于 2020 年收购了蓝色峡谷技术公司，该公司是小卫星与航天飞船组件的主要供应商，承担了美国空军、NASA、DARPA 项目任务。2021 年，雷声技术公司收购了 FlightAware 公司，该公司是一家数字航空企业，运营多个航班跟踪与数据平台；收购了 SEAKR 工程公司，该公司是一家先进航天电子设备供应商。同时，雷声技术公司剥离了全球培训与服务业务，以及从事商业网络安全的 Forcepoint 公司，进一步聚焦核心业务，快速提升专业技术能力。

面向未来，雷声技术公司将进一步发展高超声速和未来导弹系统、定向能武器、对抗环境下的情报监视与侦查、联网飞机网络防护、下一代互联空域、面向商用飞机的先进分析与人工智能等业务领域。其中，将高超声速领域作为研发重点，分别依托雷声公司在高超声速导弹制导与控制技术领域、联合技术公司在推进技术与材料科学领域的优势，有效解决了高超声速导弹飞行的温控等难题，为其实现跨越式发展奠定了坚实基础、增添了强大动力。此外，雷声技术公司刻意回避了与波音公司、洛·马公司在“武器平台”方面的竞争，进一步专注于先进军事攻防技术研发，尤其是可以应用到其他承包商主战武器平台上的关键系统技术，努力将自己打造成为关键分包商和核心器件供应商。

14.2　经济运行

(1) 近五年营业收入实现规模性增长，但在重组后发展步伐明显放缓

雷声技术公司近五年营业收入从 2018 年的 347.01 亿美元增长至 2022 年的 670.74 亿美元，复合增长率为 17.91%，实现了较快的增长，见表 14－1、图 14－2。但逐年来看，雷声技术公司营业收入增长速度在其完成重组后明显放缓，由 2020 年的 24.78%下降至 2022 年的 4.17%。可见，雷声技术公司受合并重组带来的人事、业务、经营管理方面的“磨合”影响，出现了短期内营收增速放缓的规律性现象，其经济体量的规模优势尚未发挥出来。

表 14－1　雷声技术公司近五年营业收入情况

项目	年度					复合增速/%
	2018 年	2019 年	2020 年	2021 年	2022 年	
营业收入/亿美元	347.01	453.49	565.87	643.88	670.74	—
营收增速/%	16.79	30.68	24.78	13.79	4.17	17.91

(2) 近五年营业利润和净利润波动上升，企业强大的经营能力保障了整体盈利能力

雷声技术公司近五年营业利润复合增长率为 17.12%，净利润复合增长率为 39.52%，均保持较高的增长速度，见表 14－2、图 14－3 和图 14－4。2020 年，受合并重组导致商誉减值 31.83 亿美元的影响，营业利润为－18.89 亿美元、净利润为－29.28 亿美元。

虽然合并重组对营业利润和净利润产生了波动影响，但从 2020 年、2021 年、2022 年三年变化趋势看，雷声技术公司强大的运营管理能力和成本控制能力不仅对冲了 2020 年

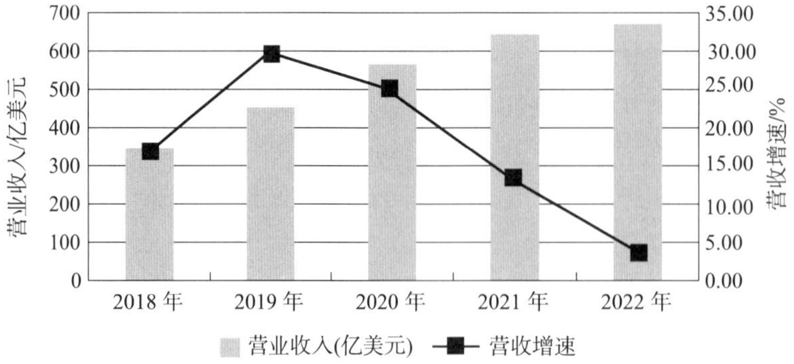

图 14－2　雷声技术公司近五年营业收入及增速情况

合并重组带来的利润波动影响，还保障了企业整体盈利能力，实现营业利润和净利润的持续增长，进一步体现雷声技术公司在提高经营效益方面的实力雄厚。

表 14－2　雷声技术公司近五年营业利润及净利润情况

项目	年度					复合增速/%
	2018 年	2019 年	2020 年	2021 年	2022 年	
营业利润/亿美元	28.77	49.14	－18.89	49.58	54.14	—
营业利润增速/%	－3.75	70.80	－138.44	362.47	9.2	17.12
净利润/亿美元	14.06	37.31	－29.28	41.45	53.27	—
净利润增速/%	－4.22	165.36	－178.48	241.56	28.52	39.52
成本费用/亿美元	322.07	407.61	561.78	598.53	617.80	—
成本费用增速/%	—	26.56	37.82	6.54	3.22	17.69

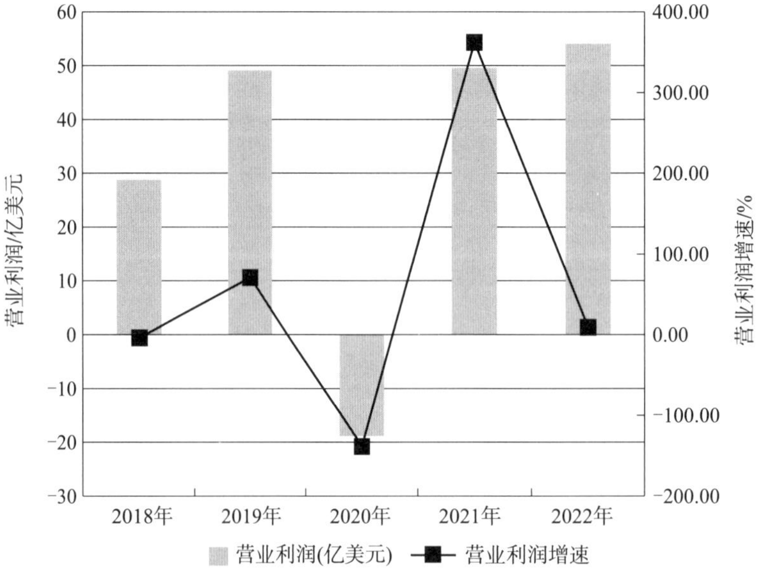

图 14－3　雷声技术公司近五年营业利润及增速情况

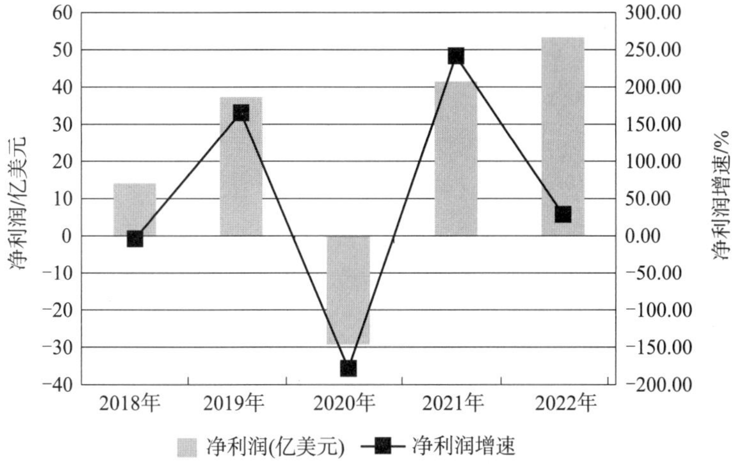

图 14-4　雷声技术公司近五年净利润及增速情况

(3) 近五年营业收入利润率波动下降，企业获利能力持续回升

雷声技术公司近五年营业收入利润率从 2018 年的 8.29%下降至 2022 年的 8.07%，表明雷声技术公司经营效率降低，获利能力不稳定且小幅变弱。整体上看，营业收入利润率呈现上升下降再回升的态势变化，可见 2020 年的合并重组严重影响了该公司的经营效率，但在合并重组之后，营业收入利润率持续上升，2021 年升至 7.7%，2022 年继续上升至 8.07%，说明雷声技术公司仍具备较强的盈利能力，在克服合并重组、新冠肺炎疫情带来的双重负面影响的基础上，实现 2022 年营业收入利润率回升至接近 2018 年的水平，如图 14-5 所示。

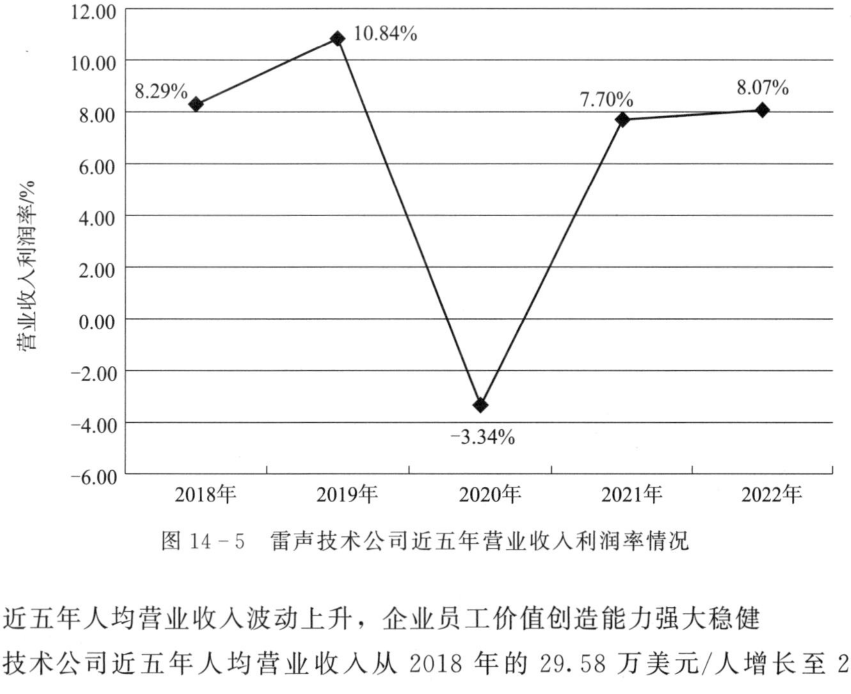

图 14-5　雷声技术公司近五年营业收入利润率情况

(4) 近五年人均营业收入波动上升，企业员工价值创造能力强大稳健

雷声技术公司近五年人均营业收入从 2018 年的 29.58 万美元/人增长至 2022 年的

36.85 万美元/人，年均增长 5.65%，基本保持稳定态势。从年度增长看，雷声技术公司人均营业收入波动变化特征显著，年度增长速度在 2018 年、2020 年、2022 年均为负增长，分别为 −18.76%、−16.17%、−0.41%，在 2019 和 2021 年为正增长，分别为 26.06%、18.36%。由于雷声技术公司 2020 年合并重组、2021 年较多业务调整（收购优质资产、剥离非核心业务）导致员工规模变动，最终致使近年来人均营业收入呈现大幅波动的变化态势，见表 14-3。

综合雷声技术公司近五年人均营业收入及增长情况（图 14-6），虽然合并重组对企业人均营业收入产生了波动影响，但对比 2020 年和 2022 年变化情况，雷声技术公司在人员规模小幅上升的同时，创造了更多的经济增长，进而导致 2022 年人均营业收入较 2020 年大幅提高，说明雷声技术公司员工价值创造能力较强。

表 14-3 雷声技术公司近五年人均营业收入情况

项目	年度					复合增速/%
	2018 年	2019 年	2020 年	2021 年	2022 年	
营业收入/亿美元	347.01	453.49	565.87	643.88	670.74	—
人员规模/人	117300	121600	181000	174000	182000	—
人均营业收入/(万美元/人)	29.58	37.29	31.26	37.00	36.85	—
人均营业收入增速/%	−18.76	26.06	−16.17	18.36	−0.41	5.65

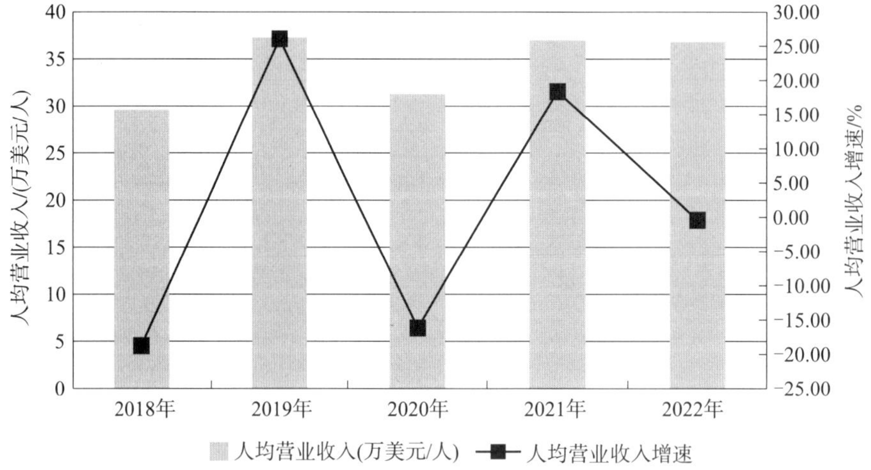

图 14-6 雷声技术公司近五年人均营业收入及增长情况

（5）近五年资产负债率持续下降，企业财务风险水平愈发稳健

雷声技术公司近五年资产负债率从 2018 年的 60.75%下降至 2022 年的 53.28%，降低 7.47 个百分点，呈现整体下降态势，如图 14-7 所示。五年来，雷声技术公司资产负债率整体处于 53%～69%之间，表明雷声技术公司负债结构较好、财务风险程度适中。从

2020 年合并重组之后看，由于 2021 年和 2022 年雷声技术公司资产和负债均连续小规模缩减，导致 2021 年和 2022 年资产负债率分别小幅下降 0.72 和 0.44 个百分点。可见，雷声技术公司在利用债务开展经营方面坚持审慎灵活的原则，实现企业财务风险水平愈发稳健。

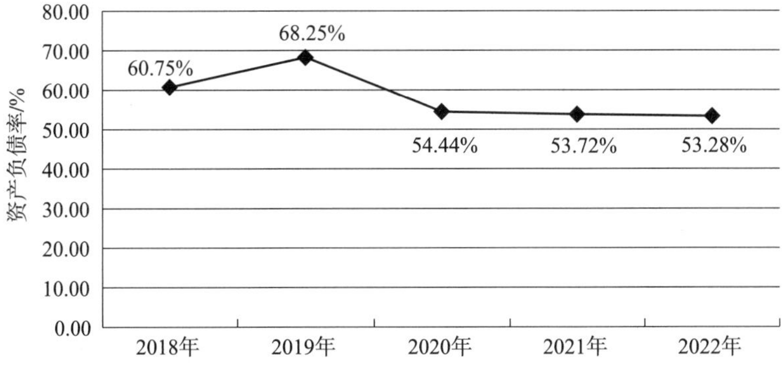

图 14－7　雷声技术公司近五年资产负债率情况

14.3　业务板块

2020 年与联合技术公司合并重组后，雷声技术公司主要拥有四大业务部门，分别是柯林斯航空航天系统公司、普拉特·惠特尼公司、雷声情报与空间公司、雷声导弹与防务公司。

从近几年营业收入贡献看，柯林斯航空航天系统公司和普拉特·惠特尼公司两家航空领域的部门基本相当，二者营收占雷声技术公司总营收比重之和在 50%～60%之间；雷声情报与空间公司和雷声导弹与防务公司基本相当，二者营收占雷声技术公司总营收比重之和在 40%～50%之间。由此可见，雷声技术公司在基于不同业务领域重组业务结构的同时，也考虑了不同业务部门在收入规模方面的均衡发展。2022 年雷声技术公司四大业务部门营业收入贡献情况如图 14－8 所示。

从近两年营业利润贡献看，柯林斯航空航天系统公司营业利润占雷声技术公司总营业利润比重最高，接近 40%；普拉特·惠特尼公司、雷声导弹与防务公司和雷声情报与空间公司基本相当，其营业利润占雷声技术公司总营业利润比重在 15%～25%的水平。2022 年雷声技术公司四大业务部门营业利润贡献情况如图 14－9 所示。

14.3.1　柯林斯航空航天系统公司

柯林斯航空航天系统公司（Collins Aerospace）是全球领先的航空航天和国防产品供应商，总部位于美国北卡罗来纳州夏洛特市，拥有员工 6.75 万人，2022 年营业收入 205.97 亿美元，同比增长 11.64%；营业利润 23.43 亿美元，同比增长 33.2%。

柯林斯航空航天系统公司面向飞机制造商、航空公司、美国及外国政府、国防承包

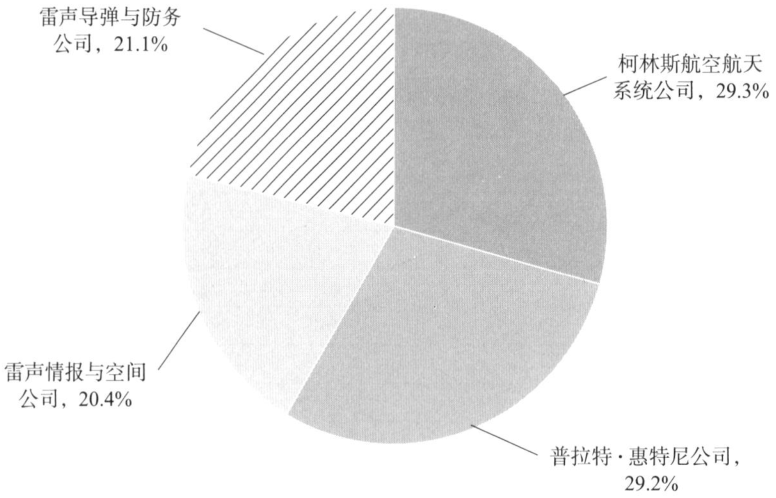

图 14-8　四大业务部门 2022 年营业收入贡献比较

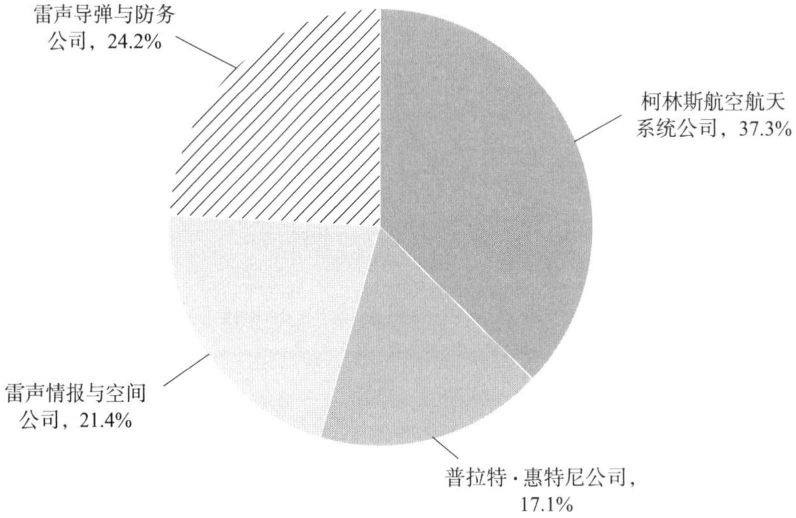

图 14-9　四大业务部门 2022 年营业利润贡献比较

商、维护维修与大修供应商以及全球分销商提供航空结构、航空电子设备、内饰、机械系统、任务系统和动力控制等产品及服务。柯林斯航空航天系统公司最大的商业客户是波音公司和空客公司，2020 年、2021 年和 2022 年来自这两家公司的收入分别占柯林斯航空航天系统公司总收入的 21%、18%和 20%。

2022 年，柯林斯航空航天系统公司获得了 B-52 现代化项目发电系统的重大国防合同以及与国防部联合全域指挥与控制（JADC2）项目相关的多个合同，包括美国陆军的一份为期五年的第二代导航和授时系统（MAPS）合同以及美国陆军空射效应（ALE）任务系统合同。柯林斯航空航天系统公司也是被 NASA 选中为国际空间站和阿尔忒弥斯计划开发和生产下一代航天服的两家公司之一。同时，柯林斯航空航天系统公司收购了

FlightAware Foresight 公司基于机器学习的预测分析产品业务。此外，柯林斯航空航天系统公司持续开展重大产品开发活动，产品应用平台包括空客 A321XLR、波音 777X 和 737 MAX 10、达索猎鹰 6X、新舟 MA700 等客机以及波音 T-7A 教练机和波音 VC-25B（总统专机）。

14.3.2　普拉特·惠特尼公司

普拉特·惠特尼公司（Pratt & Whitney）是世界领先的商业、军用、公务机和通用航空发动机供应商之一，总部位于康涅狄格州东哈特福德。该公司拥有 4.1 万名员工，2022 年营业收入 205.3 亿美元，同比增长 13.11%；营业利润 10.75 亿美元，同比增长 136.78%。普拉特·惠特尼公司的商用发动机部门和军用发动机部门负责设计、开发、生产和维护一系列大型发动机，这些发动机主要用于商业客户的宽体飞机、窄体飞机和大型支线飞机以及军事客户的战斗机、轰炸机、加油机和运输机。普拉特·惠特尼公司的加拿大普·惠公司负责小型发动机业务，是全球领先的支线航空、通用航空和公务机以及直升机发动机供应商之一。

普拉特·惠特尼公司主要面向飞机制造商、航空公司、飞机租赁公司以及美国和外国政府客户提供产品和服务。普拉特·惠特尼公司最大的商业客户是空客公司，2020 年、2021 年和 2022 年来自该公司的收入分别占普拉特·惠特尼公司总收入的 30%、31% 和 33%。

2022 年，普拉特·惠特尼公司在齿轮传动涡扇发动机（GTF）项目上取得了重要的里程碑。一是用于 A320neo 系列飞机的 GTF Advantage 发动机开始在 A320neo 飞机上开展联邦航空法规第 33 部分（FAR33）认证和研制飞行测试，并成功使用 100%可持续航空燃料（SAF）运行。二是拓展应用新的飞机平台，包括塞斯纳 SkyCourier、达赫 Kodiak 900 和 TBM960 以及 ATR42 和 ATR72 飞机。三是 PW127XT-M、PW812GA 和 PW812D 发动机获得加拿大运输部认证，这些发动机分别用于 ATR 72-600 支线涡轮螺旋桨飞机、湾流 G400 和达索猎鹰 6X 飞机。此外，普拉特·惠特尼公司还获得了 F135 发动机（用于 F-35 闪电Ⅱ战斗机）的大批量合同以及 F135 发动机核心升级工作的启动资金。

14.3.3　雷声情报与空间公司

雷声情报与空间公司（RIS）是全球领先的空间、通信和传感器系统以及网络与软件解决方案开发商和供应商，为情报、国防、联邦和商业客户提供产品和解决方案。该公司拥有员工 3.45 万人，业务覆盖全球 30 个国家，2022 年营业收入 143.12 亿美元，同比下降 5.72%；营业利润 13.42 亿美元，同比下降 26.79%。

雷声情报与空间公司是美国情报界、美国国防部、国土安全部、美国联邦航空管理局、美国国家航空航天局以及其他国际和机密客户的主承包商及分包商。

2022 年，雷声情报与空间公司新签订了许多重要业务合同。包括作为主承包商为美国太空部队开发一个名为“导弹跟踪监管系统”的中地球轨道导弹跟踪系统样机、为美国联邦航空管理局升级一个名为“广域增强系统（WAAS）”的天基精确导航系统。此外，雷声情报与空间公司在其产品组合的关键能力方面取得了重大进展，包括用于当前和未来有人和无人驾驶飞机的战术机载雷达、情报监视与侦察光电/红外（EO/IR）雷达频率产品、激光技术和空间任务系统等。

14.3.4 雷声导弹与防务公司

雷声导弹与防务公司（RMD）是全球领先的一体化防空导弹系统、攻防作战装备、大型陆基和海基雷达、弹道导弹和高超声速导弹防御系统、海上和水下传感器解决方案的供应商，为美国和外国政府客户提供产品设计、开发、集成和维护服务。该公司拥有员工3万人，其明星产品爱国者防空反导系统国际用户遍布18个国家，2022年营业收入148.63亿美元，同比下降4.35%；营业利润15.19亿美元，同比下降24.2%。

雷声导弹与防务公司是美国国防部和美国陆军、海军、空军、导弹防御局及外国政府的主承包商及分包商。

2022年，雷声导弹与防务公司诸多项目取得了重大进展，主要包括下一代拦截弹（NGI）、远程防区外武器（LRSO）、高超声速吸气武器概念（HWAC）、标准导弹系列（SM-2、SM-3和SM-6）、先进中程空空导弹（AMRAAM）。2022年新签重大合同包括：为美国空军开发高超声速攻击巡航导弹（HACM）合同、为国际客户生产和交付爱国者PAC-2 GEM-T导弹合同、为乌克兰交付国家先进地空导弹系统（NASAMS）合同、为美国海军生产SPY-6硬件及维护合同、为美国陆军生产毒刺导弹合同、为导弹防御局（MDA）生产标准-3导弹合同。

第15章　波音公司

波音公司是全球最大的航空航天公司，也是世界领先的民用飞机和防务、空间与安全系统制造商，以及售后支持服务提供商。作为美国最大的制造出口商，波音公司为分布在全球150多个国家和地区的航空公司和政府客户提供支持。波音的产品以及定制的服务包括：民用和军用飞机、卫星、武器、电子和防御系统、发射系统、先进信息和通信系统，以及基于性能的物流和培训等。

波音公司一直是航空航天业的领袖公司，也素来有着创新的传统。波音公司不断扩大产品线和服务，满足客户的最新需求，包括开发更新、更高效的民用飞机家族成员；设计、构筑、整合军事平台以及防御系统；研发先进的技术解决方案以及为客户安排创新的融资和服务方案等。

波音公司的总部位于弗吉尼亚州阿灵顿，在美国境内及全球超过65个国家和地区共有员工15.3万人以上。这是一支非常多元化，人才济济且极富创新精神的队伍。波音公司还非常重视成千上万分布在全球供应商中的人才。

波音公司下设三个业务部门：民用飞机集团，防务、空间与安全集团，以及波音全球服务集团。作为金融解决方案的全球提供者，波音金融公司负责支持这些业务集团。此外，还有一些在整个公司层面工作的职能组织，关注工程和项目管理、技术和研发项目执行、先进设计和制造系统、安全、财务、质量和生产力改进，以及信息技术。

2022年，波音公司在《财富》世界500强排行榜名列204位。

15.1　发展历程

15.1.1　创立公司

波音公司成立于1916年7月15日，由威廉·爱德华·波音创建，并于1917年改名为波音公司（公司原名叫太平洋航空制品公司）。1929年更名为联合飞机及空运公司。1934年按政府法规要求拆分成三个独立的公司：联合飞机公司（后更名为联合技术公司，2020年4月，与雷声公司合并重组为雷声技术公司）、波音飞机公司、联合航空公司。1961年原波音飞机公司改名为波音公司。波音公司建立初期以生产军用飞机为主，并涉足民用运输机。其中，P-26战斗机以及波音247型民用客机比较出名。1938年研制开发的波音307型是第一种带增压客舱的民用客机。

15.1.2　军用时代

20世纪30年代中期，波音公司开始研制大型轰炸机，包括在二战中赫赫有名的B-

17（绰号“空中堡垒”）、B－29轰炸机，以及东西方冷战时期著名的B－47和B－52（绰号“同温层堡垒”）战略轰炸机，B－52服役后30多年中一直是美国战略轰炸力量的主力。美国空军中比较出名的KC－135空中加油机以及E－3（绰号“望楼”）预警机也是由波音公司生产的。

15.1.3 商用时代

20世纪60年代以后，波音公司的主要业务由军用飞机转向商用飞机。1957年在KC－135空中加油机的基础上研制成功的波音707是该公司的首架喷气式民用客机，共获得上千架订货。从此在喷气式商用飞机领域内便一发不可收拾，先后发展了波音717、波音727、波音737、波音747、波音757、波音767、波音777、波音787一系列型号，逐步确立了全球主要商用飞机制造商的地位。其中，波音737是在全世界被广泛使用的中短程窄体民航客机。波音747一经问世就长期占据了世界最大的远程宽体民航客机的头把交椅，直到2008年才被客客A380取代。

美国总统的专机“空军一号”也是由该公司生产的波音707以及波音747－200B特殊型号改装而成的。

15.1.4 民用时代

1997年，波音公司宣布，原波音公司与原麦克唐纳·道格拉斯公司（简称麦·道公司）完成合并，新的波音公司正式营运。麦道公司曾经是美国最大的军用飞机生产商，著名的F－4“鬼怪”、F－15“鹰”、C－17军用运输机、DC系列以及MD系列商用飞机就产自该公司。40多年来，波音一直是全球最主要的民用飞机制造商，同时也是军用飞机、卫星、导弹防御、人类太空飞行和运载火箭发射领域的全球市场领先者。公司2003年营业额为505亿美元。

为满足用户的需求，波音始终致力于不断研发新产品，探索新技术。创造民用飞机新产品；为美国空军研制、生产、改造飞机；制造能够将重达14吨载重量送入轨道的运载火箭以及通过先进的卫星网络改进全世界人民的通信状况，波音秉承着长期的传统，精益求精、孜孜不倦地研发新技术和新发明。

随着1997年波音对麦道的吞并，波音在民用飞机领域的传统优势因麦道系列飞机的加入而进一步加强，也使合并后的波音在民用航空领域拥有了70年的领先历史。波音现有的主要民机产品包括707、717、737、747、767、777、787系列飞机和波音公务机。新产品研发的重点是波音787，其效率极高，曾计划于2008年投入运营（已经延迟交付3次，截止到2008年8月还未交付），不过因为种种原因直到2011年才正式交付使用。目前重点为797。全球现役的波音民用飞机接近13000架，约占全球机队总量的75%。波音民用航空服务部通过一流的全天候技术支持帮助用户保持飞机的最佳使用状态，同时为全球用户提供一整套具有国际水准的工程、改装、物流和信息服务，服务对象包括经营客、货运业务的航空公司，以及飞机维护、修理和大修厂商。波音翱腾航训公司是全球最大最全面的航空培训提供商，为 100 座（含）以上的飞机市场培训飞行及维护人员。

2019 年 1 月 15 日，日本经济产业省（经产省）与波音公司签署协议文件。双方同意在飞机电动化、生产自动化、碳纤维复合材料开发三大领域加强合作。

15.2　经济运行

波音公司的财务情况受到了多种因素的影响，包括全球航空航天市场的波动、竞争压力、新冠肺炎疫情等因素。尽管波音公司在过去几年中遭受了一些亏损和财务困境，但该公司仍然是一家重要的航空航天企业，拥有强大的技术和研发实力，同时也在不断推出新的产品和服务来满足市场需求。

（1）近六年营业收入受空难和疫情影响大幅减少，调整后呈恢复性增长

2019 年 3 月 10 号，埃塞俄比亚航空公司的一架波音 737－8 型号飞机（属于 737 MAX 系列）在起飞不久后坠毁，机上 157 人全部遇难，是继 2018 年 10 月 29 日印尼狮航空难事故造成 189 人罹难后，波音 737 MAX 8 飞机发生的第二起空难。受多起空难事故的影响，2019 年波音 737 MAX 的全球停飞成本达到 146 亿美元。波音公司 20 年来首次出现亏损。波音公司 2019 年全年销售收入 765.59 亿美元，较 2018 年下跌 24%，亏损超过 6 亿美元。

波音公司在 2018 年的营业收入为 1011 亿美元，突破了千亿美元（表 15－1）。然后紧接着受空难以及疫情的影响，两年的暴跌，2019 年和 2020 年营业收入的跌幅都超过 24%，最严重的 2020 年营业收入为 581.6 亿美元，不足 2018 年的六成。就算 2021 年和 2022 年两年都有接近 7%左右的恢复性增长，但 2022 年全年的营业收入也只有 2018 年时的三分之二，可以说波音仍然深陷泥潭，并没有摆脱困境，如图 15－1 所示。

表 15－1　波音技术公司近六年营业收入情况

年度	2017 年	2018 年	2019 年	2020 年	2021 年	2022 年
营业收入/亿美元	940.1	1011.0	765.6	581.6	622.9	666.1
营收增速/%	0.50	7.54	－24.27	－24.03	7.10	6.94

（2）近六年营业利润和净利润波动较大，强如波音也无法稳住经营形势

波音公司近六年营业利润整体呈大幅下降的趋势，2018 年及以前，波音的营业利润增速不足 20%。表 15－2 显示 2019 年至 2022 年是亏损年度，波音的营业利润增速除了 2020 年为负以外，其他的年份增速只有 5%左右。2020 年，受空难事故和疫情影响，营业利润为－56.4 亿美元，营业利润增速为－224.78%，净利润为－118.7 亿美元，净利润增速为－1754.69%。

虽然空难事故和疫情对营业利润和净利润产生了波动影响，但从 2020 年、2021 年、2022 年三年变化趋势看，波音公司在 2020 年进行了较大额度的融资，而且并没有出现严重的经营问题，强大的运营管理能力和成本控制能力不仅对冲了 2020 年前空难事故和疫

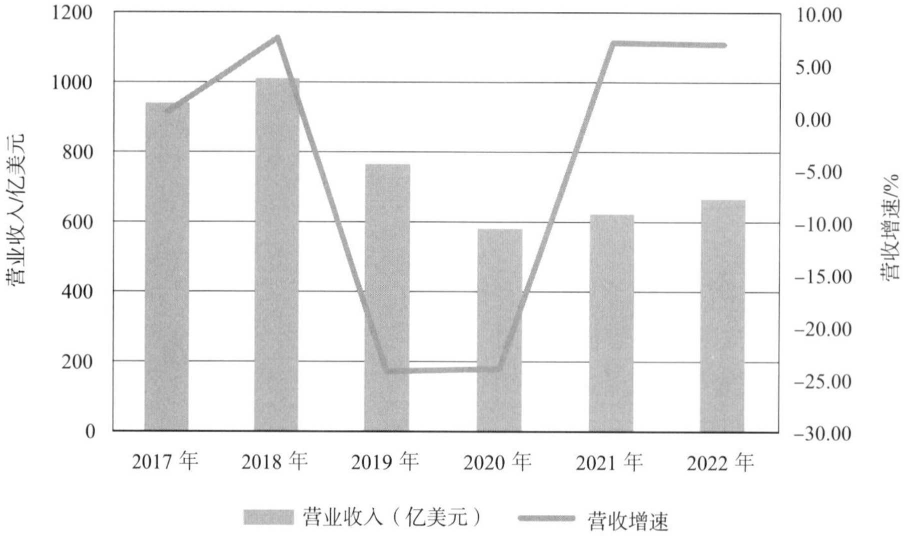

图 15－1　波音公司近六年营业收入及增速情况

情带来的利润波动影响，还保障了企业整体盈利能力，实现营业利润的持续增长，进一步体现波音公司在提高经营效益方面的实力雄厚，如图 15－2、图 15－3 所示。

表 15－2　波音公司近六年营业利润及净利润情况

年度	2017 年	2018 年	2019 年	2020 年	2021 年	2022 年
营业利润/亿美元	174.7	197.0	45.2	−56.4	30.5	35.3
营业利润增速/%	18.60	12.76	−77.06	−224.78	154.08	15.74
净利润/亿美元	84.6	104.6	−6.4	−118.7	−42.0	−49.4
净利润增速/%	68.00	23.64	106.12	−1754.69	64.62	−17.62

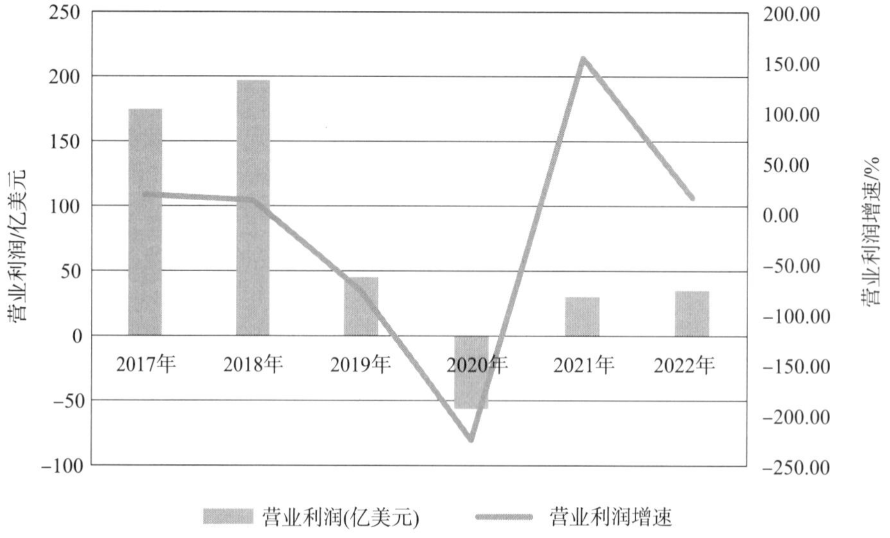

图 15－2　波音公司近六年营业利润及增速情况

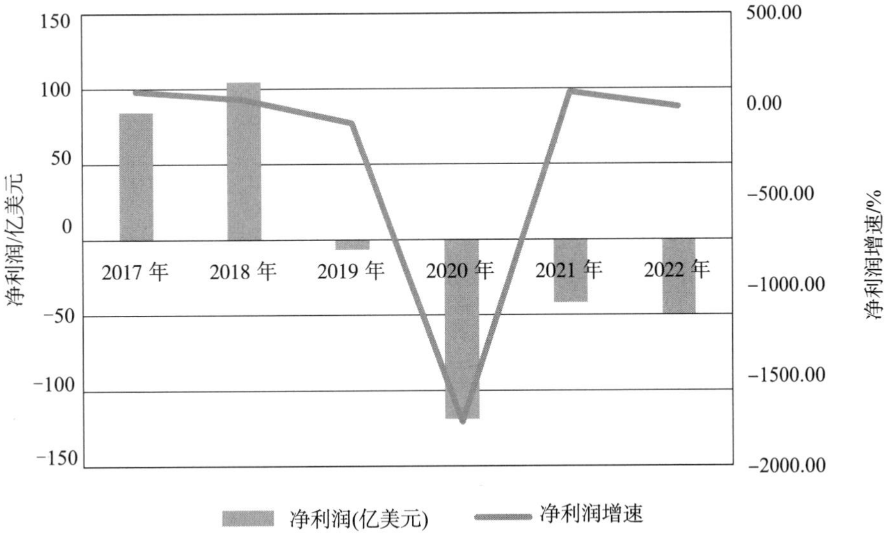

图 15－3　波音公司近六年净利润及增速情况

（3）近六年资产负债率持续上升，企业财务风险越来越高

波音公司近六年资产负债率从 2017 年的 98.5％上升至 2022 年的 111.6％，升高 13.1 个百分点，呈现整体上升态势。六年来，波音公司资产负债率整体处于 98％～112％之间，表明波音公司负债结构较差、财务风险较高。2018 年年底资产负债率为 99.7％（表 15－3），这样净资产极少。最近四年，波音公司资产负债率都超过 100％，资不抵债，而且还有越陷越深的趋势，其短期偿债能力也较弱，如图 15－4 所示。

表 15－3　波音公司近六年资产负债率情况

年度	2017 年	2018 年	2019 年	2020 年	2021 年	2022 年
资产负债率/％	98.5	99.7	106.2	111.9	110.7	111.6

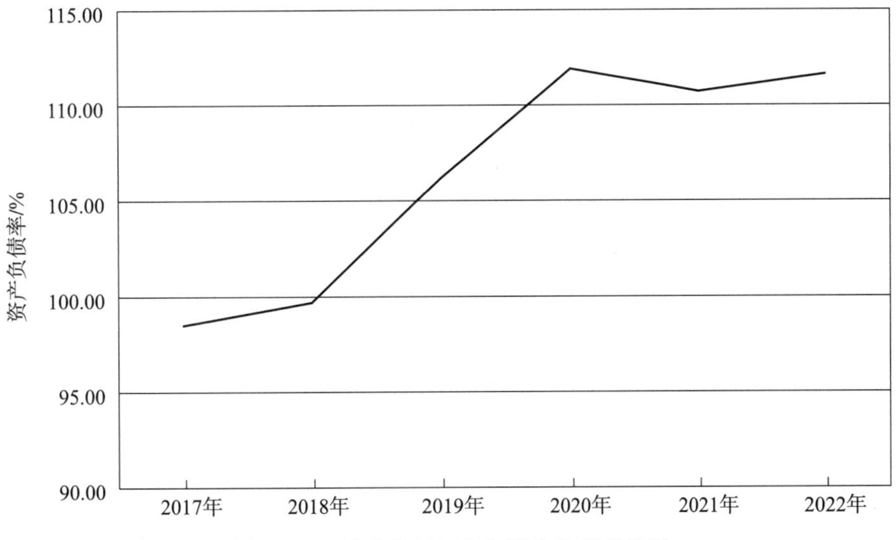

图 15－4　波音公司近六年资产负债率情况

（4）近六年研发费用及研发投入强度波动较小，企业科研投入相对稳定

近六年来，波音公司每年的研发投入都在30亿美元左右，研发投入强度保持在4%左右，近四年虽然亏损严重，但是在研发投入方面没有明显削减，说明波音公司对科研的重视，如表15-4、图15-5所示。

表15-4　波音公司近六年研发费用及研发投入强度情况

年度	2017年	2018年	2019年	2020年	2021年	2022年
研发费用/亿美元	31.8	32.7	32.2	24.8	22.5	28.5
研发投入强度/%	3.38	3.23	4.21	4.26	3.61	4.28

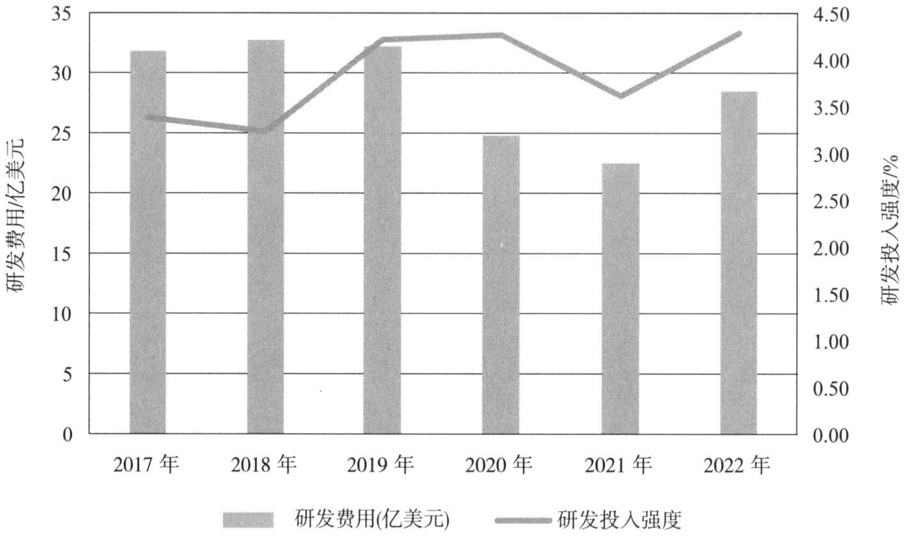

图15-5　波音公司近六年研发费用及研发投入强度情况

15.3　业务板块

波音公司的业务涵盖了民用航空、军用航空、航天系统等多个领域，是综合性的航空航天制造商。

（1）开展民用飞机业务，提高产品的性能和竞争力

波音公司的民用飞机业务是其最为重要的业务之一，主要涉及单通道、双通道和宽体客机。以下是该业务板块的主要产品：

①737系列

波音公司的737系列是最畅销的型号之一，包括737-300、737-700、737-800和737 MAX等不同型号。这些机型具有较小的机身尺寸和较低的运营成本，适合在短途航班和中小型机场起降。

②787梦想飞机

波音公司的787梦想飞机是一种更加先进和环保的机型，采用先进的材料和技术，具

有更低的燃油消耗和更高的乘客容量。该公司目前共生产了 294 架 787 梦想飞机，其中包括首架飞机“梦幻之翼”。

③窄体客机

波音公司的窄体客机包括 B737、B747、B757 和 B767 等型号。这些机型具有较大的机身尺寸和较高的运载能力，适合在长途航班和大型机场起降。

④货机

波音公司的货机业务主要包括 BCF（波音商务货机）和 CargoMax 等型号。这些机型具有较大的货舱容积和灵活性，适合运输各种货物。

总体来说，波音公司的民用飞机业务涵盖了多个型号和领域，以满足不同类型客户的需求。该公司不断推出新的机型和技术，以提高产品的性能和竞争力。

(2) 开展军用飞机业务，与军队和政府机构开展合作

波音公司的军用飞机业务主要涉及战斗机、预警机、运输机、无人机等多个领域。以下是该业务板块的主要产品：

①战斗机

波音公司的 F/A-18 和 F-15 战斗机是其最为知名的军用机型之一。这些机型具有高性能、高灵活性和高可靠性，被广泛应用于空中战斗和对地攻击等任务中。

②预警机

波音公司的 E-3 和 E-7 预警机是其军用飞机业务中的另一个重要领域。这些机型的特点为长航时、高空飞行和强大的探测能力，可以为作战部队提供实时情报和指挥控制。

③运输机

波音公司的 C-17 和 KC-46 运输机是其军用飞机业务中的两个重要型号。这些机型的特点为大容量、高效率和多功能性，可以用于物资运输、人员投送和军事支援等多种任务。

④无人机

波音公司的 MQ-9“捕食者”无人机和 B-52H“同温层外星人”轰炸机也是其军用飞机业务中的两个重要领域。这些无人机具有高度机动性和隐身性能，可以执行多种侦察、打击和监视任务。

总体来说，波音公司的军用飞机业务涵盖了多个技术领域，以满足不同类型客户的需求。该公司不断推出新的机型和技术，以提高产品的性能和竞争力。同时，该公司还积极参与国际合作，与各国军队和政府机构开展广泛的合作。

(3) 开展服务与解决方案业务，不断提高服务质量和效率

波音公司的服务与解决方案业务主要包括维护、支持和租赁等方面。以下是该业务板块的主要内容：

①维护服务

波音公司的维护服务包括飞机维修、保养和改装等多个方面。该公司在全球范围内拥有庞大的服务网络和专业的技术团队，可以为客户提供高效、可靠的维护服务。

②支持服务

波音公司的支持服务包括客户培训、技术支持、工程管理等多个方面。该公司通过不断创新和优化服务模式，提高服务质量和效率，为客户创造更大的价值。

③租赁业务

波音公司的租赁业务包括飞机租赁和航空器融资租赁等多个方面。该公司在全球范围内拥有广泛的客户群体和合作伙伴，可以为客户提供全方位的租赁解决方案和服务。

总体来说，波音公司的服务与解决方案业务是一个综合性的服务体系，旨在为客户提供全方位、高质量的服务和解决方案。该公司不断创新和优化服务模式，提高服务质量和效率，以满足不同类型客户的需求。

（4）开展航天系统业务，推动全球航空航天产业的发展

波音公司的航天系统业务主要涉及卫星发射、运载火箭、太空飞行器等领域。以下是该业务板块的主要产品：

①卫星发射

波音公司的卫星发射业务包括商业卫星发射和政府合同卫星发射等多个方面。该公司拥有先进的卫星发射技术和设备，可以为客户提供高效、可靠的卫星发射服务。

②运载火箭

波音公司的运载火箭业务包括BWB（波音商业火箭）和CST（波音星际飞船）等多个型号。这些火箭具有较高的运载能力和可靠性，可支持客户实现各种空间探索和应用任务。

③太空飞行器

波音公司的太空飞行器业务包括Starlink卫星互联网系统、Orbital ATK的商业火箭和SpaceX的星际飞船等多个领域。这些太空飞行器具有不同的用途和特点，可以为客户提供全方位的太空探索和应用服务。

总体来说，波音公司的航天系统业务涵盖了多个技术领域，以满足不同类型客户的需求。该公司不断推出新的机型和技术，以提高产品的性能和竞争力。同时，该公司还积极参与国际合作，与各国政府机构、企业和科研机构开展广泛的合作和交流，推动全球航空航天产业的发展。

第 16 章　空客公司

空客公司（Airbus SE）成立于 1970 年，总部位于荷兰，主办公室位于法国，是一家跨国航空航天与防务公司，集航空、航天、防务及相关服务领域于一体。根据 2020 年《财富》世界 500 强排行榜，空客公司位列第 116 名。

16.1　发展历程

16.1.1　艰难起步阶段（1945—1967 年）

二战后欧洲航空制造业处于低迷状态，举欧洲多国之力扭转民用航空颓废之势

二战之后，欧洲的航空制造业陷入前所未有的低潮。虽然战后还有设计师设计新型飞机，但成功量产的飞机 SE－20“卡拉维尔”客机产量也不高。而大西洋对岸的美国本土几乎没有遭受战火波及，又多次受到欧洲盟国的委托，航空制造业进入前所未有的黄金时期，以道格拉斯为首的美国飞机制造商先后崛起，产量占据全球飞机需求的绝大部分。

欧洲航空运输业的快速扩张，带来了新飞机的需求，也为欧洲航空制造业带来了机遇。1959 年，英国的霍克-西德利制造厂推出了阿姆斯特朗惠特沃斯 AW600 短程客机。这种客机可以运载 126 名乘客执飞短途航线。但是，欧洲航空制造商很快意识到：如果欧洲航空制造商继续各自为战的话，根本没有办法和强大的美国对手竞争，合作才是唯一出路。1960 年开始，已经有欧洲航空制造商开始讨论合作。在 1965 年巴黎航展上，欧洲的主要航空公司非正式地讨论欧洲市场的发展，又提出了对载客超过 100 人的低成本中短程客机的强大需求。自 1965 年开始，欧洲主要国家联合启动名为“空中客车”的大型客机项目，试图集多国之力扭转欧洲民用航空工业的竞争颓势。

16.1.2　羽翼初丰阶段（1967—2000 年）

面对欧洲民用航空制造业的困境，欧共体的成立促进了欧洲一体化发展，也促进了空客公司的成长和发展

面对欧洲民用客机项目兵败如山倒的困境，几乎在欧共体成立的同时，1967 年 9 月，欧洲三国英、法、德签订谅解备忘录，批准向 A300 项目计划拨款，决定合力打造全新的空客 A300 项目。时值美国波音公司的窄体客机 B737 首次交付，并成为史上最受市场欢迎的飞机，而超大型宽体客机 B747 也即将登场。这份备忘录展示了欧洲国家强烈的危机感以及在竞争压力下联合自强的紧迫感。

1970 年 12 月 18 日，空客工业集团正式挂牌成立，这不是一个独立的跨国公司，而是一个多国企业联合体，成为欧洲民航工业新时代的起点。

16.1.2.1 技术支持：多国分工模式的构建与政府财政投入的扩大

作为一个多国共享的飞机品牌，空客代表了欧洲主要国家对“技术欧洲”的坚定承诺，即从欧洲中心主义的视角而非国家中心主义的视角来看待大型商用飞机的研制。1977 年，时任法国总理雷蒙·巴尔甚至声称，“法国的任何飞机都应该在空客集团内起飞”。

1970 年空客集团成立时，英国政府并未如约参加。面对这一重大变故，法、德并未退缩，而是展示了精诚团结的决心。德国接手了研发和组装机翼的工作，并将这项工作部分外包给了英国私人公司霍克-西德利。该公司承担 40%的研发成本，德国承担剩余的 60%。这样霍克-西德利公司以系统分包商的身份参与了空客项目，但它不是空客集团的正式成员公司，没有表决权。在 A300B 项目功能工作分配的谈判过程中，法国、德国和霍克-西德利公司以达成合作为目标，工作分配基于各行为体的技术经验和基础，各行为体也充分调动了各自的资源以使工作分配结果对自身有利。

此后，A310 的工作分配也基本保持了 A300B 的分工格局。至此，空客集团创造了一个多国分工合作的全新飞机研制模式，在这种情况下，不同国家的合作公司共同承担飞机不同部件的设计研发和生产制造责任，这款飞机没有国籍，只有洲籍。这种产业内分工不是市场的“无形之手”自发形成的，而是政府间协议的产物，它高度仰仗政府间的契约，而这种政治契约最终演变成为一种稳定的分工习惯。对此有学者指出，A300 和 A310 吸收的是几乎整个欧洲在民航工业领域的技术能力。

1979 年 1 月，英国政府表态支持英国宇航公司参与 A310 项目，并为该项目提供 5000 万英镑的低息贷款用于技术研发。英国的积极态度得到了法国和德国的正面回应，最终英国宇航公司代表英国政府获得了空客集团 20%的股份，法国和德国持有空客的股份分别下降至 37.9%，西班牙的股权结构不变。这一股权结构的变更标志着英国以正式成员国身份返回空客项目，空客“四驾马车”的多国合作格局也完全形成。

经过不断地调整，空客飞机研制分工模式逐渐稳定下来，德国和法国负责机身，英国负责机翼，西班牙负责尾翼，最后在法国图卢兹总装，这体现了法国在空客项目中的“火车头”地位。这种稳定的分工合作模式既是成员国相互博弈的结果，也是欧洲国家战略互信不断增强的结果。虽然工作分配有时会引起空客各个合作伙伴及成员国之间的摩擦，但它推动了飞机研制的研发效率提升和技术创新，确保了空客飞机能够集欧洲之智慧。

除了主要的机体部件和设计组装在空客集团内部完成，空客飞机的发动机和起落架这两大部件则从集团外的供应商采购，其中英国的罗尔斯·罗伊斯公司是空客宽体客机的主要发动机提供商；窄体客机的发动机多来自美法合资的 CFM 公司，而起落架则多由法国的赛峰集团和德国的利勃海尔公司提供。以空客集团为中心，欧洲民航工业形成了一个完整且分工有序的产业生态和供应链条，从而共同托举起大型科技研制的欧洲品牌。

此外，欧洲战略互信还使空客成员国政府为空客项目提供研发资金支持的意愿和能力大大加强。作为企业联合体，空客集团本身不具备独立的财务能力，需要成员国的大量财务支持，这也是 20 世纪 80 年代美国对空客发起补贴申诉的主要缘由。有关空客所获得的政府援助数额在不同文献和报告中，数字差距很大。英、法、德三大国财政力量的汇聚帮助空客承受了前 20 年的持续财务亏空，并矢志不渝地专注于不同机型的研发。

16.1.2.2　市场支持：区内采购支持和区外市场捍卫

这一时期的欧洲一体化在经济领域最重要的成绩是市场全面的整合和单一市场规模的不断扩大，这为空客培育至关重要的启动市场提供了基础，使空客在面对美国寡头创造的高市场进入壁垒时能有庞大的本土市场的支持，助其在盈亏平衡点之前度过艰难的成长期。

空客的成员国共同为空客飞机提供了最初的采购支持，空客早期机型的启动用户都是成员国的国家航空公司，这为空客提供了市场进入的第一张门票。在签订空客成立协议时，成员国确立了一个基本原则，即成员国的国有航空公司有义务率先购买空客的飞机。在 A300 项目启动时，德国、英国和法国各自承诺其国家航空公司会购买 25 架 A300 飞机，并且承诺不参与和空客相竞争的其他项目，不支持其竞争对手。在整个 20 世纪 70 年代，空客集团大部分飞机是由四个成员国的航空公司购买的。

经过战后航空客运市场数十年的检验，单通道窄体飞机被公认为市场需求量最大的机型，如果空客不能在该类型的客机市场上有所作为，就很难立足。1987 年，A320 实现首飞，该机型旨在对标波音 B787。作为后来者的 A320 比对手晚了整整 20 年，能否“虎口夺食”直接决定整个空客项目的成败。由于当时 B787 已经相当成熟，要打破市场对 B787 的路径依赖必须依靠忠诚的本土支持者。

早在 1981 年的巴黎航展上，法国航空就宣布购买 25 架 A320 飞机，同时保留 25 架的优先选购权。1984 年 A320 项目正式宣布启动之时，空客已经掌握 80 架确认订单，这些订单全都来自欧洲国家。这些最初的订单为空客项目的持续推进提供了强大的市场支持，也提供了重要的信息支持。在 1987 年的巴黎航展上，法国航空和德国汉莎航空等 10 多个客户承诺订购 130 架 A330/A340 及其衍生机型。这是空客历史上最大规模的订单，标志着空客已经逐渐度过了早期艰难的市场培育期，开始成为全球客机市场的重要角逐者。

20 世纪 90 年代，欧洲适航标准实现了完全的统一，这为空客在更广阔的欧洲市场拓展提供了便利。民用飞机需要接受一整套适航标准的监管，适航标准的统一是欧洲市场规则统一的重要内容。1992 年，欧共体国家成立联合航空局（JAA），统一制定成员国的航空条例和技术安全标准。10 年后联合航空局由成员国适航当局的协会组织升级为欧盟领导下的超国家机构——欧洲航空安全局（EASA），集中行使成员国的部分民航管理主权，这标志着欧洲已经形成了与美国联邦航空局（FAA）具有同样话语权的适航管理体系，进一步提升了欧洲航空市场的整合程度，从而更有利于欧洲市场接受本土制造商的飞机。

截至 1993 年，在短程窄体飞机 A320、远程大型飞机 A330/A340 及中程中型飞机

A300/A310 三种细分市场，空客在欧洲市场的份额都明显超过美国市场。可以说，在空客成长的前 30 年，欧洲本土市场的大力支持帮助空客走过成长的爬坡期，而欧洲一体化促进了欧洲本土航空对空客飞机的采购。

20 世纪 80 年代，随着空客不断在美国拓展市场，美国开始改变轻视空客的态度，频繁指责欧洲国家对空客的研发援助违反了关税及贸易总协定（GATT），要求欧共体对此进行限制并威胁将向 GATT 起诉。在空客成长的关键时期，美欧贸易摩擦对空客的生存构成了严重威胁，这是因为美国市场对于空客的发展至关重要。

在应对过程中，欧洲国家始终展现出异常坚决的团结，以集体力量应对美国压力。代表空客与美国政府进行补贴问题谈判的是欧共体，这意味着欧洲国家将空客的补贴争端问题视为欧洲问题，而不仅是某个或几个国家的问题。1992 年 4 月美欧签订了《空客协定》，通过对补贴的适度限制暂时化解了双方的分歧。这一轮美欧飞机补贴争端问题以双方和解、没有爆发贸易战争的方式解决。

这一过程中，欧共体以共同市场为砝码，而美国也没有下定决心与欧洲打一场“飞机贸易战”，这是因为当时欧洲许多家航空公司仍然购买大量美国飞机。欧盟不仅在欧美补贴争端中展示了强大的产业防守能力，而且以反垄断贸易为由强力干预了波音和麦·道的合并，这是欧盟在民航工业领域主动对美国发起的攻势。尽管欧盟未能阻止波音和麦·道的合并，但通过介入这一事件并迫使波音做出了重大妥协，欧盟展示了强大的经济外交能力，向世界传递了坚决帮助空客捍卫自由竞争秩序的重大信息。在美盟民航工业领域竞争中，欧盟成为空客的强大政治后盾。

在欧洲国家的集体支持下，1970—2000 年期间，空客经历了前 20 年经验积累之后，其订单量和市场份额在后 10 年快速提升。1994 年，空客的年度订单量达到 125 架，首次超过波音 111 架。1995 年后，空客达到了占据全球市场 30%的初始战略目标，尽管这一目标的实现比预期延后了十余年。1996 年，空客被认为已经实现盈利，成功地越过了生死攸关的盈亏平衡点。

虽然距离波音仍存在一定差距，但作为多国联合企业集团的空客公司用了 30 年的时间先后打造了五种主要的机型，不仅成功在商用飞机市场上生存下来，而且紧紧咬住市场领导者的步伐。经过近一代欧洲领导层的合作与努力，空客在各成员国互相尊重、彼此支持的基础上得以建立，融合了法国、德国、英国和西班牙等国家的优势资源，最终建立这一历史性的行业领军型企业。

16.1.3　迈向多元阶段（2001—2020 年）

21 世纪欧洲一体化程度再度升级，空客公司的发展迈向多元化，迎来了“巅峰”时刻

进入 21 世纪，空客和波音的技术研发和市场份额竞争到了一个全新的历史阶段。两家企业的竞争事实上已经成为欧洲与美国两大经济体之间的民航工业的较量，牵动着更加激烈的大国政治角逐。这一变局中，欧洲一体化的持续发展为空客与波音争夺全球民航工业霸主构建了更加强大的政治后盾。

16.1.3.1　技术支持：多国分工模式的强化和多元融资框架的形成

在与波音的技术竞争中，空客在机型研发上的最大的成就为 A380 和 A350 两款新一代宽体飞机，它们的交付使用标志着空客在客机机型上与波音形成了全方面、无缝隙的竞争关系，它们成功研制是欧洲主要国家鼎力合作的结果。

号称“空中巨无霸”的 A380 是人类历史上最大的飞机项目，被誉为“21 世纪的旗舰产品”，旨在挑战有“空中皇后”之称的波音 B747 在远程航空客运市场的主导地位。尽管 A380 最终在商业上遭遇了“滑铁卢”，但它在技术上却获得了惊人的成功。A380 表明空客已经拥有了世界上最为先进的超大型客机研制的技术实力，为未来的航空工业树立了重要标杆。

相比之下，空客最新款的飞机 A350 则同时取得了技术和商业上的成功，它是空客与波音“梦幻飞机”B787 竞争的产物。2014 年年底首架 A350 交付卡塔尔航空，截至 2020 年年初，空客在 5 年时间里共交付了 350 架 A350，这标志着 A350 已经逐渐成为一款商业上成功的机型。A350 继承和发展了大量原为 A380 开发出来的技术资源，并在自动驾驶和机型通用方面把空客飞机的特色推到新高度。

空客集多国技术研发和生产制造的合力来共同完成飞机的研制，这种优势倒逼一直坚持垂直一体化模式的波音进行改革，将其最新机型 B787 机翼的设计和制造任务分包给了日本，而之前波音“从未对外采购过一个机翼”。日本三大重工业公司在日本政府支持下“以 B787 就是自己的产品态度完成了这项任务”。不仅如此，B787 的机体大量使用了新型复合材料，这在很大程度上也归功于日本在该领域强大的技术实力。

由于空客在经历了组织机构的改革之后成为一家股权结构分散的公众公司，国有股份日益稀释，政府直接支持有违市场公平，而且与 WTO 基本规则不符。在这种情况下，欧洲国家以更多元化的方式为空客提供融资支持，其中包括通过区域多边开发银行——欧洲投资银行提供资金支持。值得一提的是，欧洲投资银行提供给空客的研发贷款被 WTO 认定为是合法的。

不仅如此，欧洲投资银行也为空客的重要供应商和合作伙伴提供了研发资金贷款。2008 年和 2015 年，欧洲投资银行两次为罗尔斯·罗伊斯公司的遄达（Trent XWB）发动机项目分别提供了 2.5 亿欧元和 2.8 亿欧元的贷款，用于包括发动机在内的技术研究。考虑到航空发动机在飞机部件中的重要地位，特别是该发动机是 A350 的专配动力，因此对罗尔斯·罗伊斯公司的研发支持就是对空客的支持。除了发动机供应商，欧洲投资银行还资助了其他一些重要的配套航空产业项目，成为欧洲航空工业体系的重要资金支持者。

除了上述支持渠道，欧盟层面的重大产业战略和政策也为空客技术的发展提供了强大的知识供应。伴随着欧洲一体化进程向全外交与安全联盟的方向发展，欧盟开始着手在一些原本相对敏感的产业领域推动国家层面的合作倡议，其中包括共同的航空航天政策和国防工业政策。

16.1.3.2 市场支持：应对补贴争端与开展“飞机外交”

空客和波音的市场竞争同样进入白热化阶段。作为空客坚实的政治后盾，欧盟及主要成员国开展了积极的经济外交，为空客的市场空间保驾护航，不仅与美国进行了第二轮补贴大战，而且为空客拓展海外市场积极奔走，尤其在成长最为迅猛的亚洲市场斩获颇丰，甚至后来居上。

空客和波音在21世纪开展的新一代机型研发竞赛需要海量资金投入，这使得政府补贴问题再次暴露出来。2004年，美国政府指责欧洲国家在A380项目中为空客提供过度补贴，违反了1992年的双边协定，这标志着新一轮美欧补贴竞争全面浮出水面。美欧飞机补贴争端最终在2019年演化为双方的“关税战”，并持续一年多时间，直到2021年拜登政府上台之后，双方才达成协议结束了长达17年之久的第二轮美欧飞机补贴争端。

除了在补贴争端中坚决维护空客，欧洲国家政府首脑和外交官还频繁充当空客的“推销员”，动用国家经济外交的力量帮助空客扩展区外市场。进入21世纪，美欧民航市场总体上呈现饱和之势，且各航空公司对客机机型已经形成了固定的购买偏好，新兴的亚洲市场尤其是快速发展的中国市场成为空客和波音市场争夺的新战场。欧洲主要国家领导人非常重视对亚洲国家的“飞机外交”，特别是帮助空客推销A380和A350两款机型，取得了非常积极的成效。

在欧洲的飞机外交中，中国是最重要的对象，这是因为中国正在成为国际市场上最大的商用飞机买家。20世纪末，空客在全球的市场份额接近50%，但在中国的市场份额为30%，中国市场长期是空客全球市场的薄弱环节。

因此，“飞机外交”成为欧洲主要国家对华经济外交的重要内容。2006年10月时任法国总统希拉克访问中国，在中法两国领导人的推动和见证下，中方与空客在北京签署了订购150架A320系列飞机的框架协议和订购20架A350宽体客机的意向书，总价值超100亿美元，这不仅是空客进入中国市场20年来最大一笔订单，也是当时中国民航史上签署的最大一笔飞机订单。这次外交访问还达成了另一项重要的合作协议，空客与中国相关方签署了在天津共建A320系列飞机生产线，这不仅是中欧民航工业合作的重大成就，也是中欧加强战略合作伙伴的重要合作项目，希拉克称之为中欧的“战略联姻”，而他本人也因此获得了空客“超级推销员”的称号。

2001—2020年的20年时间里，得益于欧洲一体化所提供的巨大政治助力，空客不断蚕食波音的领地，完成了从挑战者到领导者的角色转变，具体体现在交付量、市场份额以及订单量等方面。2003年，空客首次在交付量上超越了其竞争对手——美国的波音公司，占当年全球飞机交付量的52%。2019年和2020年连续两年空客的订单量和交付量都超过了波音，空客已经在多个方面拉开了与波音的距离，迎来了巅峰时刻。

16.1.4 疫情危机与后疫情时代阶段（2020年至今）

打破新冠肺炎疫情影响，紧抓竞争对手困境，进一步抢占我国航空业市场

2020年，由于新冠肺炎疫情在全球爆发，各个国家的防疫隔离政策导致波音与空客被迫关闭各总装厂并暂停交付飞机。与此同时，受大量航空公司被迫暂停客运服务或停止运营的影响，波音和空客均失去大量客运飞机订单。2021 年，空客宣布亏损 5.1 亿欧元。

由于波音 737MAX 停飞事件以及波音 777X 因发动机问题延迟交付和波音 787 雷达罩质量问题接二连三对波音造成重创，大量航空公司选择转向空客购买新客机，使得空客因新冠肺炎疫情导致的内部财务危机在 2021 年迅速缓解。2021 年，空客共计盈利 48.65 亿欧元。

2023 年，法国总统马克龙访华，达成多项经济合作，签订 160 架飞机采购协议，其中包括 150 架 A320 和 10 架 A350，总价值约 200 亿美元，并在天津建设第二条 A320 窄体飞机生产总装线。

空客用了半个世纪的时间，全面撼动了美国在大型商用飞机制造领域中的霸权地位，重塑了全球民航工业的竞争格局。在欧洲整体产业竞争力下滑的宏观背景下，空客成为欧洲企业战胜美国的重要范例以及欧洲在高端工业领域弥足珍贵的实力象征。

空客的成功不仅仅是一场商业上的精彩“逆袭”，它源于欧洲一体化所奠定的坚实政治基础。欧洲一体化全面提升了欧洲主要国家共同为空客提供技术与市场支持的能力，这是空客在不完全竞争市场上克服后发劣势、实现逆势崛起的根本原因。

16.2　经济运行

（1）营业收入受新冠肺炎疫情影响较大，疫情期间营业收入下降明显，但分阶段来看营业收入稳步增长

总体来看，空客公司近五年营业收入受到新冠肺炎疫情影响下降明显，最大下降幅度达到了 29.18%（表 16 - 1）。但分阶段来看，空客公司营业收入从 2018 年的 637.07 亿欧元增长至 2019 年的 704.78 亿欧元，平均增长率约为 10.63%，实现了较快的增长速度。受到新冠肺炎疫情的影响，营业收入下降明显，随后又逐年回升，营业收入从 2020 年的 499.12 亿欧元增长至 2022 年的 587.63 亿欧元。可见，空客公司受到 2019 年年底新冠肺炎疫情的影响，出现了短期内营收下降的现象，在一定程度上影响了企业的收入情况，如图16 - 1 所示。

表 16 - 1　空客公司近五年营业收入情况

年度	2018 年	2019 年	2020 年	2021 年	2022 年
营业收入/亿欧元	637.07	704.78	499.12	521.49	587.63
营收增速/%	8.00	10.63	−29.18	4.48	12.68

（2）空客公司近五年营业利润总体上稳步提升，企业雄厚的基础保障了整体运行能力

空客公司近五年营业利润复合增长率为 35.03%，保持较高的增长速度（表 16 - 2、图 16 - 2）。2019 年，空客公司支付巨额罚款 36 亿欧元以及 A400M 运输机销量前景不佳导致额外开支 12 亿欧元，使当年出现净亏损状态。在 2020 年，受到新冠肺炎疫情的影

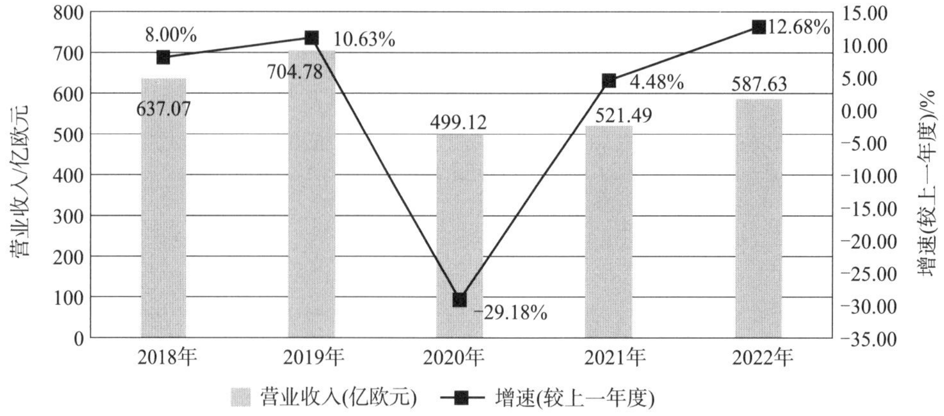

图 16-1　空客公司近五年营业收入及增速情况

响，全球航空制造业市场环境暗淡，飞机实际交付量锐减，导致公司营业利润最低仅有 17.06 亿欧元，净亏损达到 11.3 亿欧元，呈现出了短暂的亏损。

表 16-2　空客公司近五年营业利润及增速情况

年度	2018 年	2019 年	2020 年	2021 年	2022 年
营业利润/亿欧元	58.34	69.46	17.06	48.65	56.27
营业利润增速/%	83.00	19.06	-75.44	185.17	15.66

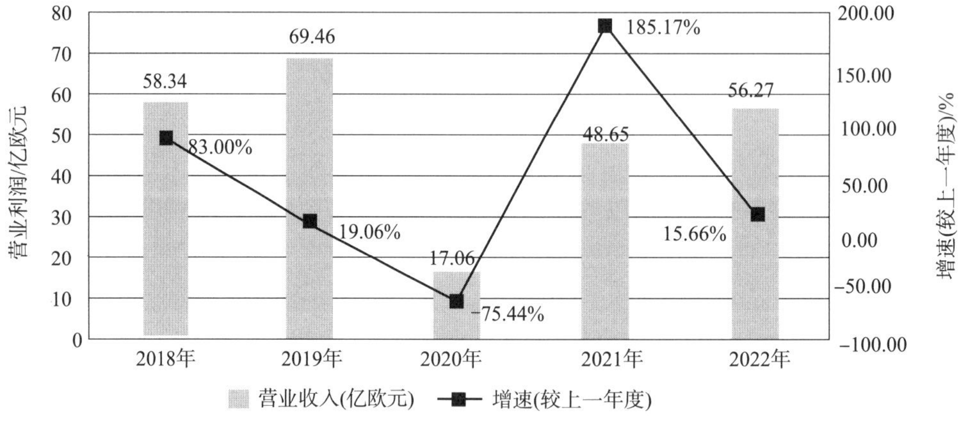

图 16-2　空客公司近五年营业利润及增速情况

虽然支付巨额罚单和新冠肺炎疫情的影响使营业利润和净利润产生了较大的波动（表 16-3、图 16-3），但从 2020 年、2021 年、2022 年三年变化趋势看，空客公司强大的运营管理能力和雄厚的资金基础，成功地对冲了近两年净利润亏损对企业运行的影响，实现营业利润和净利润的稳步提升，充分体现了空客公司在提高经营效益方面的实力雄厚。

表 16-3　空客公司近五年净利润情况

年度	2018 年	2019 年	2020 年	2021 年	2022 年
净利润/亿欧元	30.54	－13.62	－11.33	42.13	42.47
净利润增速/%	29.00	－144.60	－16.81	471.85	0.81

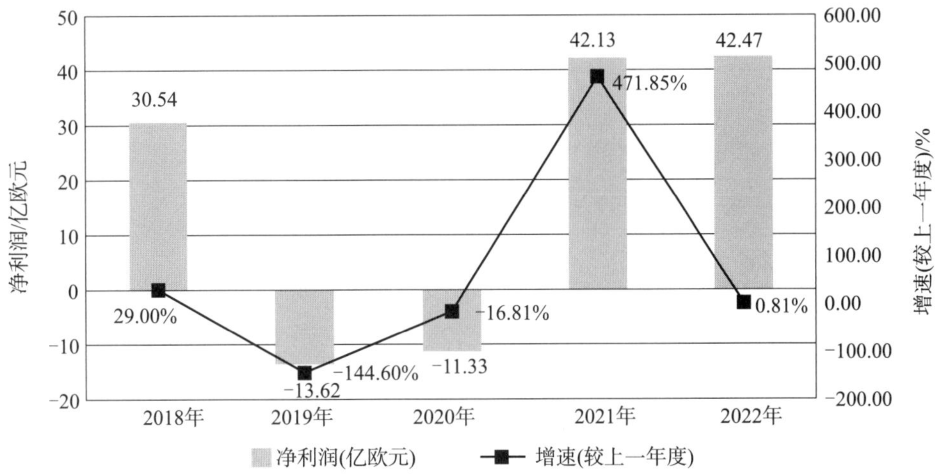

图 16-3　空客公司近五年净利润及增速情况

(3) 近五年空客公司现金流保持相对的稳定，企业获利能力的稳定性较强

从 2020 年局部来看，现金流出现较大的亏空，可能导致企业整体上会受到一些影响，为了保护财务流动性，本年度空客公司也采取各项措施，包括将预期资本压缩至 7 亿欧元，获得 150 亿欧元的新信贷安排，撤销股息计划等，确保公司正常运营渡过难关。但除 2020 年之外，空客公司在 2018、2019 年度现金流保持相对稳定状态，并在 2021、2022 年度呈现出了微幅增长的趋势，表明空客公司经营能力并没有因巨额罚单和新冠肺炎疫情受到较大的影响，现金流重新回到之前稳定的状态并持续增长，获利能力较强，如图 16-4 所示。

(4) 近五年人均营业收入波动上升，企业员工价值创造能力强大稳健

公司近五年人均营业收入平均为 44.576 万欧元/人，基本保持稳定态势（表 16-4）。从年度增长看，空客公司人均营业收入波动变化特征显著，在 2020 年为负增长，降幅为 27.26%，在 2018 年、2019 年、2021 年和 2022 年为正增长，增幅分别为 4.54%、9.59%、8.53%、6.16%。由于空客公司 2020 年承受巨额罚单，收缩业务成本导致员工规模发生变动，最终致使近年来人均营业收入呈现大幅波动的变化态势，如图 16-5 所示。

综合空客公司近五年人均营业收入及增长情况，虽然巨额罚单对企业人均营业收入产生了波动影响，但对比 2020 年和 2022 年的变化情况，空客公司在人员规模上先是小幅下降，降低人员数量控制支出成本，然后在 2022 年增加人员数量，为公司创造了更多的经济增长，进而导致 2022 年人均营业收入较 2020 年大幅提高，说明空客公司在企业管理、运营和员工创造能力方面都具有较强实力。

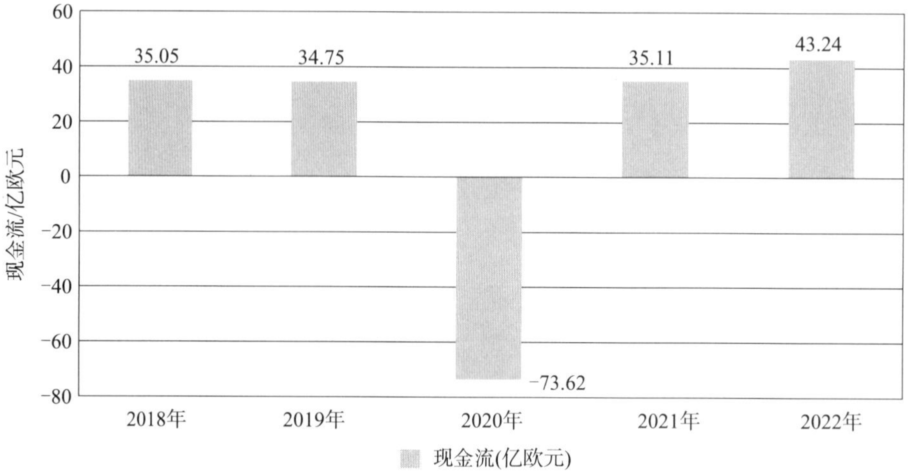

图 16－4　空客公司近五年现金流情况

表 16－4　空客公司近五年人均营业收入情况

年度	2018 年	2019 年	2020 年	2021 年	2022 年
营业收入/亿欧元	637.07	704.78	499.12	521.49	587.63
人员规模/人	133671	134931	131349	126495	134267
人均营业收入/（万欧元/人）	47.66	52.23	37.99	41.23	43.77
人均营业收入增速/%	4.54	9.59	－27.26	8.53	6.16

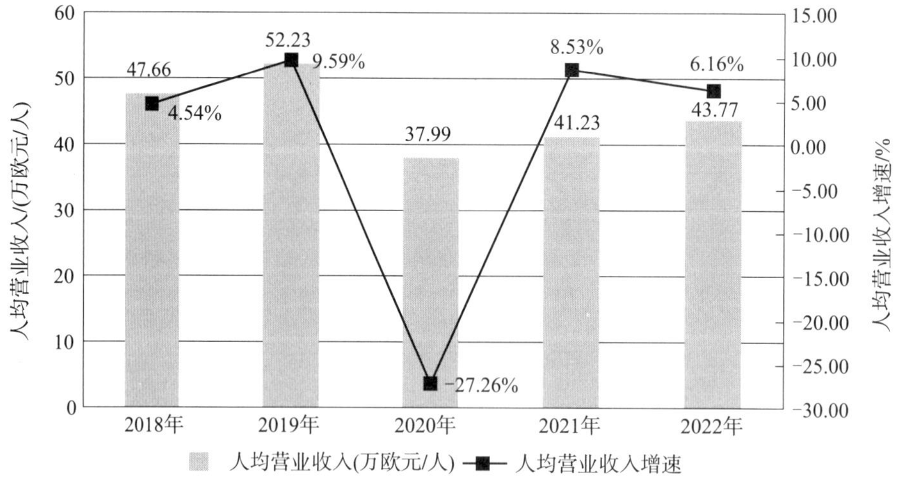

图 16－5　空客公司近五年人均营业收入及增速情况

（5）近五年资产负债率小幅下降，企业财务风险水平进一步降低

空客公司近五年资产负债率从 2018 年的 88%下降至 2022 年的 85%，降低 3 个百分点，呈现整体下降态势，如图 16－6 所示。五年来，空客公司资产负债率整体处于 80%～

90%之间，但整体资产负债率较高，表明空客公司负债结构存在一定的风险，财务风险程度较大。从 2019 年之后看，由于空客公司资产和负债均连续小规模缩减，导致 2021 年和 2022 年资产负债率分别下降 2 个百分点和 3 个百分点。空客公司优化债务结构，提高了企业经营方面的认识，使企业财务风险程度逐渐降低。

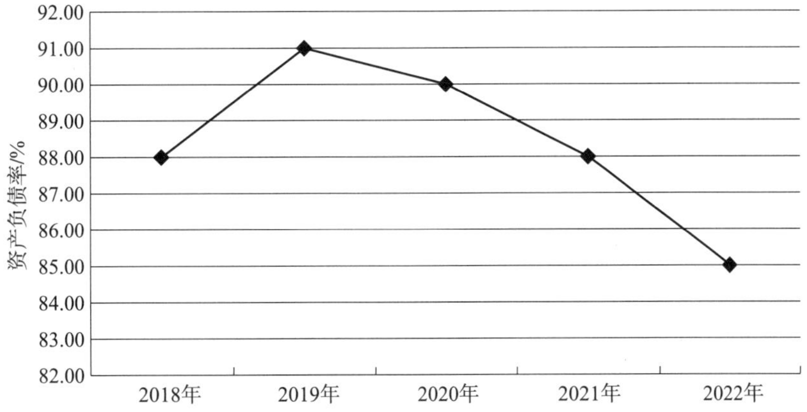

图 16－6　空客公司近五年资产负债率情况

16.3　业务板块

16.3.1　设立三大业务部，推进核心业务规模化发展

目前，空客公司由空客商用飞机部门、空客直升机部门、防务和航天部门组成，分别负责其商用飞机、商用与军用直升机、防务和航天业务。其中，空客商用飞机部门 2022 年营业收入达到 414.28 亿欧元，比 2021 年增长 15%。2022 年空客共交付了 661 架商用飞机，包括 53 架 A220、516 架 A320 系列、32 架 A330、60 架 A350。2022 年空客商用飞机业务带来的收入同比增长 15%，主要反映了商业飞机交付量的增长。空客在销售方面表现强劲，总订单量增加至 1078 架，净订单 820 架，订单储备量 7239 架，净订单交付比远大于 1。而竞争对手波音 2022 交货量仅为 380 架，相比 2021 年减少 53%。(参考波音交付量) 商用飞机业务方面，空客无疑从波音危机中获利颇多。

空客直升机业务部门为全球提供最高效的民用和军用旋翼飞机解决方案。该部门 2022 年营业收入达到 70.48 亿欧元，比 2021 年的 65.09 亿欧元增长 8%。此外，该部门利润增长至 6.39 亿欧元，比 2021 年的 5.35 亿欧元增长 19%，这主要由于该部门服务业务增加以及合理的销售组合。

空客防务和航天部门 2022 年全年营业收入为 112.59 亿欧元，比 2021 年的 101.86 亿欧元增加 11%。但在竞争激烈的航天环境中业绩质量有所下降，该部门 2022 年利润为 4.50 亿欧元，比 2021 年的 5.68 亿欧元下滑将近 21%，主要受到阿丽亚娜 6 型 (Ariane 6) 火箭推迟相关的减值，该业务部门投资组合中通货膨胀上升以及国际制裁的影响。由于形势严峻，该部门下一步计划将进行战略重组，在降低结构成本的同时将盈利能力恢复至高利润率，也同时在空客防务和航天部门计划适当裁减员工。

由此可见，空客的防务业务在订单收揽与盈利能力方面尚不足以与美国防务巨头企业相比。同时受到美国贸易战影响，美国贸易代表办公室宣布将欧盟出口美国的大型客机关税税率从10%提高至15%，于2020年3月18日生效。此番加征关税无疑会给空客公司带来较大影响。

16.3.2 设立旗下子公司，支撑核心业务专业化发展

16.3.2.1 空客商用飞机公司

空客商用飞机公司的现代化综合生产线由非常成功的系列机型（从107座到525座）组成：单通道的A320系列（A318/A319/A320/A321）、宽体A300/A310系列、远程型宽体A330/A340系列、全新远程中等运力的A350宽体系列，以及超远程的双层A380系列。

16.3.2.2 空客直升机公司

空客直升机公司（Airbus Helicopter），原名欧洲直升机公司（Eurocopter），是空客集团旗下的企业之一，目前为全世界最大的直升机制造公司。空客直升机公司在全球有3个零配件中心，分别设立在巴黎、达拉斯和香港。该公司总部位于法国马里尼昂马赛普罗旺斯机场。现任首席执行官为鲁茨·贝特灵（Lutz Bertling）。2014年1月2日，由于EADS改名为空客集团，旗下欧洲直升机公司也同时更名为空客直升机公司。

16.3.2.3 空客国防与太空公司

空客国防与太空公司是空客集团的一个子公司，主要负责国防和航空航天产品和服务。该子公司于2014年1月成立。它是世界第二大空间公司（在波音之后）和世界上最大的十家国防公司之一。

空客国防与太空公司总部位于德国奥托布隆。该公司有四个主要计划：军用飞机（由费尔南多·阿隆索负责）、空间系统（由尼古拉斯·查姆西负责）、通信-情报安全（由埃弗特·杜多克负责）、无人航空系统（由亚纳·罗森曼领导）。该公司在35个国家拥有业务，雇用了86个国家的40000名员工，其收入占空客集团收入的21%。

16.3.2.4 ATR合资公司

ATR（法语：Avions de Transport Régional，意大利语：Aerei da Trasporto Regionale）为一家由意大利的Aeritalia（已并入列奥那多公司）及法国的法国航太（已并入空客集团）合资成立的飞机制造商，双方各持有50%股权。ATR成立于1982年，公司主席每三年更换一次，由合资双方轮流担任。

16.3.2.5 欧洲导弹合资公司

欧洲导弹合资公司（MBDA）是一家由英国、法国和意大利联合组成的先进导弹武器

系统设计制造商，其股权构成为空客公司（占 37.5%股份）、意大利莱昂纳多公司（Leonardo，占 25%股份）和英国 BAE 系统公司（占 37.5%股份），2001 年 12 月正式合并组建，总部位于法国巴黎。

欧洲导弹合资公司在全球各地拥有员工 10000 余名，研制和生产的各型导弹武器超过 3000 余枚，广泛服务于世界各地 90 余个国家和地区的防务力量，已成为世界上第二大导弹制造商（仅次于美国雷声技术公司）。

16.3.3　设立创新研究中心，力争行业内保持研发优势

空客公司于 2006 年成立创新中心，是空客从集团层面集中管理的跨部门跨领域的研发机构。该创新中心精简了原来相对分散的研究和技术组织机构，对分散的研发能力进行整合，维持公司各个业务领域的平衡发展，并确保空客公司内部创新政策的一致性。创新中心由空客首席技术官负责运营管理，管理组织还包括首席质量官和首席信息官。创新中心在法国巴黎和德国慕尼黑设有 2 个总部，共拥有员工 600 人，包含在校博士生和本科实习生。创新中心包括 6 个智能管理部门和 7 个跨国技术能力中心，同时在新加坡、英国、西班牙、印度等地设立分支机构，促进与当地科研机构之间的交流与沟通。

创新中心为空客公司提供一个交流沟通平台，使技术专家和业务管理人员更好地进行经验沟通和交流，同时节约了成本。此外，创新中心积极发展与全球知名大学、研究机构和公司的合作关系。目前已与麻省理工学院、斯坦福大学、加州大学等近 70 所全球知名大学和实验室以及法国达索航空公司、英国 BAE 系统公司等近 100 家世界知名公司建立了合作伙伴关系。

空客创新中心采用集中创新与分散创新相结合的技术创新机制。其中，集中创新是指通过创新中心运用“研究与技术网络”集中进行创新工作，是空客公司开展技术创新的主线；分散创新是指新产品开发任务由所在分公司、事业部等业务单位全权负责。空客公司所有的产品开发和近 80%的技术研发活动均以该种方式进行。该创新机制有利于空客公司各业务单位紧密跟踪与掌握客户和市场的需求，确保空客公司的竞争优势。此外，空客公司内部有面向全员的“创新挑战”政策，鼓励年轻工程师参与到未来武器研究中，并建立了技术专家网和技术网，推动创新思想发展和互通。

第17章　诺斯罗普·格鲁曼公司

诺斯罗普·格鲁曼公司（Northrop Grumman，以下简称“诺·格公司”），是总部设于美国的跨国航空航天及国防科技公司。诺·格公司成立于1939年，现在的诺斯罗普·格鲁曼公司组建于1994年，是诺斯罗普公司收购格鲁曼公司后组成的，是世界第4大军工生产厂商（2022年）、最大的雷达制造商，2020年《财富》500强排名美国第96大企业。公司总部位于弗吉尼亚州，雇用约40000名工作人员，提供从海上到太空全方面的技术、产品、系统及整体解决方案。公司的主要客户是美国国防部与情报中心，商业伙伴遍布全球。2022年营业收入达到366.02亿美元，资产总额达到437.55亿美元。

17.1　发展历程

17.1.1　收购扩张规模

诺·格公司的发展历程始于成立于1939年的诺斯罗普飞机公司，公司位于加利福尼亚州霍桑市，是飞翼技术的主要开发商，主要产品包括闻名全球的B-2隐形轰炸机。

诺·格公司通过并购策略，完成了其在雷达、无人机、船舶、军用作战系统解决方案等领域的布局，是公司不断壮大的原因之一。同时，诺·格公司的并购策略进一步反映出美国军工领域通过并购的方式整合资源，优化配置，集中发展，充分竞争。

诺·格公司的并购历史从其成立之初就已经开始了。1994年，诺斯罗普和格鲁曼（Grumman）实现了强强联合，实力大增，格鲁曼是一家军用飞机系统集成商和首次月球登陆舱的建造者。诺斯罗普公司收购格鲁曼公司之后，将公司更名为诺斯罗普·格鲁曼公司。1996年，诺·格公司收购了西屋电气公司的防务和电子业务部门，一跃成为全球最大的大型军用雷达供应商，成为复杂雷达和其他电子系统开发和生产的世界领先者。1997年，诺·格公司以7.5亿美元的价格收购了当时美国最大的特种军用计算机供应商逻辑公司（Logicon），并与原来西屋电气的工程师团队整合，成为美国屈指可数的军用作战系统解决方案供应商，开始与IBM分庭抗礼。1998年，诺·格公司成功研制了单价高达2亿美元的“全球鹰”，是世界上最先进的无人飞行器，一天之内可以对134万平方千米的区域进行侦察，最长可持续飞行6个月。1999年，诺·格公司收购了成立于1934年的老牌无人飞行器研制企业瑞安航空公司（Ryan Aeronautical），从此在无人飞行器领域更是一骑绝尘。诺·格公司通过一系列收购和扩张，逐步发展成为世界上最大的国防承包商之一。

业务版图逐步健全。2001年，诺·格公司收购了利顿工业（Litton Industries）公司的系统集成、国防电子设备和信息技术能力。利顿工业公司是一家全球电子和信息服务公司，也是领先的造船商之一。同年，诺·格公司完成了在船舶工业上的布局。2002 年，诺·格公司直接兼并美国最大的造船厂纽波特纽斯造船及船坞公司。该公司是美国唯一制造航母的公司，所有的尼米兹级航空母舰都是由它建造完成的，重要性不言而喻。这一收购也使得诺·格公司成为美国唯一一家能够研制超级核动力航母的公司。2002 年，诺·格公司收购了拥有 12 万名员工的汤普森·拉莫·伍尔德里奇（TRW）集团。TRW 是一家全球领先的军事和民用空间系统及卫星的开发商，同时还是全球领先的复杂系统、任务系统的集成商和服务商，公司是曾在 20 世纪 80 年代稳居世界 500 强前 60 名的大集团，在航空航天尖端技术领域有着卓越的成就，先驱者系列深空探测器就是 TRW 集团的代表作。2011 年，诺·格公司将原来所有的舰艇制造部门分拆，成立了一个独立的公司——亨廷顿·英格尔斯工业集团，主要经营造船业务。2018 年，诺·格公司以 92 亿美元收购了轨道 ATK 公司。轨道 ATK 公司拥有先进的运载火箭技术，由轨道科学公司和阿连特技术系统公司合并而成。

17.1.2　现在的诺·格

目前诺·格公司业务体系已趋成熟，航空航天、任务系统、技术服务三大板块对公司发展起到巨大的支撑作用，主要从事无人系统、网络、通信、侦察机、攻击机等产品的研发制造、销售与售后服务。

2020 年 9 月，诺·格公司获得了 2.98 亿美元的卫星通信战略演进计划的独家合同，这是一项抗干扰通信卫星计划，旨在取代洛·马公司的高级超高频卫星计划（计划中，诺·格公司作为洛·马公司的分包商参与）。2020 年 12 月，诺·格以 34 亿美元现金将其联邦 IT 和任务支持业务出售给 Veritas Capital。Veritas 将此次收购置于其 Peraton 子公司中，交易于 2021 年 2 月完成。2021 年 3 月 5 日，诺·格公司被授予火星上升推进系统合同，负责研发用于火星样本返回任务的上升运载工具，诺·格公司制造了 3 米长的两级固体推进剂火星上升火箭。这款火箭的任务是将毅力火星车收集的样本从火星表面带回来。诺·格公司及其合作厂商曾获得 8 次科利尔奖，最近一次是因开发首款航空母舰载无人驾驶战斗机 X－47B 试验机获奖。

诺·格公司目前是美国新一代远程隐形轰炸机 B－21 突袭者战略轰炸机的领导开发商，此款新型隐形轰炸机预计将取代当前世界唯一的隐形轰炸机，同为诺·格公司开发的美军现役 B－2 幽灵战略轰炸机执行传统及核子轰炸任务。诺·格公司同时是 2021 年启用的美国詹姆斯·韦伯太空望远镜主要开发及制造商，亦负责制造 NASA 太空发射系统的固态火箭推进器。另外，诺·格公司也是美国空军新一代洲际弹道导弹系统 LGM－35 哨兵洲际弹道导弹的总开发承包商。

17.2 经济运行

17.2.1 近五年营业收入

诺·格公司近五年营业收入从 2018 年的 300 亿美元上升至 2022 年的 366 亿美元。复合增速为 7.29%，实现了较快的增长速度。但是逐年来看，诺·格公司在 2018 年以后营收增速明显放缓，如表 17－1、图 17－1 所示。

表 17－1　近五年营业收入及增速情况

年度	2018 年	2019 年	2020 年	2021 年	2022 年	复合增速
营业收入/亿美元	300.95	338.41	367.99	356.67	366.02	—
营收增速/%	15.73	12.45	8.74	－3.08	2.62	7.29

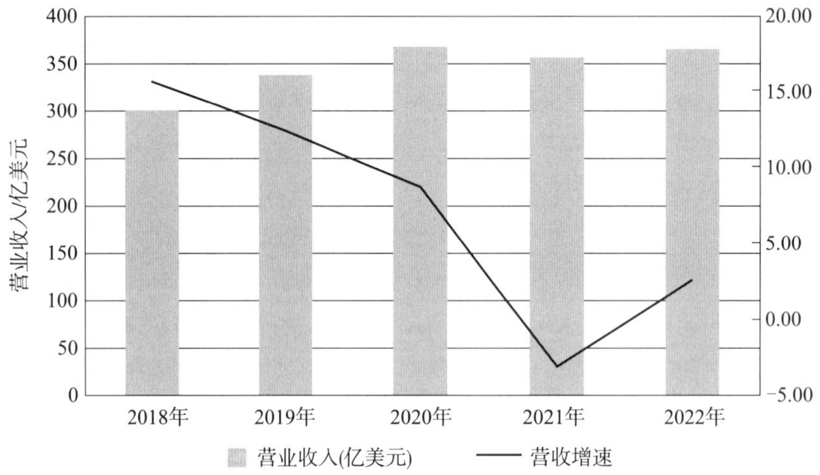

图 17－1　近五年营业收入及增速情况

17.2.2 近五年营业利润和净利润

诺·格公司近五年营业利润从 2018 年（37.8 亿美元）开始逐年上升，2021 年达到 56.51 亿美元，但是在 2022 年下降至 36 亿美元，从营业利润增速角度来看，2021 年营业利润增长速度最快，2022 年为负增长。诺·格公司近五年净利润处于波动上升状态，较为明显的上升同样出现在 2021 年，净利润为 70.75 亿美元，为 2020 年的 2 倍之多，增速为近 5 年最高。诺·格公司近五年成本费用基本处于逐年增加的状态，从 2018 年的 263.15 亿美元增长到 2022 年的 319.96 亿美元，见表 17－2。

表 17－2　近五年营业利润和净利润情况

年度	2018 年	2019 年	2020 年	2021 年	2022 年
营业利润/亿美元	37.8	39.69	40.65	56.51	36.01
营业利润增速/%	17.46	5.00	2.42	39.02	－36.28
净利润/亿美元	33.29	22.48	31.89	70.75	48.96
净利润增速/%	16.03	－32.47	41.86	121.86	－30.80
成本费用/亿美元	263.15	298.72	327.34	319.96	330.01
成本费用增速/%	5.26	13.52	9.58	－2.26	3.14

17.2.3　近五年人均营业收入

诺·格公司近五年人均营业收入从 2018 年的 35.41 万美元/人增长至 2022 年的 36.24 万美元/人，基本保持稳定态势。从年度增长看，诺·格公司人均营业收入波动变化特征显著，在 2018 年、2021 年均为负增长，分别为－4.69%、－5.98%，在 2019 年、2020 年和 2022 年为正增长，分别为 6.20%、0.89%、1.61%。由于诺·格公司 2021 年较多业务调整导致员工规模变动，最终致使近年来人均营业收入呈现大幅波动的变化态势，如图 17－2、表 17－3 所示。

综合诺·格公司近五年人均营业收入及增长情况，虽然合并重组对企业人均营业收入产生了波动影响，但对比 2021 年和 2022 年的变化情况，诺·格公司在人员规模小幅上升的同时，创造了更多的经济增长，进而导致 2022 年人均营业收入较 2021 年大幅提高，说明诺·格公司员工价值创造能力较强。

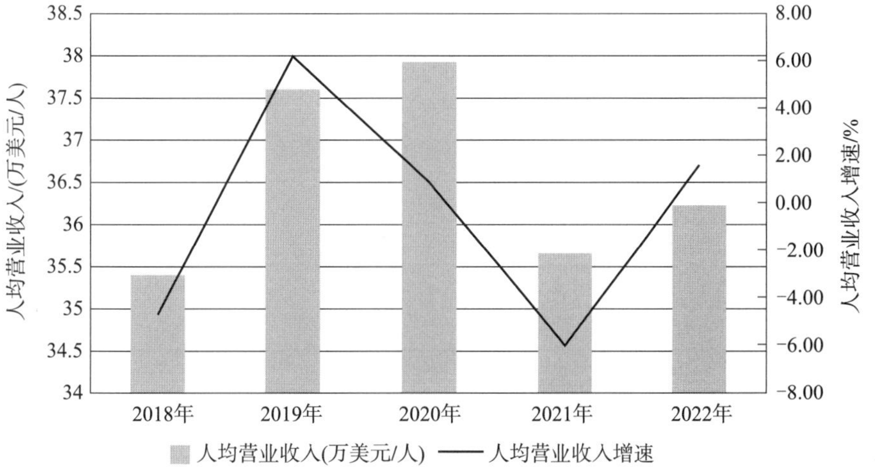

图 17－2　近五年人均营业收入情况

表 17－3　近五年人均营业收入情况

年度	2018 年	2019 年	2020 年	2021 年	2022 年
营业收入/亿美元	300.95	338.41	367.99	356.67	366.02
人员规模/人	85000	90000	97000	100000	101000
人均营业收入（万美元/人）	35.41	37.60	37.94	35.67	36.24
人均营业收入增速/%	－4.69	6.20	0.89	－5.98	1.61

17.2.4　近五年资产负债率

诺·格公司近五年资产负债率从 2018 年的 78.26%下降至 2022 年的 65.01%，降低 13.25 个百分点，呈现整体下降态势。五年来，诺·格公司资产负债率整体处于 65%～79%之间，表明诺·格公司负债结构较好，财务风险程度适中，如图 17－3、表 17－4 所示。

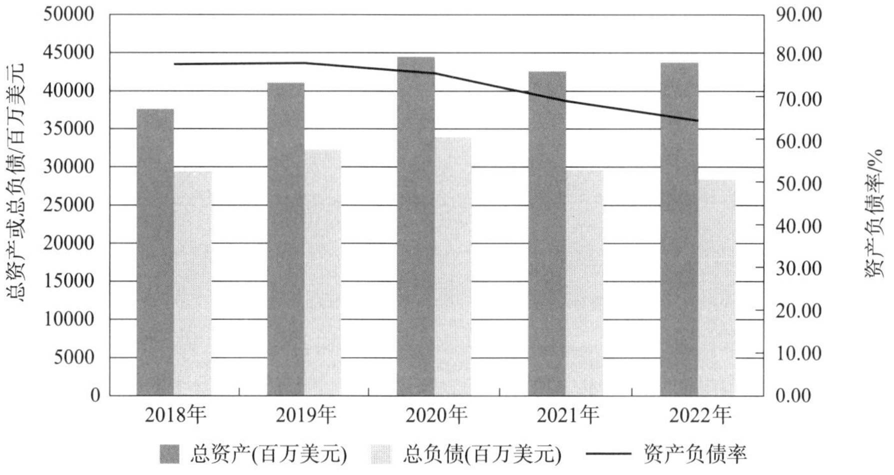

图 17－3　近五年资产负债情况

表 17－4　近五年资产负债情况

年度	2018 年	2019 年	2020 年	2021 年	2022 年
总资产/百万美元	37653	41089	44469	42579	43755
总负债/百万美元	29466	32270	33890	29653	28443
资产负债率/%	78.26	78.54	76.21	69.64	65.01

17.3　业务板块

2019 年 12 月 31 日，诺·格公司合并为四个运营部门，包括航空航天系统、创新系统、任务系统和技术服务。自 2020 年 1 月 1 日起，诺·格公司重组其主要部门，以更好地调整公司的结构、满足客户的需求。四个最主要的部门是：航空航天系统部门、防御系统部门、任务系统部门和空间系统部门（其中防御系统部门和空间系统部门隶属于创新系统公司）。近三年，不同部门营业收入情况及不同客户销售量情况见表 17－5、表 17－6。综合不同部门和不同客户销售量情况来看，任务系统部门的销售额最高，面向美国政府部门的销售额最高。

表 17－5　不同部门营业收入情况

（单位：亿美元）

部门	2022 年		2021 年		2020 年	
	营业收入	营业利润	营业收入	营业利润	营业收入	营业利润
航空航天系统	105.31	11.16	112.59	10.93	121.69	12.06
防御系统	55.79	6.64	57.76	6.96	75.43	8.46
任务系统	103.96	16.18	101.34	15.79	100.8	14.59
空间系统	122.75	11.58	106.08	11.21	87.44	8.93
部门间抵消与调整	－21.79	－9.55	－21.1	11.62	－17.37	－3.39
合计	366.02	36.01	356.67	56.51	367.99	40.65

表 17－6　不同客户销售额情况

客户	2022 年		2021 年		2020 年	
	销售额/百万美元	占比/%	销售额/百万美元	占比/%	销售额/百万美元	占比/%
美国政府	31323	86	30334	85	30903	84
国际	4848	13	4982	14	5188	14
其他客户	431	1	351	1	708	2
总销售额	36602	100	35667	100	36799	100

17.3.1　航空航天系统公司

航空航天系统公司总部设在加利福尼亚州雷东多海滩，是设计、开发、集成和生产载人飞机、自主系统、航天器、高能激光系统、微电子及其他系统和子系统的领先企业。航空航天系统的客户主要是国防部和其他美国政府机构，将这些系统用于任务领域，包括情报、监视和侦察（ISR）、打击行动、通信、地球观测和空间科学。该部门业务涉及三个领域：自主系统、载人飞机和空间。

（1）自主系统

设计、开发、制造、集成和维持用于执行战术和战略 ISR 任务的自主飞机系统。主要项目包括高空长耐力（Hale）系统，如全球鹰系统（Global Hawk System），它为战区提供近实时的陆地高质量高分辨率图像；海神系统（Triton System），为海洋领域提供广阔的海洋和沿海地区的实时 ISR；负责多国战区行动的北大西洋公约组织（北约）联盟地面监视（AGS）系统以及基于舰船的垂直起降（VTOL）火力侦察系统，为海上部队提供态势感知和精确定位支持。

（2）载人飞机

设计、开发、制造和集成远程打击飞机系统、机载 C4ISR 系统、战术飞机系统和定向能系统。关键的远程打击飞机计划包括 B－21 突袭者远程攻击轰炸机以及 B－2 轰炸机的现代化和维持服务。主要机载 C4ISR 计划包括 E－2D 高级鹰眼和联合监视目标攻击雷达系统（JSTARS）。战术飞机计划包括 F－35 闪电Ⅱ中心机身和 F/A－18 超级大黄蜂中心/尾翼机身的设计、开发、制造和集成。定向能项目包括设计、开发和集成用于空中、地面和海上平台的激光武器系统，以及为美国海军和国际客户生产机载激光地雷探测系统。

（3）空间

设计、开发、制造和集成航天器系统、子系统、传感器和通信有效载荷，以支持空间 C4ISR 和科学飞行任务。主要项目包括詹姆斯·韦伯太空望远镜（JWST），这是为美国国家航空航天局（NASA）建造的一台大型红外望远镜，将在空间部署以研究宇宙起源；高级超高频（AEHF）和增强极地系统（EPS）有效载荷为美军提供可生存和受保护的通信；下一代架空持久红外计划（OPIR）卫星和有效载荷以及天基红外系统（SBIRS）有效载荷，为导弹监视、导弹防御、技术情报和战场空间特性提供数据。

17.3.2 创新系统公司

2018 年 6 月 6 日，该公司完成了对轨道 ATK 公司的收购。轨道 ATK 公司成为该公司的全资子公司，并更名为诺斯罗普·格鲁曼创新系统公司，该公司是诺·格公司成立的第四个新的商业部门即“创新系统”。创新系统公司总部设在弗吉尼亚州杜勒斯，是设计、开发、整合和生产飞行、军备和空间系统以使国家安全、民间政府和商业客户能够完成其关键任务的领先企业。主要产品包括运载火箭和相关推进系统；导弹产品和国防电子产品；精密武器、军备系统和弹药；卫星及相关空间部件和服务；先进的航空航天结构。该部门业务涉及三个领域：防御系统、飞行系统和空间系统。

（1）防御系统

开发和生产小、中、大口径弹药；精密武器和弹药；高性能火炮系统；推进剂和含能材料。包括位于密苏里州独立的莱克城陆军弹药厂和位于西弗吉尼亚州火箭中心的海军海洋系统指挥设施。能力包括战术固体火箭发动机的发展和生产的各种空中、海上和陆基导弹系统推进控制系统，支持美国导弹防御局（MDA）和 NASA 的计划；机载导弹预警系统；先进引信和防御电子设备。主要项目包括美国海军的先进反辐射导弹（AARGM），以及先进的吸气式推进系统和用于防御应用的特殊任务飞机的开发。

(2) 飞行系统

设计、开发和制造用于将卫星送入地球轨道和逃离轨道的中小型空间运载火箭；用于导弹防御系统的拦截器和目标运载工具；将有效载荷送入各种高空轨道的亚轨道运载火箭。能力还包括生产用于载人和货运的运载火箭的中、大型火箭推进系统；导弹防御拦截器。主要项目包括：为 NASA 的空间发射系统（SLS）重型运载工具开发和生产固体火箭发动机；用于 MDA 地基中段防御系统（GMD）的拦截器助推器；用于执行商业再补给服务（CRS）合同的安塔瑞斯火箭；为美国海军三叉戟Ⅱ舰队弹道导弹计划研制中型固体火箭发动机；为空客 A 350 XWB 宽体客机生产大多数复合机身绳索和框架。

(3) 空间系统

开发和生产用于全球和区域通信和广播、空间相关科学研究和国家安全的中小型卫星；开发和生产用于地球轨道和深空探索的人类级空间系统，包括向国际空间站运送货物；开发和生产航天器组件和子系统以及向美国政府机构提供专门的工程和运营服务。主要项目包括用于执行诺·格公司与 NASA 的 CRS 合同的天鹅座航天器、国家安全空间项目以及科学和环境卫星项目。

17.3.3 任务系统公司

任务系统公司总部设在马里兰州的林瑟姆，是一家为国防部、情报界、国际、联邦-民用和商业客户提供先进的端到端任务解决方案和多功能系统的领先企业。主要产品和服务包括：C4ISR 系统；雷达、电光/红外（EO/IR）和声传感器；电子战系统；网络解决方案；空间系统；情报处理系统；空中和导弹防御（AMD）系统；导航；舰载导弹和封装有效载荷发射系统。该部门业务涉及三个领域：高级能力、网络与 ISR 以及传感器与处理。

(1) 高级能力

提供网络作战管理、传感器、目标和监视系统、空中和导弹防御指挥和控制（C2）和全球太空战态势感知的集成和互操作性。它还为包括船舶、飞机、航天器和武器在内的一系列平台提供支持海上平台与嵌入式导航和定位传感器的产品、系统和服务。能力包括：先进的 AMD 与陆地、空中和空间资产的集成；舰载导弹和封装有效载荷发射系统；无人驾驶海上飞行器和高分辨率海底传感器；惯性导航系统。主要方案包括：综合空中和导弹防御作战指挥系统（IBCS）；地基中段防御（GMD）系统；水面电子战改进计划（SEWIP）；嵌入式全球定位系统（GPS）/惯性导航系统-现代化；AQS－24B 型扫雷系统；三叉戟和弗吉尼亚级有效载荷发射系统。

(2) 网络与 ISR

提供支持全光谱网络解决方案、基于空间的有效载荷和开发系统、基于空间的通信、C2 和处理系统以及跨域多情报任务数据企业集成的产品、系统和服务。能力包括：网络任务管理；国家安全应用的大规模网络解决方案；导弹预警和防御系统；天气和卫星通信；地面软件系统；地理空间情报和数据融合，专门负责数据的收集、处理和利用。主要方案包括：开发和网络程序；向美国计算机应急准备小组（US-CERT）提供业务服务；通过信息技术企业（SITE）的解决方案提供全球信息技术覆盖面和支持服务；企业应用程序管理服务（EAMS）方案；统一平台系统协调程序。

（3）传感器与处理

提供支持地面、固定翼和旋翼飞机平台的产品、系统和服务，包括雷达、电子战、C2、信号情报（SIGINT）和态势感知任务系统。能力包括目标、监视、防空和预警与控制雷达系统；EO/IR和射频自我保护、瞄准和监视系统；电子攻击和电子支持系统；通信和情报系统；数字化驾驶舱；多传感器处理。主要方案包括机载预警和控制（AEW&C）和空对地传感器；战场机载通信节点（BACN）；F-35火控雷达、分布式孔径系统（DAS）以及通信、导航和识别（CNI）综合航空电子系统；面向地面/空中任务的雷达（G/ATOR）；联合反无线电控制简易爆炸装置电子战（JCREW）；固定翼和旋翼平台的射频和红外对抗（IRCM）方案；EO/目标和监视方案；可伸缩的敏捷波束雷达（SABR）；UH-60V黑鹰综合任务装备包。

17.3.4 技术服务公司

总部设在弗吉尼亚州赫恩登的技术服务公司是提供全生命周期解决方案和服务以支持关键任务网络和系统的领先企业，这些网络和系统包括：维持、现代化、培训和仿真、软件、工程服务、网络、可快速部署的全球后勤和信息技术。客户包括国防部、联邦、民用和卫生机构以及国际客户。该部门业务涉及两个业务领域：全球物流与现代化、全球服务。

（1）全球物流与现代化

为空中、海上和地面系统及武器系统部件提供全球后勤支助、维持、行动和现代化。能力包括飞机、电子和软件维持和工程；电子战/攻击和航空电子/电子子系统现代化；供应链管理；部署后勤支助的载人和无人武器系统；外勤服务、持续维修和技术援助；支持全球客户的快速反应。能力包括：为MQ-5B猎人、全球鹰和海神自主系统等平台提供无人驾驶特别任务飞机解决方案的集成、交付和全球支持；电子/航空电子产品的子系统和部件级仓库修理和现代化，如AAQ-24、APN-241、ALQ-135和ALQ-131 A传感器；洲际弹道导弹民兵Ⅲ的导弹维持和现代化解决方案；小型机队、高需求平台提供系统维持、翻新、大修、现代化和承包商后勤支持，包括B-2轰炸机、JSTARS E-8型侦察机、KC-30A多功能加油机、C-27J运输机、英国E-3D预警机以及特别任务电子监视飞机。

（2）全球服务

在国防、民用、卫生领域向客户提供信息技术和任务支持服务；提供技术差异化服务，以实现关键任务信息技术系统的现代化和持续发展，改善人们的健康状况，并加强美国及其盟友的安全。从信息技术的角度来看，全球服务公司支持整个软件生命周期，提供软件开发、维持和现代化服务，并提供安全和有弹性的下一代信息解决方案，使客户能够执行任务。诺·格公司的服务和解决方案包括敏捷/DevSecOps、任务信息处理和分析、网络安全、云迁移和服务以及安全网络和基础设施。从任务支持的角度来看，诺·格公司提供支持网络操作、系统工程和科学分析的人员和服务。诺·格公司还提供全方位的培训服务，从个人培训产品和课件到网络化和集成的实况、虚拟和构造（LVC）培训系统。

第 18 章　SpaceX 公司

SpaceX 公司是由埃隆 · 马斯克（Elon Musk）投资成立的一家美国私营航天企业。SpaceX 公司亦称太空探索技术公司（Space Exploration Technologies，其中“X”代表继续 X. com 的探索传统，X. com 是马斯克创业时期打造的在线支付系统 PayPal 曾所有的域名，2002 年 PayPal 被 eBay 以 15 亿美元收购，2017 年马斯克回购了该域名）。SpaceX 公司总部位于加利福尼亚州洛杉矶地区的霍桑市，主要从事航天发射与运输系统和低轨卫星互联网星座的研制与运营，截至 2022 年该公司估值达 8400 亿元。

18.1　发展历程

18.1.1　初创阶段（2002—2009 年）

准确研判形势，抓住机遇，艰难挺过初期发展困境，初步具备造血能力

18.1.1.1　把握政策、竞争和市场机遇

在政策机遇方面，美国政府支持商业航天发展政策力度空前。美国在 1984 年出台《商业航天发射法案》，鼓励开放美国政府航天技术和设施，简化保险政策和商业发射许可制度，推动私营部门参与商业航天发射活动；在多个新版《国家航天政策》中明确提出鼓励商业航天发展，尤其是奥巴马政府时期对商业航天的支持力度达到空前，提出要通过采购制度、体制创新等措施推动商业航天发展，最大限度采购商业航天产品与服务以满足美国政府需求。

在竞争机遇方面，20 世纪 90 年代以后，国际商业发射市场的竞争者主要是美国、俄罗斯和欧洲。其中，美国联合发射联盟的德尔它-4 运载火箭和宇宙神-5 运载火箭专注于军用航天发射市场，对商业航天发射市场兴趣不大；俄罗斯质子号运载火箭由于性能和质量问题，市场份额大幅下滑；欧洲阿里安-5 运载火箭受制于产能因素，每年发射次数少于 10 次。

在市场机遇方面，随着小卫星逐渐兴起，低轨卫星互联网成为热点，多达几百上千颗卫星组网发射导致全球卫星发射服务需求陡升。美国航天飞机退役后，美国只能依靠俄罗斯的联盟号飞船和进步号飞船执行国际空间站乘员和货物运输任务，不仅价格昂贵，还可能削弱美国对国际空间站的主导权，必须利用商业航天企业力量。

在上述机遇叠加之际，SpaceX 公司应运而生，SpaceX 公司的成功与“天时、地利、人和”兼具的大环境分不开。

18.1.1.2　依靠前期创业积累初设公司

马斯克的个人财富在 SpaceX 公司初创过程中发挥了重大作用，支撑公司砥砺前行。20 世纪 90 年代，美国互联网经济兴起，马斯克把握互联网时代趋势，1995 年从斯坦福大学辍学创立 Zip2 软件公司，仅仅用了 4 年时间就跻身硅谷千万富翁的行列。1999 年，马斯克注意到在线支付平台的潜力，将发展重点聚焦于网上金融服务。之后，通过 3 年时间成功打造了全球最大的在线支付系统——PayPal。2002 年，eBay 出资 15 亿美元收购了 PayPal，马斯克个人资产达 1.8 亿美元。在商业卫星应用新兴企业大量涌现、太空互联网成为热点、全球卫星发射服务需求陡升、美国航天飞机退役、美国政府支持商业航天发展政策力度空前之际，马斯克于 2002 年 3 月 14 日成立 SpaceX 公司。

SpaceX 公司认为，作为一家自负盈亏的私营商业航天企业，在产品可靠性未获得市场广泛认同之前，低成本是必由之路，必须依靠低发射成本抢抓美国发展商业航天的战略机遇。为此，SpaceX 公司确定的企业使命是“发展宇宙空间探测火箭和飞行器，持续提高航天运输系统的可靠性和成本效率，铸就世界领先的航天服务公司”。基于这一使命，SpaceX 公司确立了“简单、可靠、低成本”的经营理念，并确定了“为太空探索提供安全、可靠、性价比高的发射服务”的近期目标和“为空间技术带来变革、为人类太空梦想而奋斗”的远景目标。

18.1.1.3　以战略牵引产品研制

立足企业使命与战略目标，SpaceX 公司在成立之后启动了猎鹰运载火箭和龙飞船的研制工作。

发动机是运载火箭的核心部件。SpaceX 公司基于汤普森·拉莫·伍尔德里奇公司发动机的整体设计，进行优化，研制了隼发动机（Merlin 亦称梅林、灰背隼发动机）。

在运载火箭方面，SpaceX 公司研制液体运载火箭——猎鹰（亦称法尔肯火箭），具备将 350 kg 有效载荷送入低地球轨道的能力。猎鹰系列火箭包括猎鹰-1、猎鹰-5（2008 年终止研制）、猎鹰-9，均为两级火箭，均采用标准的隼发动机（区别在于采用发动机的数量）。猎鹰-1 火箭于 2003 年开始研制，2006 年完成研制。猎鹰-9 火箭于 2005 年 12 月提出，2007 年 4 月完成主体设计，2008 年开始进行系列试验。

随着美国航天飞机退役，美国政府通过商业模式降低航天发射的成本，导致美国飞船研发井喷式发展。SpaceX 公司的龙飞船得到了 NASA 的大力扶持，是商业航天企业涉足国际空间站的重要标志。SpaceX 公司第一代龙飞船于 2004 年开始研制，2007 年 8 月 27 日通过关键设计评审（CDR），2008 年 2 月 12 日完成第二次演示飞行任务初步设计评审（PDR）。至此，SpaceX 公司龙飞船达到 NASA 商业轨道运输服务计划的里程碑。

18.1.1.4　积极参与市场竞争

赢得市场合同是企业安身立命之本，紧靠马斯克个人财富无法支撑企业长远发展，SpaceX 公司千方百计参与市场竞争，为企业后续发展积累资金。2005 年，SpaceX 公司参与美国空军 FALCON 项目的快速反应低成本运载火箭的竞争，从 9 家竞争对手中胜出，获得了美国空军 1 亿美元的猎鹰-1 火箭合同。2006 年，在竞标 NASA 商业轨道运输服务计划合同时，SpaceX 公司的猎鹰-9 火箭和龙飞船方案从 20 多家竞争对手的多轮竞争中胜出，获得了 NASA 2.78 亿美元的商业轨道运输服务计划第一阶段合同。2008 年 12 月，SpaceX 公司又获得 NASA 16 亿美元的国际空间站商业补给服务项目合同。

18.1.1.5 航天发射遭遇困境

2006 年 3 月 24 日，SpaceX 公司猎鹰-1 火箭搭载美军一颗试验型军用侦察卫星战术星-1（TacSat-1）在马绍尔群岛夸贾林环礁进行首次发射，但火箭在升空后不久便失去控制，坠入太平洋，猎鹰-1 火箭首次发射失败。之后，在 2007 年 3 月 21 日、2008 年 8 月 3 日，猎鹰-1 火箭第二次、第三次发射均遭受失败。连续三次失败对 SpaceX 公司造成致命打击，马斯克通过前期创业积累的财富所剩无几，仅能够支撑再进行一次发射，马斯克本人甚至变卖了个人资产。

18.1.1.6 航天发射终于取得成功，企业绝处逢生并开始崛起

2008 年 9 月 28 日，SpaceX 公司猎鹰-1 火箭第四次发射终于取得成功，将一颗质量为 165 kg 的模拟卫星送入预定轨道。此次发射成功标志着 SpaceX 公司成为世界上首个研制液体火箭并进入轨道的商业航天公司，也标志着美国在低成本快速发射运载火箭研制方面取得突破性进展。但岌岌可危的财务问题也使得 SpaceX 公司完全陷入绝境，关键深刻，NASA 在 2008 年授予 SpaceX 公司一份 16 亿美元的国际空间站商业补给服务项目合同，使 SpaceX 公司绝处逢生。2009 年 7 月 15 日，猎鹰-1 火箭第五次发射取得成功，将一颗马来西亚 RzakSat 地球成像卫星送入预定轨道。之后猎鹰-1 火箭未再承担任何发射任务，已退役。此次发射成功标志着 SpaceX 公司取得里程碑进展，基本具备了自我造血能力。

18.1.2 快速发展阶段（2010 年至今）

航天发射与航天运输业务步入快车道，拓展卫星通信业务，构筑了三足鼎立业务格局

18.1.2.1 航天发射业务取得重大进展

（1）猎鹰-9 火箭研制及回收技术取得成功

2010 年 6 月 4 日，猎鹰-9 火箭首飞成功；2013 年进行猎鹰-9 火箭一级回收试验；2015 年 12 月 22 日，猎鹰-9 火箭一级首次陆上成功回收；2016 年 4 月 8 日，猎鹰-9 火箭一级首次海上成功回收；2017 年 3 月 30 日，可重复使用一级的猎鹰-9 火箭首次成功发射；2021 年 1 月 24 日，首次成功拼单发射一箭 143 星；2022 年 3 月 19 日，首枚“十二手”猎鹰-9 火箭成功发射并回收。

（2）猎鹰重型火箭研制取得重大进展

2010 年，美国新版《国家航天政策》扩大私营企业参与商业航天范围，允许商业公司在太空探索中承担更多任务。在此背景下，SpaceX 公司启动猎鹰重型火箭研制项目。SpaceX 公司 2010 年公布猎鹰重型火箭设计概念，2011 年公布研制计划，原计划 2013 年开展首飞，但因技术难度太大，导致 3 次推迟首飞。2018 年 2 月 6 日，猎鹰重型火箭在肯尼迪航天中心首飞成功，将一辆特斯拉跑车送入太空。2019 年 4 月 12 日，猎鹰重型火箭商业首飞成功，将沙特通信卫星（Arabsat - 6A）送入地球同步轨道。2019 年 6 月 25 日，猎鹰重型火箭成功执行高难度发射任务，首次夜间发射、首次重复使用二手火箭、首次一箭多星（24 颗）、首次为美军发射卫星、首次成功回收整流罩。

（3）市场开拓取得显著成绩

在猎鹰- 9 火箭方面，2009 年 9 月 3 日，被轨道通信公司选中为其发射 18 颗第二代轨道通信卫星星座。2010 年 1 月 27 日，获得以色列空间通信有限公司通信卫星发射协议。2010 年 6 月 16 日，获得铱星公司 4.92 亿美元发射下一代卫星星座合同。2013 年 8 月 8 日，获得德国政府发射新型雷达侦察卫星合同，这是首次获得欧洲政府商业发射合同。2016 年 4 月 29 日，获得美国空军一份 8270 万美元的 GPS Ⅲ 发射服务合同。2017 年 3 月 14 日，获得美国空军一份 9650 万美元的 GPS Ⅲ 发射服务合同。在猎鹰重型火箭方面，2012 年 5 月 28 日，获得首个商业合同，为国际通信卫星公司发射 Intelsat 卫星。2014 年 7 月 2 日，被国际海事卫星公司选中，为其发射 EuropaSat 卫星。2021 年 4 月 13 日，获得宇宙机器人公司鹰狮月球着陆器首飞任务发射合同。

18.1.2.2　以火箭 + 飞船模式加快发展航天运输业务

（1）货运龙飞船

2005 年启动货运龙飞船研制项目，通过搭乘猎鹰- 9 火箭为国际空间站运送货物。第一代货运龙飞船于 2008 年获得了 NASA 第一阶段国际空间站商业补给服务合同，2010 年 8 月 12 日成功进行首次高空投放试验，2010 年 12 月 8 日成功完成第一次飞行演示任务，第二次和第三次飞行演示合并但推迟了 5 次，于 2012 年 5 月 22 日成功发射并进入预定轨道，2012 年 5 月 25 日龙飞船与国际空间站对接，成为历史上首次对接国际空间站的商业飞船。2017 年 6 月 3 日，二手货运龙飞船首次发射。截至 2020 年 3 月，第一代货运龙飞船共发射 22 次，其中成功发射 20 次、试飞成功 1 次、失败 1 次。第二代货运龙飞船于 2020 年 12 月 6 日首飞，开启第二阶段国际空间站商业补给服务合同，金额 10.7 亿美元。2023 年 6 月 5 日，SpaceX 公司第 28 次向国际空间站补给的货运龙飞船任务从肯尼迪航天中心发射升空，携带新的太阳能电池板、新鲜食品和实验物资，以支持轨道实验室的研究和升级电源系统。此次发射采用五手猎鹰- 9 火箭和四手龙飞船。

（2）载人龙飞船

2011 年 4 月，SpaceX 公司获得 NASA 7500 万美元的载人龙飞船研制合同。2012 年 6 月 14 日，载人龙飞船完成设计评审，2012 年 10 月 29 日完成系统综合需求评审，2013 年 8 月 20 日完成载人再入方案评审，2014 年 5 月 30 日完成载人发射方案认证。2014 年 9 月

16 日，SpaceX 公司获得 NASA 26 亿美元商业载人综合能力合同，旨在完成该公司载人航天运输系统的认证。2015 年 11 月 20 日，SpaceX 公司获得 NASA 商业载人订单，执行 2 次国际空间站乘员运输任务。2017 年 1 月 3 日，SpaceX 公司获得 NASA 增订 4 次商业载人运输任务合同，2022 年 2 月 28 日，又获得 3 次增订任务。载人龙飞船首飞原计划定于 2015 年进行，但之后多次推迟，直到 2019 年 3 月 SpaceX 公司才完成载人龙飞船不载人的试飞。2019 年 3 月 2 日，载人龙飞船搭载猎鹰-9 火箭发射升空，执行第一次无人飞行演示验证任务，发射 27 小时后，飞船与国际空间站成功对接。2020 年 5 月 30 日，载人龙飞船开展为期 64 天的首次载人航天飞行，旨在对载人龙飞船的发射、交会、自主对接、再入、回收等整个飞行程序进行全流程测试和认证。此次发射标志着美国重新具备了载人航天飞行能力，开启了美国乃至全球商业载人合同新时代。2020 年 11 月 16 日，载人龙飞船执行第一次正式飞行任务（Crew-1）；2021 年 4 月 23 日执行第二次正式飞行任务（Crew-2）；2021 年 9 月 16 日执行纯商业载人飞行任务（Ax-1），将 4 名普通人送入太空；2021 年 11 月 10 日执行第三次正式飞行任务（Crew-3）；2022 年 4 月 8 日执行太空旅行团任务，将 4 名游客送入太空；2022 年 4 月 27 日执行第四次正式飞行任务（Crew-4）；2022 年 10 月 5 日执行第五次正式飞行任务（Crew-5）；2023 年 3 月 2 日执行第六次正式飞行任务（Crew-6）；2023 年 5 月 21 日执行 Ax-2 任务。

（3）瞄准深空运输的超重·星舰

2012 年 11 月 16 日，马斯克在英国皇家航空学会演讲时首次公布将 8 万人送上火星定居的理想。2016 年 9 月 16 日，马斯克在第 67 届国际宇航大会上公布了行星际运输系统，该系统为两级火箭。2017 年 9 月 29 日，马斯克在第 68 届国际宇航大会上将行星际运输系统更名为大猎鹰超重型火箭。之后 SpaceX 公司多次更改大猎鹰火箭设计方案。2019 年 9 月 28 日，SpaceX 公司将大猎鹰火箭正式更名为超重·星舰，它是一款多用途航天器，以地球轨道、月球、火星作为飞行目的地，可重复使用，采用箭船一体化设计，包括超重助推器和星舰上面级两部分。超重·星舰于 2018 年完成设计定型，2019 年 3 月进入原型机密集演示验证阶段，2021 年基本定型，分别于 2021 年 8 月 6 日、2022 年 2 月中旬、2022 年 3 月 15 日进行发射台测试。2023 年 4 月 20 日，超重·星舰进行了首飞，在升空 2 分 30 多秒后姿态显现失稳，发射失败。

（4）瞄准登月的星舰月球登陆器

2017 年 12 月，时任美国总统特朗普签署 1 号航天政策指令——“振兴美国载人太空探索计划”，正式将载人重返月球确定为美国的航天目标。2021 年 4 月 16 日，SpaceX 公司获得 NASA 28.9 亿美元的登月着陆器研制与试验合同。SpaceX 公司提出采用由超重助推器发射的星舰载人着陆器来登月，在地球轨道上由其他飞行器加注推进剂，再飞向月球。NASA 将利用新一代发射系统发射猎户座载人飞船，进入月球轨道后，在绕月轨道上与星舰载人着陆器交会对接，航天员进入星舰并降落月球表面，之后乘坐星舰返回太空并与猎户座载人飞船重新交会对接，并返回地球。目前，SpaceX 公司正开展推进剂在轨加注验证以及不载人月球试着陆研究。

18.1.2.3　推出星链计划，进军卫星通信领域

2014 年 12 月，SpaceX 公司宣布正建设一个低成本的微型卫星网络，利用太空中的卫星网络逐步取代地面上的路由器光纤骨干网络，为全球提供无线互联网服务。2016 年 11 月，SpaceX 公司向美国联邦通信委员会提交 Ka 频段“SpaceX 公司非静止轨道卫星系统”星座运营申请，共计 4425 颗卫星；2017 年 3 月，SpaceX 公司向美国联邦通信委员会提交“SpaceX V 频段非静止轨道卫星系统”星座运营申请，共计 7518 颗卫星。2017 年 8 月，SpaceX 公司向美国专利局提交商标注册申请，将其两个星座计划统一命名为星链（Starlink）。SpaceX 公司的星链计划开创了人类通信新纪元。截至 2023 年 5 月，星链用户达到 150 万个，为全球 40 多个国家提供卫星互联网及通信服务。

18.2　业务板块

SpaceX 公司基于火箭、飞船、卫星三类航天产品以及航天产业军民两用的天然属性，形成了面向军用、民用、商用航天应用领域的航天发射、航天运输、卫星通信三大核心业务板块。

18.2.1　基于猎鹰系列运载火箭的航天发射业务

该业务主要包括美国军方载荷发射任务以及商业发射业务。猎鹰-1 火箭研制得到美国国防部“快速响应空间”计划支持，目前已退役；猎鹰-9 和猎鹰重型火箭分别在 2015 年和 2019 年获得美国军方载荷发射资质，2020 年获得美国空军“国家安全发射计划”第二阶段 40%的发射订单，截至 2022 年累计为商业用户提供发射 52 次，占总发射任务的 43%。

在发动机产品方面，隼发动机（图 18-1）通过涡轮泵供给推进剂，可重复使用。隼发动机包括隼-1A、隼-1B、隼-1C、隼-1D 四种型号。隼-1A 发动机用在猎鹰-1 火箭第一级上；隼-1B 是对隼-1A 的改进，用于猎鹰-5 和猎鹰-9 火箭第一级；隼-1C 是隼-1A 的改进型，应用了快速安装和拆卸设计，2007 年 11 月完成研制，用于猎鹰-9 第一级和第二级；隼-1D 是对隼-1C 的改进，2011 年开始研制，用于猎鹰-9 改进型（猎鹰-9-1.1）和猎鹰重型火箭。

在运载火箭产品方面，猎鹰系列火箭包括猎鹰-1（图 18-2）、猎鹰-5、猎鹰-9 和猎鹰重型火箭。猎鹰-1 火箭包括猎鹰-1 基本型和猎鹰-1e 加强型两种，猎鹰-1 基本型第一级采用单台隼-1A 发动机，2003 年 3 月成功完成点火试验，第二级（亦称上面级）采用鹰（Kestrel）发动机，2003 年 8 月成功完成点火试验；猎鹰-1e 加强型第一级采用单台隼-1C 发动机，第二级采用单台隼-1B 发动机，具有多次启动能力。猎鹰-1 完成首次成功发射后，SpaceX 公司认为没有必要研制猎鹰-5，便终止其研制工作。猎鹰-9（图 18-3）包括猎鹰-9 基本型（猎鹰-9-1.0）、猎鹰-9 改进型（猎鹰-9-1.1、猎鹰-9-1.2）、

图 18-1　隼发动机

猎鹰-9 Block-5 四种型号。其中，猎鹰-9 基本型第一级采用 9 台隼-1C 发动机，第二级采用单台隼-1D 发动机，仅用于执行 NASA 合同，共发射 5 次，其中 3 次为演示飞行、2 次为配合龙飞船空间站补给任务。猎鹰-9-1.1 火箭第一级采用 9 台隼-1D 发动机，布局由 3×3 棋盘式排列改为 8 台围绕 1 台的圆心排列，第二级也采用隼-1D 发动机且有两次启动能力。猎鹰-9-1.2 火箭发动机较猎鹰-9-1.1 增加了推力，整体性能提升了 30%。猎鹰-9 Block-5 是针对载人龙飞船的发射需求而研制的，采用两段式结构，在一级和二级之间有中间级，用于级间分离与连接，搭载龙飞船时不安装整流罩，搭载卫星等载荷时安装整流罩，一级采用 9 台隼-1D 发动机，具有自主回收和重复使用能力，二级采用单台隼-1D 发动机。猎鹰重型火箭（图 18-4）采用“3 个通用芯级并联＋二级”的构型，其一级由 3 个猎鹰-9 改进型火箭一级捆绑组成（1 个芯级在中间，另外 2 个在两侧捆绑，每个芯级采用 9 台隼-1D 发动机，共 27 台发动机），二级采用单台隼-1D 发动机，整流罩与猎鹰-9 火箭整流罩一致。

18.2.2　基于“火箭＋飞船”模式的航天运输业务

该业务主要包括基于猎鹰-9 火箭和龙飞船的国际空间站载货和载人航天运输业务、基于超重助推器和星舰飞船（即超重·星舰）的登月、登火、饶飞（环绕地球、月球、火星等太空旅游）等航天运输业务。载货航天运输业务获得 NASA 近 4 亿美元的研制合同，载人航天运输业务获得 NASA 超过 30 亿美元的研制合同，登月着陆器获得 NASA 约 28.9 亿美元的研制合同，超重·星舰组合体首次发射失败。

图 18-2　猎鹰-1 火箭

图 18-3　猎鹰-9 火箭

龙飞船（图 18-5）是一个钝角圆锥体弹道舱，由前锥体、加压舱、服务舱三部分构成。其中，前锥体用于在上升段提供防护作用；加压舱体积 10 立方米，用于搭载乘员和加压货物，周围安装 18 台小型火箭发动机，用于飞船姿态控制；服务舱体积 14 立方米，位于加压舱底部热防护板下方，内装降落伞、电子设备等不需加压物品。第一代货运龙飞船执行完 NASA 第一阶段国际空间站商业补给服务合同后退出使用。之后是第二代货运龙飞船执行 NASA 第二阶段国际空间站商业补给服务合同。第二代货运龙飞船实质上相

图 18 - 4　猎鹰重型火箭

当于货运版的载人龙飞船，显著提升了运力和重复使用效率，在回收检修后能够快速重复使用。载人龙飞船是在第一代货运龙飞船基础上研制的，上部有一个鼻锥和一个顿锥弹道舱组成的载人舱，载人舱外部使用酚醛浸渍碳烧蚀隔热材料代替整流罩，降低了成本，下部为圆柱形货舱，推进系统由 8 台超级天龙发动机组成。载人龙飞船在重新加注推进剂后可再次执行飞行任务，显著降低了发射成本，对人类太空探索具有革命性意义。

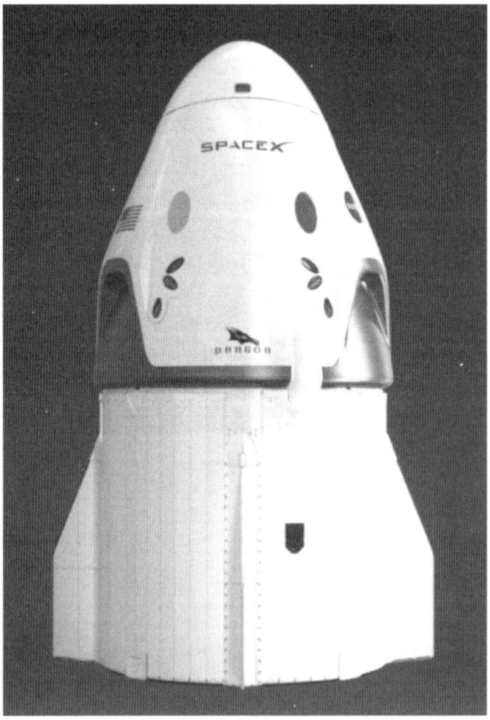

图 18 - 5　龙飞船

超重·星舰（图 18－6）全箭采用不锈钢结构设计，由超重助推器和星舰上面级组成，两级均可重复使用。超重助推器拥有 4 个固定尾翼兼着陆支架，采用猛禽液氧/甲烷发动机，数量可能为 28 台，原型机有 8 个。星舰上面级采用 6 台猛禽液氧/甲烷发动机，采用“双鸭翼＋双尾翼”设计，拥有 6 个可伸缩着陆支架，原型机种类繁多，包括星跳虫（Starhopper）、Mk 系列原型机、SN 系列原型机，数量至少 20 个版本。

图 18－6　超重·星舰

18.2.3　基于“星链”低轨卫星星座的卫星通信业务

该业务主要包括面向消费市场和商业市场的“星链”低轨卫星互联网服务和面向军用市场的“星盾”服务（包括对地观测、卫星通信、托管载荷等）。截至 2023 年 5 月 10 日，“星链”计划已累计发射卫星 4391 颗；美空军已在 C－12、KC－135 等军用飞机上验证了“星盾”卫星通信服务；2020 年“星链”计划获得美国太空发展局 1.49 亿美元合同，开发军用版星链卫星，用于未来国防太空架构（NDSA）的初始导弹预警与跟踪系统；俄乌军事冲突期间，乌军利用“星链”卫星互联网服务进行网络连接并利用“星链”技术控制无人机进行了战场应用。

参 考 文 献

［1］ 波士顿咨询公司．打造全球一流的价值创造型企业集团［R］．2017.

［2］ 德勤华永会计师事务所．对标世界一流企业：做优做强，管理提升之路［M］．北京：经济管理出版社，2013.

［3］ 罗兰贝格．中国如何造就全球龙头企业［J］．中国工业评论，2017，（7）：18－25.

［4］ 国务院国有资产监督管理委员会．做强做优中央企业、培育具有国际竞争力的世界一流企业要素指引［R］．2013.

［5］ 国务院国有资产监督管理委员会．2017《财富》世界500强公布国务院国资委监管48家央企上榜［EB/OL］．http：//www.sasac.gov.cn/n2588025/n2588119/c7419470/content.html.

［6］ 刘青山．国务院国资委：对标管理提升初见成效 世界一流企业蓝图更加清晰［J］．国资报告，2020（9）：10－13.

［7］ 臧雪静，黄莉茹，王庆国．疫情背景下世界一流军工企业发展综述及启示建议［J］．中国航天，2022（01）：63－66.

［8］ 谭立忠．全球军贸市场发展特点及趋势［J］．飞航导弹，2017（09）：5－8.

［9］ 丁洁，东玲．国外国防科技改革先进经验及启示建议［J］．国防科技工业，2020（10）：40－44.

［10］ 崔新健，欧阳慧敏．中国培育具有全球竞争力的世界一流企业：进展、差距和策略［J］．经济学动态，2020，2（5）：28－40.

［11］ 陈劲，国容毓，刘畅．世界一流创新企业评价指标体系研究［J］．创新科技，2020（6）：1－9.

［12］ 王飞辉．在对标世界一流中实现管理提升［N］．中国铁道建筑报，2020－09－22.

［13］ 李辉，苗宇涛，袁硕，等．雷神公司供应商评价体系及可借鉴之处［J］．质量与可靠性．2020（01）：49－52.

［14］ 侯季光．为建设世界一流的高科技集团而奋斗［J］．国防科技工业，2003（2）：43.

［15］ 路建功，涂国勇，等．透视SpaceX公司20年发展历程（2002—2022年）［M］．北京：中国宇航出版社，2022.

［16］ 金壮龙．实施创新驱动发展战略加快建设世界一流航空企业——大型客机项目的创新实践［J］．全球化，2016（4）：106－109.

［17］ 晋风．我们离国际一流有多远［J］．中国核工业，2016（3）：1.

［18］ 樊建利，王付恩．浅谈对标管理如何在企业深度推进［J］．经营管理，2011（5）：133.

［19］ 杨杜，欧阳东．迈向世界一流企业的管理［J］．企业管理，2012（4）：22－23.

［20］ 张文魁．世界一流企业的八个特征［J］．港口经济，2012（2）：26－26.

［21］ 周原冰．什么样的企业称得上“世界一流”［N］．国家电网报，2012－01－17.

［22］ 张国凤．实力、差距与潜力 从《财富》世界企业500强看我国军工企业发展［J］．国防科技工业，2011（8）：32－34.

［23］ 李泊溪．世界一流企业发展思考［J］．经济研究参考，2012（10）：25－37.

［24］ 潘石，董经纬．中央企业改革发展目标：国际“一流”企业［J］．吉林大学社会科学学报，2013

(2)：90－97.

[25] 黄群慧，余菁，王涛．世界一流企业管理：理论与实践［M］. 北京：经济管理出版社，2019.

[26] 黄群慧，余菁，王涛．培育世界一流企业：国际经验与中国情境［J］. 中国工业经济，2017 (11)：5－25.

[27] 麦肯锡．完善系统对标，推动管理转型，打造世界一流企业［R］. 2012.

[28] 孙黎，邹波．再创能力：中国企业如何赶超世界一流［J］. 清华管理评论，2015 (S1)：78－84.

[29] 高玉婷．中央企业国际竞争力的多维度评价——与世界 500 强企业进行对比分析［J］. 中国流通经济，2016，30 (9)：116－126.

[30] 余明阳，姜炜．品牌管理学［M］. 上海：复旦大学出版社．2006.

[31] 李刚，伍静．品牌战略与企业核心竞争力研究［J］. 经济师，2007 (1)：190－191.

[32] 张毅，龙新桥．中国企业品牌战略研究［J］. 现代商贸工业，2008 (2)：8－9. DOI：10. 19311/j. cnki. 1672－3198. 2008. 02. 005.

[33] 张凤凉，张犁军．浅析我国企业品牌战略的现状及提升对策［J］. 商场现代化，2009 (1)：131.

[34] 周弋洋，易卉．浅议企业品牌战略［J］. 全国商情（经济理论研究），2009 (4)：36－37. DOI：10. 16834/j. cnki. issn1009－5292. 2009. 04. 017.

[35] Lou Cooper. Five strategies for a successful global brand［J］. 唐颢宁，译．Marketing Week，2010.

[36] RTX. https：//www. rtx. com/news/news－center/2023/01/24/raytheon－technologies－reports－2022－results－announces－2023－outlook－and－plan－to－re. 2023. 1.

[37] RTX. https：//www. rtx. com/news/news－center/2022/01/25/raytheon－technologies－reports－2021－results－announces－2022－outlook. 2022. 1.

[38] RTX. https：//www. rtx. com/news/news－center/2021/01/26/raytheon－technologies－reports－fourth－quarter－2020－results－announces－2021－outlook. 2021. 1.

[39] RTX. https：//www. prattwhitney. com/ar/newsroom/news/2019/06/25/united－technologies－announces－future－leadership－of－pratt－whitney. 2019. 6.

[40] Raytheon. http：//raytheon. mediaroom. com/2020－01－30－Raytheon－Reports－Strong－Fourth－Quarter－and－Full－Year－2019－Results. 2020. 1.

[41] Northropgrumman. https：//news. northropgrumman. com/news/releases/northrop－grumman－releases－fourth－quarter－and－full－year－2022－financial－results. 2023. 1.

[42] Northropgrumman. https：//news. northropgrumman. com/news/releases/northrop－grumman－releases－fourth－quarter－and－full－year－2021－financial－results. 2022. 1.

[43] Northropgrumman. https：//news. northropgrumman. com/news/releases/northrop－grumman－releases－fourth－quarter－and－full－year－2020－financial－results. 2021. 1.

[44] Northropgrumman. https：//news. northropgrumman. com/news/releases/northrop－grumman－releases－fourth－quarter－and－full－year－2019－financial－results. 2020. 1.

[45] Boeing. https：//boeing. mediaroom. com/2023－01－25－Boeing－Reports－Fourth－Quarter－Results. 2023. 1.

[46] Boeing. https：//boeing. mediaroom. com/2022－01－26－Boeing－Reports－Fourth－Quarter－Results. 2022. 1.

[47] Boeing. https：//boeing. mediaroom. com/2021－01－27－Boeing－Reports－Fourth－Quarter－Results. 2021. 1.

[48] Boeing. https：//boeing. mediaroom. com/2020 - 01 - 29 - Boeing - Reports - Fourth - Quarter - Results. 2020. 1.

[49] LockheedMartin. https：//investors. lockheedmartin. com/events/event - details/lockheed - martin - 4q - and - full - year - 2022 - earnings - results - conference - callwebcast/. 2023. 1.

[50] LockheedMartin. https：//investors. lockheedmartin. com/events/event - details/lockheed - martin - 4q - and - full - year - 2021 - earnings - results - conference - callwebcast/. 2022. 1.

[51] LockheedMartin. https：//investors. lockheedmartin. com/events/event - details/lockheed - martin - 4q - and - full - year - 2020 - earnings - results - conference - callwebcast/. 2021. 1.

[52] LockheedMartin. https：//investors. lockheedmartin. com/events/event - details/lockheed - martin - 4q - and - full - year - 2019 - earnings - results - conference - callwebcast/. 2020. 1.

[53] Airbus. https：//www. airbus. com/en/investors/financial - results - annual - reports/2022 - airbus - annual - report. 2023. 1.

[54] Airbus. https：//www. airbus. com/en/investors/financial - results - annual - reports/annual - report - 2021 - quick - read . 2022. 1.

[55] Airbus. https：//www. airbus. com/en/sustainability/airbus - foundation/airbus - foundation - annual - activity - report - 2021. 2022. 1.

[56] Airbus. https：//www. airbus. com/sites/g/files/jlcbta136/files/2021 - 10/Airbus - FY2020 - Presentation. pdf. 2021. 1.

[57] Airbus. https：//www. airbus. com/en/investors/financial - results - annual - reports/2019 - airbus - annual - report. 2020. 1.

[58] SpaceX. https：//www. spacex. com/vehicles/falcon - 9/. 2023. 6.

[59] SpaceX. https：//www. spacex. com/vehicles/falcon - heavy/. 2023. 6.

[60] SpaceX. https：//www. spacex. com/starshield/. 2023. 6.